住房和城乡建设部"十四五"规划教材
高等学校房地产开发与管理和物业管理学科专业指导委员会规划推荐教材

房地产经济学

（第二版）

姚玲珍 主 编
高晓晖
杨 赞 副主编

中国建筑工业出版社

图书在版编目（CIP）数据

房地产经济学/姚玲珍主编；高晓晖，（瑞典）杨赞副主编．—2版．—北京：中国建筑工业出版社，2021.12

住房和城乡建设部"十四五"规划教材　高等学校房地产开发与管理和物业管理学科专业指导委员会规划推荐教材

ISBN 978-7-112-26888-7

Ⅰ.①房… Ⅱ.①姚…②高…③杨… Ⅲ.①房地产经济学—高等学校—教材　Ⅳ.①F293.30

中国版本图书馆CIP数据核字（2021）第249333号

本书以房地产资源配置为研究基础，介绍其基本经济理论和研究方法、经济活动运行规律及在其经济活动运行过程中所发生的各种经济关系。全书共有13章，从房地产经济学的研究思路入手，首先阐述了城市土地市场、住房市场、写字楼市场、零售商业物业市场的运行规律，之后分析了经济增长、人口、货币与房地产投资、供求的经济关系，解释了房地产经济周期及泡沫现象，而后从房地产市场调控的角度切入分析了政府在房地产经济中的作用，进而探讨了住房保障、房地产税收、房地产产权等方面的制度建设。

本书既可作为高等学校房地产开发与管理专业的教材使用，也可作为相关经济管理领域的研究人员、政府决策部门、房地产企业高级管理人员实务操作的参考用书。

为更好地支持相应课程的教学，我们向采用本书作为教材的教师提供教学课件，有需要者可与出版社联系，邮箱：jckj@cabp.com.cn，电话：（010）58337285，建工书院 http://edu.cabplink.com。

责任编辑：张　晶　王　跃　牟琳琳
责任校对：姜小莲

住房和城乡建设部"十四五"规划教材
高等学校房地产开发与管理和物业管理学科专业指导委员会规划推荐教材
房地产经济学
（第二版）
姚玲珍　主　编
高晓晖　副主编
杨　赞

*

中国建筑工业出版社出版、发行（北京海淀三里河路9号）
各地新华书店、建筑书店经销
北京建筑工业印刷厂制版
廊坊市海涛印刷有限公司印刷

*

开本：787毫米×1092毫米　1/16　印张：$18\frac{1}{4}$　字数：384千字
2022年2月第二版　　2022年2月第一次印刷
定价：**49.00元**（赠教师课件）
ISBN 978-7-112-26888-7
（38692）

版权所有　翻印必究
如有印装质量问题，可寄本社图书出版中心退换
（邮政编码 100037）

出版说明

党和国家高度重视教材建设。2016年，中办国办印发了《关于加强和改进新形势下大中小学教材建设的意见》，提出要健全国家教材制度。2019年12月，教育部牵头制定了《普通高等学校教材管理办法》和《职业院校教材管理办法》，旨在全面加强党的领导，切实提高教材建设的科学化水平，打造精品教材。住房和城乡建设部历来重视土建类学科专业教材建设，从"九五"开始组织部级规划教材立项工作，经过近30年的不断建设，规划教材提升了住房和城乡建设行业教材质量和认可度，出版了一系列精品教材，有效促进了行业部门引导专业教育，推动了行业高质量发展。

为进一步加强高等教育、职业教育住房和城乡建设领域学科专业教材建设工作，提高住房和城乡建设行业人才培养质量，2020年12月，住房和城乡建设部办公厅印发《关于申报高等教育职业教育住房和城乡建设领域学科专业"十四五"规划教材的通知》（建办人函〔2020〕656号），开展了住房和城乡建设部"十四五"规划教材选题的申报工作。经过专家评审和部人事司审核，512项选题列入住房和城乡建设领域学科专业"十四五"规划教材（简称规划教材）。2021年9月，住房和城乡建设部印发了《高等教育职业教育住房和城乡建设领域学科专业"十四五"规划教材选题的通知》（建人函〔2021〕36号）。为做好"十四五"规划教材的编写、审核、出版等工作，《通知》要求：（1）规划教材的编著者应依据《住房和城乡建设领域学科专业"十四五"规划教材申请书》（简称《申请书》）中的立项目标、申报依据、工作安排及进度，按时编写出高质量的教材；（2）规划教材编著者所在单位应履行《申请书》中的学校保证计划实施的主要条件，支持编著者按计划完成书稿编写工作；（3）高等学校土建类专业课程教材与教学资源专家委员会、全国住房和城乡建设职业教育教学指导委员会、住房和城乡建设部中等职业教育专业指导委员会应做好规划教材的指导、协调和审稿等工作，保证编写质量；（4）规划教材出版单位应积极配合，做好编辑、出版、发行等工作；（5）规划教材封面和书脊应标注"住房和城乡建设部'十四五'规划教材"字样和统一标识；（6）规划教材应在"十四五"期间完成出版，逾期不能完成的，不再作为《住房和城乡建设领域学科专业"十四五"规划教材》。

住房和城乡建设领域学科专业"十四五"规划教材的特点，一是重点以修订教育部、住房和城乡建设部"十二五""十三五"规划教材为主；二是严格按照专业标准规范要求编写，体现新发展理念；三是系列教材具有明显特点，满足不同层次和类型的学校专业教学要求；四是配备了数字资源，适应现代化教学的要求。规划教材的出版凝聚了作者、主审及编辑的心血，得到了有关院校、出版单位的大力支持，教材建设管理过程有严格保障。希望广大院校及各专业师生在选用、使用过程中，对规划教材的编写、出版质量进行反馈，以促进规划教材建设质量不断提高。

住房和城乡建设部"十四五"规划教材办公室
2021年11月

教材编审委员会名单

主　任：刘洪玉　咸大庆

副主任：柴　强　李启明　武永祥　高延伟

委　员：（按拼音排序）

　　　　陈德豪　冯长春　韩　朝　兰　峰
　　　　廖俊平　刘亚臣　吕　萍　王　跃
　　　　王建廷　王立国　王幼松　杨　赞
　　　　姚玲珍　张　宏　张　晶　张永岳

序言

随着国家改革开放，尤其是住房制度和土地使用制度改革的逐步深化，房地产业从无到有，在改善城镇居民住房条件、改变城市面貌、促进经济增长和社会发展等方面做出了重要贡献，同时也迅速成为对国民经济稳定和社会可持续发展有着举足轻重影响的重要产业。相对而言，房地产专业本科教育的发展历程颇多曲折：先是从1993年开始国内高校适应社会需要相继开设房地产经营管理专业，然后1998年被并入工程管理专业成为该专业的一个专业方向，2012年又被教育部单独列入本科专业目录。经过最近六年左右时间的努力，房地产开发与管理本科专业建设取得了初步成效，编制出版了《高等学校房地产开发与管理本科指导性专业规范》（以下简称《专业规范》）等基础性专业建设指导文件。但从2018年开始，越来越多的高校开始按学科大类招生，给建设中的房地产开发与管理专业提出了新的挑战。

应对面临的挑战，一是看这个专业的毕业生是不是有广泛持久的社会需求，这个答案是肯定的。土地和房屋空间的开发建设具有长期性和周期性，预计未来20年，城镇地区仍然有稳定的新建需求，包括重建和改建在内的房屋和社区更新需求呈不断增加趋势；随着房地产业形态的变革和创新，房地产业活动将从以开发建设为主，向房屋空间运行管理、资产管理、金融投资方向拓展；房地产企业服务将从主要服务于居民家庭居住，向服务于居民家庭美好生活相关的社区和城市综合服务方向拓展，成为城市综合服务提供商；房地产领域应用大数据、互联网、人工智能等新技术所推动的家居、建筑、社区、城市的智慧化发展等。

确认了广泛持久的社会需求，应对挑战的另一个维度，就是要做好这个专业的基础设施建设，包括教材建设、师资队伍建设、学术研究能力与学术交流环境建设、产业界协作与协同等，有了优良的基础设施和清晰的职业生涯发展路径，就会吸引越来越多的优秀学生参与。很显然，教材建设，是可以跨越学校、需要学校间协同的最重要的基础设施建设。

为了支持房地产专业的建设和发展，住房和城乡建设部2016年12月20日公布的《高等教育土建类学科专业"十三五"规划教材选题》中，将17本教材纳入房地产开发与管理专业项下的选题，且其中的房地产开发与管理专业导论、房地产投资分析、房地产金融、房地产市场分析、房地产经济学、房地产合同管理、房地产项目策划与营销、城市土地利用与管理、房地产估价、房地产开发项目管理、房地产法律制度、物业与资产管理12本教材，被专家审定为房地产开发与管理专业核心课程。也就是说，高质量地建设好这12门课程，并将其与各高校的教育理念、办学特色、专业优势结合，就可以实现厚基础、宽口径、通专融合的房地产本科专业培养目标。纳入选题的另外5本教材，包括房地产开发与经营、房地产投资评估与资产定价、房地产投资分析、房地产产品设计与研发原理和房地产项目策划。这5本教材所对应的课程，虽然没有进入专业核心课程，但各高校也可以将其作为备选，或结合自身的情况选用。

为保证教材编写质量，出版社邀请相关领域的专家对每本教材进行审稿，严格贯彻了《专业规范》的有关要求，融入房地产行业多年的理论与实践发展成果，内容充实、系统性强、应用性广，对房地产本科专业的建设发展和人才培养将起到有力的推动作用。

本套教材已入选住房城乡建设部土建类学科专业"十三五"规划教材，在编写过程中，得到了住房和城乡建设部人事司及参编人员所在学校和单位的大力支持和帮助，在此一并表示感谢。望广大读者和单位在使用过程中，提出宝贵意见和建议，促使我们不断提高该套系列教材的重印再版质量。

刘洪玉
2019年2月12日于清华大学

第二版前言

随着国家经济社会发展的需要，对高层次房地产经营与管理人才的需求急剧增长，加快和规范高等院校房地产开发与管理专业的建设与发展，培养高层次应用型人才迫在眉睫。

房地产开发与管理专业是典型的应用型人才培养专业，培养掌握与房地产开发与管理相关的技术、管理、经济和法律等基础知识，具有较高专业素养，面向房地产行业和房地产企业的高级管理人才。为规范高等学校房地产开发与管理专业办学，"高等学校房地产开发与管理和物业管理学科专业指导委员会"制定了本科指导性专业规范，并确定了主干课程的规划推荐教材。

本书作为高等学校房地产开发与管理和物业管理学科专业指导委员会规划推荐教材，其大纲几经"高等学校房地产开发与管理和物业管理学科专业指导委员会"审议而最终确定。本书以房地产资源配置为研究基础，介绍其基本经济理论和研究方法、经济活动运行规律及在其经济活动运行过程中所发生的各种经济关系。全书共有13章，从房地产经济学的研究思路入手，首先阐述了城市土地市场、住房市场、写字楼市场、零售商业物业市场的运行规律，之后分析了经济增长、人口、货币与房地产投资、供求的经济关系，解释了房地产经济周期及泡沫现象，而后从房地产市场调控的角度切入分析了政府在房地产经济中的作用，进而探讨了住房保障、房地产税收、房地产产权等方面的制度建设。此外，全书共有4个专题，运用房地产经济理论分析反映中国住房市场实践，探讨新时代中国特色住房制度的顶层设计、推进中国住房市场租购并举的主要措施、加强中国住房市场调控的总体思路以及健全多渠道住房保障体系。

本书作为住房和城乡建设部"十四五"规划教材，以《普通高等学校教材管理办法》《高等学校房地产开发与管理本科指导性专业规范》等为指导和依据，服务于房地产开发与管理应用型本科人才培养需要，兼具理论性与应用性，既有系统而全面的房地产经济学理论知识的阐述，强调经济、管理等多领域知识的交叉融合；又着眼于房地产开发与管理的实践需要，融合了市场分析方法、制度规范建设等实务；同时，还反映了新时代中国特色住房市场的实践。因此，本书既可作为高等学校房地产开发与管理专业的教材使用，也可作为相关经济管理领域的研究人员、政府决策部门、房地产企业高级管理人员实务操作的参考用书。

本书由上海财经大学姚玲珍教授任主编，高晓晖、杨赞任副主编。编写分工如下：第1章，姚玲珍、张雅淋；第2章、第3章，杨赞；第4章，高晓晖；第5章，张莉、孙聪；第6章，杨赞、张雅淋；第7章，张学文；第8章，高晓晖；第9

章，张学文；第10章，姚玲珍、唐旭君；第11章，姚玲珍、王芳；第12章，姚玲珍、刘霞；第13章，李德智。全书由姚玲珍统稿，高晓晖、张雅淋、吕方方、张慧协助。

教育部房地产开发与管理和物业管理学科专业指导委员会的专家对本书大纲进行了审议并提出了宝贵的意见和建议，本书在编写过程中得到了张晶及牟琳琳的帮助，也参考了大量文献。在此，一并表示衷心的感谢。

鉴于编者知识和水平有限，在书中还存在许多不足与遗憾之处，敬请各位业界、学界专家给予批评指正。同时，恳请各高校师生在使用本书过程中提出宝贵意见和建议，并及时反馈，以便修订时完善。

2021年10月

第一版前言

随着国家经济社会发展的需要,对高层次房地产经营与管理人才的需求急剧增长,加快和规范高等院校房地产开发与管理专业的建设与发展,培养高层次应用型人才迫在眉睫。

房地产开发与管理专业是典型的应用型人才培养专业,培养掌握与房地产开发与管理相关的技术、管理、经济和法律等基础知识,具有较高专业素养,面向房地产行业和房地产企业的高级管理人才。为规范高等学校房地产开发与管理专业办学,"高等学校房地产开发与管理和物业管理学科专业指导委员会"制定了本科指导性专业规范,并确定了主干课程的规划推荐教材。

本书作为高等学校房地产开发与管理和物业管理学科专业指导委员会规划推荐教材,其大纲几经"专业指导委员会"审议而最终确定。本书以房地产资源配置为研究基础,介绍其基本经济理论和研究方法、经济活动运行规律及在其经济活动运行过程中所发生的各种经济关系。全书共有13章,从房地产经济学的研究思路入手,首先阐述了城市土地市场、住房市场、写字楼市场、零售商业物业市场的运行规律,之后分析了经济增长、人口、货币与房地产投资、供求的经济关系,解释了房地产经济周期及泡沫现象,而后从房地产市场调控的角度切入分析了政府在房地产经济中的作用,进而探讨了住房保障、房地产税收、房地产产权等方面的制度建设。

本书作为住房城乡建设部土建类学科专业"十三五"规划教材,以《高等学校房地产开发与管理本科指导性专业规范》为指导和依据,服务于房地产开发与管理应用型本科人才培养需要,兼具理论性与应用性,既有系统而全面的房地产经济学理论知识的阐述,强调经济、管理等多领域知识的交叉融合,又着眼于房地产开发与管理的实践需要,融合了市场分析方法、制度规范建设等实务。因此,本书既可作为高等学校房地产开发与管理专业的教材使用,也可作为相关经济管理领域的研究人员、政府决策部门、房地产企业高级管理人员实务操作的参考用书。

本书由上海财经大学姚玲珍教授任主编,高晓晖、杨赞任副主编。编写分工如下:第1章:姚玲珍、张雅琳;第2章、第3章:杨赞;第4章:高晓晖;第5章:孙聪;第6章:杨赞、张雅琳;第7章:张学文;第8章:高晓晖;第9章:张学文;第10章:姚玲珍、唐旭君;第11章:姚玲珍、王芳;第12章:姚玲珍、刘霞;第13章:李德智。全书由姚玲珍统稿,高晓晖、张雅琳、吕方方协助。

教育部房地产开发与管理和物业管理学科专业指导委员会的专家对本书大纲

进行了审议并提出了宝贵的意见和建议，本书在编写过程中得到了张晶及汪佳霖的帮助，也参考了大量文献。在此，一并表示衷心的感谢。

鉴于编者知识和水平有限，在书中还存在许多不足与遗憾之处，敬请各位业界、学界专家给予批评指正。同时，恳请各高校师生在使用本书过程中提出宝贵意见和建议，并及时反馈，以便修订时完善。

2018年9月

目 录

1 绪论 /001

1.1 房地产的内涵与特性 002
1.2 房地产业的形成与定位 005
1.3 房地产市场的体系与运行 010
1.4 房地产经济学的学科属性与研究思路 ... 016
1.5 专题：新时代中国特色住房制度的顶层设计 018

本章小结 024
思考与练习题 024
主要参考文献 024

2 城市土地市场 /027

2.1 城市土地特性 028
2.2 地租理论 030
2.3 单中心城市的空间分布 035
2.4 多中心城市的空间分布 048

本章小结 055
思考与练习题 055
主要参考文献 056

3 住房市场的供求与均衡 /057

3.1 住房市场需求 058
3.2 住房市场供给 065
3.3 住房市场均衡和四象限模型 ... 068
3.4 专题：基于中国住房市场需求特征的租购并举推进措施探讨 073

本章小结 081
思考与练习题 081
主要参考文献 082

4 住房价格 /085

- 4.1 住房特征价格 ... 086
- 4.2 厂商行为与定价 ... 089
- 4.3 基于存量—流量模型的住房均衡价格 ... 091
- 本章小结 ... 093
- 思考与练习题 ... 093
- 主要参考文献 ... 094

5 写字楼市场 /095

- 5.1 写字楼特点与市场细分 ... 096
- 5.2 租户特征与写字楼需求 ... 100
- 5.3 写字楼空间存量与潜在供给 ... 107
- 5.4 写字楼市场运行的结构式模型 ... 113
- 本章小结 ... 117
- 思考与练习题 ... 118
- 主要参考文献 ... 118

6 零售商业物业市场 /121

- 6.1 零售与零售商业物业的概念 ... 122
- 6.2 古典和新古典零售商业物业理论 ... 124
- 6.3 零售商业物业商圈测定的引力模型 ... 127
- 6.4 购物中心业态布局与租金测算 ... 131
- 本章小结 ... 134
- 思考与练习题 ... 135
- 主要参考文献 ... 135

7 房地产投资与经济增长 /137

- 7.1 房地产投资的乘数效应 ... 138
- 7.2 房地产价值的财富效应 ... 141
- 7.3 房地产投资与经济增长关系的实证检验 ... 144
- 本章小结 ... 148
- 思考与练习题 ... 148

主要参考文献...148

8 人口、货币与房地产金融创新 /149

8.1 城市化、人口与住房需求...150
8.2 货币流动性与房地产供求...153
8.3 房地产金融创新...157
本章小结...160
思考与练习题...160
主要参考文献...160

9 房地产经济周期与房地产泡沫 /163

9.1 房地产经济周期的理论解释...164
9.2 房地产经济周期的衡量..169
9.3 房地产泡沫的实证检测..176
本章小结...181
思考与练习题...182
主要参考文献...182

10 房地产市场调控与预警 /183

10.1 房地产市场失灵...184
10.2 房地产市场调控机制...188
10.3 房地产市场预警...193
10.4 专题：加强中国住房市场调控的总体思路与实现路径..197
本章小结...198
思考与练习题...199
主要参考文献...199

11 住房保障的制度安排与经济抉择 /201

11.1 过滤模型与住房保障...202
11.2 住房保障的制度安排...207
11.3 住房保障的经济抉择...211
11.4 专题：以政府引导为方向健全多渠道住房保障体系...220
本章小结...231

思考与练习题 232
主要参考文献 232

12 房地产税收效应与税制设计 /233

12.1 税收与房地产经济运行 234
12.2 房地产税收的经济效应 242
12.3 房地产税收的社会效应 245
12.4 房地产税制设计 247
本章小结 256
思考与练习题 256
主要参考文献 257

13 房地产产权与制度建设 /259

13.1 科斯定理与产权 260
13.2 房地产产权 263
13.3 我国房地产产权制度的建设 267
本章小结 273
思考与练习题 274
主要参考文献 274

绪 论

【本章要点及学习目标】

（1）理解房地产和房地产市场的基本概念；

（2）熟悉房地产业的形成与发展过程；

（3）掌握房地产市场的体系与运行机制；

（4）了解房地产经济学的学科属性与研究方法。

房地产具有一系列区别于普通商品的特性。这些特性就决定了不能简单地套用普通商品的研究方法。而对房地产特性的认识、分析和处理，也就构成了房地产经济学的基础内容。那么什么是房地产？房地产业是怎样形成和发展的？其与国民经济有着怎样的互动关系？房地产市场的构成体系与运行机制又如何？房地产经济学的学科属性是怎样的？又有着怎样的研究思路？本章将结合这些问题进行介绍。

1.1 房地产的内涵与特性

1.1.1 房地产的概念

房地产，既含房屋建筑，又含建筑地块，在本质上可理解为土地和建筑物两者有机组成的整体，是最基本的生产资料和生活资料。因物质形态上的房地产通常表现为房地不可分离、房依地建、地为房载等特征，故国外通常称之为不动产，即Real Estate 或Real Property。

对于房地产概念的表述，主要有以下几种：

（1）房地产既包含土地及其附着物，还包含与土地所有权相关的权益，进行房地产经营活动的商业界，与分析房地产本身及其运营活动相关的知识等内容；

（2）房地产是指土地、附着在土地上的永久性建筑物及其衍生的各种物权的有机组合，其中所指物权诸如典权、抵押权、租赁权等；

（3）房地产是指土地、建筑物及其地上定着物，诸如水、电、暖、卫生、通信、电梯等设备；

（4）房地产是指土地及其附着物，土地的附着物是指与土地连在一起并在不可分离的状态下使用的房屋、桥梁、电梯等设备；

（5）房地产是土地及定着在土地上的建筑物、构筑物和其他附属物的总称，及由此衍生的权利与义务的总和。[①]

对于房地产的表述具有明显的多样性特征，深入理解其本质，可从以下三个视角进行。首先，房地产是作为实物形态的土地与建筑物在空间上的有机统一。实物形态的房地产在其建筑结构、实体质量、平面格局等方面都存在差异；作为空间的房地产，既能满足人们居住、社交的需要，更是制造业、商业等活动的场所。其次，房地产兼具生活资料与生产资料双重性质。作为生活资料的房地产，为人们提供居住、娱乐、社交的环境和场所，同时也反映了消费升级与满足人们生存和发展的需要；作为生产资料的房地产，是进行生产和再生产的必要场所，是不可或缺的生产要素。最后，房地产是一项财产与一组权利束。作为一项财产的房地产，是从属于个体，并能够为个体所控制和利用的，多种使用价值

---

① 姚玲珍. 房地产市场研究 [M]. 北京：中国建筑工业出版社，2008：1-2.

可带来一定的经济利益；作为一组权利束的房地产，主要包括物权和债权两部分，其中物权由自物权、他物权构成。自物权所体现的权益分别是占有权、使用权、收益权和处分权，他物权是从房地产所有权中分离出来的抵押权、地役权、永佃权、典权等。房地产的债权是发生在债务人与债权人之间的关系，具体包括与房地产相关的合同之债、侵权之债等，房地产租赁权即是房地产债权的一种。

1.1.2 房地产的分类

按照不同的分类标准，可以对房地产进行相应的分类，具体见表1-1。

房地产分类情况表　　　　　　　表1-1

分类依据	类别	
用途	居住用房地产	
	非居住用房地产	商业用途、工业用途、酒店餐饮用途、休闲娱乐用途、公共服务用途等
物质形态	土地、建筑物、构筑物	
开发程度	生地、毛地、熟地、在建工程、竣工房地产	
所处区位、地段	城市中心、城市边缘、城市郊区、农村房地产	
建筑结构	钢结构、钢筋混凝土结构、砖（或石）结构、木结构、其他结构	
建筑层数	低层或多层、高层、超高层	

此外，还可根据建筑标准分为高级豪华、中等、普通标准的房屋建筑等[1]。

1.1.3 房地产的特性

1. 物理特性

（1）位置的固定性

建筑物需依土地而建。土地自身带有的区域空间特性，决定了房地产的开发和使用必须以一定的区域空间为前提。一旦建设完成，便无法改变其坐落位置。

房地产位置的固定性，决定房地产商品只能就地开发和使用，也使得区位条件在房地产质量、功能及其价格等方面具有决定性作用。即便是相同面积、结构和用途的房地产，由于区位不同，价格也会有很大差异。同时，土地位置的固定性，也使得在房地产市场上进行交换流通的是由房地产所衍生的各种物权的转移，而非物质本身的物理运动。

---

[1] 姚玲珍. 房地产市场研究［M］. 北京：中国建筑工业出版社，2008：7.

（2）使用的耐久性

房地产使用的耐久性是指组成房地产的各类商品构件、设备等在长期使用条件下的安全性能，是一种内在属性。同一般商品相比，以建筑物和土地有机构成的房地产，在设计之初便有房屋质量等的特殊要求，堪称使用年限最长的一种耐用商品。房地产使用的耐久性使得房地产同时具有投资和生产生活资料的双重属性，也使得房地产市场又可进一步区分为资产市场与空间市场，并引发资产价格、租赁价格的区分，以及消费者租买选择等问题[1]。

（3）商品的异质性

异质性即为非标准化。房地产的异质性，是指市场所供给的房地产产品并非具有单一标准。这种异质性主要来源于以下几个方面：首先，房地产位置的固定性决定了其异质性的存在，不同区位（即所谓的外在因素，或称邻里特征）的物业之间存在显著差异；其次，即使在相同区位，每一幢房屋也会因其用途、结构、材料、装饰、样式、朝向、规模等（即内在因素，或称物理特征）的不同而产生许多相异之处；最后，土地的不可移动性，也决定了房地产商品的异质性。因此，所谓房地产商品的异质性，既有实物形态上的表现，又有权益状态上的表现。前者诸如地理位置、建筑结构、房型、朝向、新旧程度、开发建设程度等的差异；后者诸如所有权、使用权、抵押权以及典权等的区别。

2. 经济特性

（1）保值增值性

土地是一种不可再生的资源，具有投资累积性特征，依地而建的房地产商品也因此具有了保值增值的经济特性。这是房地产商品区别于其他商品的根本特性，也是房地产商品被视为投资品的根本原因。对于保值增值性的理解，可以注意到以下两个方面：一方面，从某种程度上来说，一定量的房地产商品可以反映社会的实际购买力，因而从长期来看，房地产的保值增值性也就可以反映社会实际购买力长期递增的客观趋势；另一方面，对于我国而言，土地所有权归国家或集体所有，土地使用权又是有期限的，因而对土地使用权的所有人而言，在土地使用权的出让年限终了时，该土地的价格将降为零。

（2）变现的困难性

变现性是指商品迅速兑换为现金的能力。房地产的异质性使得房地产交易过程相较于其他商品较长，从而变现的难度较大。同时，房地产占用的资金量较大，价值较高，完成交易还需要办理繁琐的变更产权及相关手续，变现的风险较大，交易双方均需持谨慎态度。此外，对于开发商而言，房地产建设周期长，产品价值量大，如若宏观经济状况发生变化，房地产市场就可能出现供需变化，增加房地产变现的困难性。

---

[1] 刘洪玉，郑思齐. 城市与房地产经济学 [M]. 北京：中国建筑工业出版社，2007：9.

（3）双重性

房地产的双重性，既体现在消费与投资的双重性，又体现为价值构成的双重性。从消费与投资的双重性来看，一方面，土地资源的稀缺性，决定了房地产商品的供给弹性相对较小；另一方面，社会经济的发展和人口的不断增长，使得人们对房地产商品的需求不断上涨。因此，从长期看，房地产商品所代表的社会购买力不断提高，房地产商品具有投资与消费的双重特性。同时，对于房地产商品的所有者而言，既可用于自己消费，也可用于出租，这也具有双重性的特征。从房地产商品的价值构成看，无论是从物质形态角度还是从价值形态角度，房地产商品都是土地和建筑物两者的有机整体。

1.2 房地产业的形成与定位

1.2.1 房地产业的概念与构成

房地产业是指以土地和建筑物为经营对象，从事房地产投资、开发、建设、经营、租赁、管理以及维修、装饰和服务的集多种经济活动为一体的综合性产业[1]，属于第三产业。

具体来说，房地产业除了提供直接产品的房地产开发经营业之外，还包括以房地产为对象在相关领域中提供的服务业等活动。涵盖内容宽泛，主要可分为以下七个方面：①土地的开发与再开发，其中，土地开发主要是对未利用土地进行开发利用，实现耕地总量动态平衡；②建筑物、构筑物的建设；③地产经营，包括土地使用权的转让、出让和租赁；④房产经营，包括房产（含土地使用权）的抵押、买卖、租赁和置换；⑤房地产中介，包括房地产信息咨询、价格评估、经纪、测量等；⑥房地产投资，是指与房地产开发经营相联系的货币资金融通活动和房地产金融资产投资活动；⑦房地产物业管理服务，主要包括家居、配套设施、公共场所的管理、维修养护、保安、绿化、卫生、转租、代收代付等[2]。

1.2.2 房地产业的形成与发展

1. 房地产业的形成

房地产业是工业化和城市化发展的产物，工业化和城市化的发展直接导致了城市住房问题，房地产业应运而生。

工业化是一种过程，与城市化紧密相连。一方面，在工业化过程中，从事工业生产活动的企业趋于地理上的集中以便获得"聚集的经济效益"，在带动区域工业化发展的同时，也增加了非农产业就业。而非农产业就业人口逐渐向城市迁

---

[1] 高波. 现代房地产经济学导论［M］. 南京：南京大学出版社，2009：39.
[2] 张红. 房地产经济学［M］. 2版. 北京：清华大学出版社，2013：29-32.

移就促进了城市化的发展，引发住房需求的持续增加。另一方面，工业化也增加了人们的收入，为提升房地产的购买能力提供了条件。

城市化也是一个过程。从表面上看，城市化是人口转移的过程，直接表现为城乡人口分布结构的变化。这一变化直接影响到城乡住房供给与需求的改变。从本质上看，城市化是社会经济结构（包含人口、产业、地域空间等）转变的过程，城市产业结构、经营活动方式的改变等都为房地产业带来机会，在城市化进入快速发展阶段时，房地产业也逐步作为一个独立的产业发展壮大。

2. 房地产业的发展

（1）产业结构演变与房地产业发展

房地产业发展的直接动因是产业结构的演变。产业结构是指各产业部门之间以及各产业部门内部的构成，一般划分为第一产业、第二产业和第三产业。产业结构的演变则是指产业结构本身所固有的、从低级到高级的变化趋势，与经济发展联系在一起。

对于产业结构演变规律，英国经济学家威廉·配第（William Petty）和科林·克拉克（Colin Clark）指出，随着人均国民收入水平的不断提高，就业人口先由第一产业到第二产业转移，再向第三产业转移[①]。随后，美国经济学家西蒙·史密斯·库兹涅茨（Simon Smith Kuznets）利用现代经济统计方法，依据人均国内生产总值份额基准，研究发现产业结构的演变受人均国民收入变动的影响。

纵观各国现代经济发展史，三次产业结构之间的演变趋势为：第一产业趋于减少，第二产业迅速增加后趋于稳定，第三产业则呈不断上升的趋势。房地产业被划为第三产业，因而可以认为产业结构的演变是房地产业发展的直接动因。此外，随着国民经济的发展，第三产业内部结构也会相应发生变化，而由于房地产业涵盖内容宽泛，也成为推动其在第三产业迅速崛起的有利条件。

（2）消费结构升级与房地产业发展

消费结构的升级是促进房地产业发展的重要动力。通常，消费品划分为基本性消费品、享受性消费品和发展性消费品三大类。根据马斯洛需求层次理论，人们的消费需求存在由低到高的层次性。消费结构的升级是指各类消费支出在消费总支出中的层次提高，直接反映居民生活水平及发展趋势。恩格尔系数是衡量居民生活水平高低的重要指标，它表示食品支出总额占个人消费支出总额的比重。恩格尔系数过大，必然会限制消费层次和消费质量的提高。近年来我国城乡居民家庭恩格尔系数呈现下降趋势，见表1-2。表明居民生活水平的提高，消费结构的改善。作为基本生活资料，加上房地产自身保值增值的经济属性，当食品消费在家庭总消费支出中占比呈现下降趋势后，家庭会将更多的消费支出用于居住方面，从而进一步推动房地产业的发展。

---

① 余子鹏，刘勇. 我国产业结构调整与要素效率关系分析 [J]. 经济学家，2011（8）：19-26.

我国城乡居民家庭恩格尔系数　　　　　　　　　　　表1-2

年份	城镇居民家庭恩格尔系数	农村居民家庭恩格尔系数
1978	57.5%	67.7%
1999	42.1%	52.6%
2000	39.4%	49.1%
2005	36.7%	45.5%
2010	35.7%	41.1%
2015	35.0%	37.7%
2016	29.3%	32.2%
2017	28.6%	31.2%
2018	27.7%	30.1%
2019	27.6%	30.0%

资料来源：国家统计局，中国统计年鉴，中华人民共和国国民经济和社会发展统计公报。

1.2.3 房地产业的定位

1．产业性质定位

按照联合国在1986年修订的《全部经济活动产业分类的国际标准》，全部经济活动分为10大类，其中房地产业被列为第8类，由四部分组成：出租和经营房地产（非住宅建筑、公寓房间、住宅）；进行土地功能分区和房地产开发；不动产出租；通过合同和收费方式经营的租赁、买卖、管理等。

《国民经济行业分类》国家标准于1984年首次发布，分别于1994年、2002年、2011年、2017年进行修订。《国民经济行业分类》GB/T 4754—2017由国家统计局起草，国家质量监督检验检疫总局、国家标准化管理委员会批准发布，于2017年10月1日开始实施。根据《国民经济行业分类》GB/T 4754—2017，国家统计局对《三次产业划分规定（2012）》中行业类别进行了对应调整，目前执行具体分类如下[①]：

第一产业是指农、林、牧、渔业。

第二产业是指采矿业、制造业、电力、热力、燃气及水生产和供应业、建筑业。

第三产业是指农、林、牧、渔专业及辅助性活动，开采专业及辅助性活动，批发和零售业，交通运输、仓储和邮政业，住宿和餐饮业，信息传输、软件和信息技术服务业，金融业，房地产业，租赁和商业服务业，科学研究和技术服务业，水利、环境和公共设施管理业，土地管理业，居民服务、修理和其他服务

---

① 资料来源：http://www.stats.gov.cn/tjsj/tjbz/201804/t20180402_1591379.html.

业，教育，卫生和社会工作，文化、体育和娱乐业，公共管理、社会保障和社会组织，国际组织。

2．产业功能定位

通常认为，房地产业是国民经济体系中的支柱产业、先导产业。

支柱产业是在国民经济体系中处于战略地位，在国民经济中所占份额较大，并具有支撑作用的产业或产业群。通常具备以下基本条件：①战略地位，即对经济发展和其他产业有强烈的前向拉动或后向推动作用；②份额较大，一般认为支柱型产业占GDP总额的6%～8%；③具有骨干性、支撑性作用。[1]相对于其他产业，房地产业具有高度关联性，能直接或间接影响相关产业的发展；房地产业的迅速发展，能够对国民经济增长作出较大贡献，具备支柱产业的条件。我国早在2003年8月，国务院就下发《关于促进房地产市场持续健康发展的通知》，明确"房地产业关联度高，带动力强，已经成为国民经济的支柱产业"。[2]

先导产业是在国民经济体系中具有重要战略地位，并具有先行先试导向，对其他产业的战略目标方向具有引导作用的产业或产业群。判断一个产业是否属于先导产业，首先要判断其是否具有引导作用，即可先行发展以带动和引导其他产业。房地产业关联度高、带动力强，具备先导产业的基本条件，因而将其定位为国民经济的先导产业。

1.2.4　房地产业与国民经济的关系

1．房地产业对国民经济的影响

房地产业是发展国民经济和改善人民生活的基础产业之一。由于房地产业关联度高、带动性强，已经成为国民经济的支柱产业。它对于国民经济的影响具有正面和负面双重性质。

房地产业对国民经济的正面影响主要通过扩大消费和投资需求来实现，从消费需求角度来看，如前所述，房地产兼具生活资料与生产资料双重性质，这就使其逐渐成为居民家庭的消费热点，直接带动国民经济增长。从投资需求角度来看，一方面，就房地产业本身而言，其投资在固定资产投资中占比很高（2000年以来，我国房地产开发投资占固定资产投资比例一直不低于15%，如图1-1所示），直接拉动经济增长；另一方面，房地产业是横跨生产、流通和消费各个领域并与众多产业部门密切相关，具有综合性和关联性，因而房地产业的投资也必然会带动其他产业的投资，通过其他产业间接拉动经济增长。

房地产业对国民经济的负面影响主要体现在房地产泡沫迸发可能引发系统性金融风险。所谓泡沫，是指在投机机制的作用下，投资者为追求超额收益，推动资产价格非平稳偏离其基础价值的一种经济现象。就房地产业而言，一方面，鉴

---

[1] 苏东水．产业经济学[M]．4版．北京：高等教育出版社，2015．

[2] 资料来源：http://www.gov.cn/zwgk/2005-08/13/content_22259.htm．

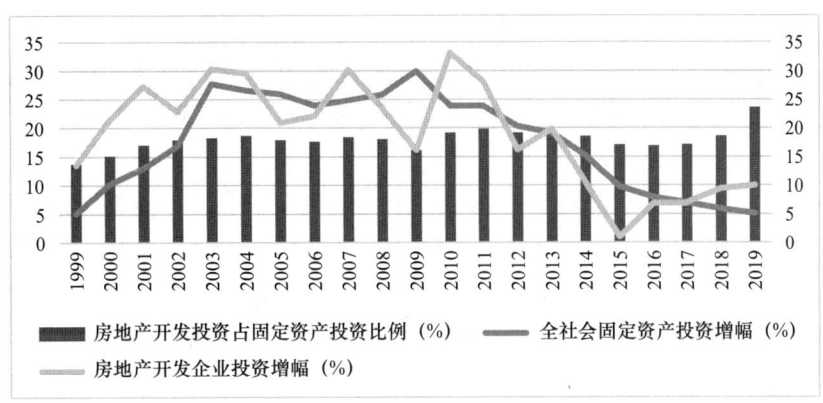

图1-1 我国房地产开发投资占固定资产投资比例（1999~2019年）[①]

于其具有"第二金融"的美称，开发和购买资金大部分来自金融机构，一旦房地产泡沫破灭，房价急转直下，跌破购房者办理按揭贷款时的首付款，银行系统将会出现大量不良贷款或坏账，就有可能拖垮银行系统。另一方面，由于房地产是一种投资品，在利率较低、金融约束放松、其他投资渠道缺乏的宏观条件下，会增加人们投资于房地产的热情，甚至更易形成较为一致的乐观预期，导致群体投机行为，使得金融体系、房地产业不断膨胀，导致资金"脱实向虚"，以制造业为主的实体经济发展停滞甚至萎缩。就我国而言，近年来，民间固定资产投资增速呈下降趋势，如图1-2所示，金融投资规模却在快速增长，各类资产管理平台在不到5年时间里从不足18万亿元的规模快速扩张到超过100万亿元的水平，大量资金从企业流向了股市和房地产等热门投资领域[②]。

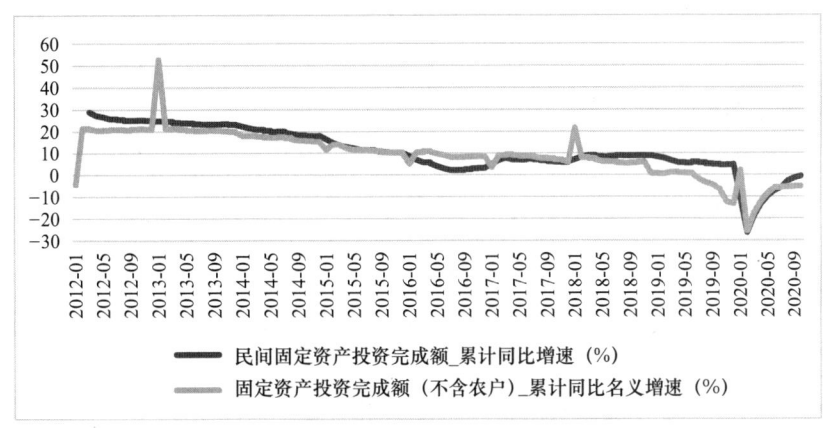

图1-2 我国民间固定资产投资和全国固定资产投资（不含农户）增速[③]

---

① 数据来源：中经网数据库。

② http://news.hexun.com/2017-07-18/190090385.html. 中国经济报告. 如何遏制资金"脱实向虚"[R/OL]. 2017.07.18.

③ 数据来源：国家统计局，中经网数据库。

2. 国民经济对房地产业的影响

国民经济是房地产业形成和发展的宏观基础。国民经济对房地产业的影响主要通过资金、土地、技术等生产要素以及经济管理体制等方面来实现。

首先，作为资金密集型产业，房地产业的发展需要发达规范的资本市场作后盾。国民收入作为国民经济发展程度的重要衡量指标，其增加或减少既能反映一般消费者的购买能力，又能反映可供投资的资源数量和社会投资水平。总体而言，根据国家或地区发展阶段的不同，国民收入与房地产业规模的规律性关系，是人均GDP与SHTO（the share of housing investment as a percentage of total output，住房投资与总产出的比重）的"倒U形曲线"（Burns & Grebler，1976）[①]。

其次，土地是房地产业发展的根本性核心资源，土地的供应规划将在相当长一段时间内影响各类市场主体的预期和决策。而土地的供应规划又与国民经济发展阶段、城市人口规模等有着紧密的联系。

再次，科技的发展使得技术成为不可或缺的生产要素。"智慧社区""智慧物业"等新名词的出现，表明技术手段已成为房地产业趋于智能化发展的必要条件。与此同时，互联网已影响住房交易、管理及支付等各环节，也影响了交易双方的行为，催生"互联网＋房地产"的产业生态环境出现并不断扩展，房地产业迎来转型机遇。

最后，科学规范、运行有效的经济管理体制是国民经济稳步发展的基础。经济管理体制是指在一定的社会制度下生产关系的具体形式以及组织、管理和调节国民经济体系、制度、方式和方法的总称，分为宏观经济管理体制和微观经济管理体制两类。房地产业作为国民经济的支柱产业，必然受到经济管理体制的影响。

1.3 房地产市场的体系与运行

1.3.1 房地产市场的内涵与特性

1. 房地产市场的内涵

房地产市场，又称不动产市场。从经济学意义上来看，狭义的理解是指房地产交换的场所；广义的理解是指房地产交换关系的总和，是连接房地产开发、建设、经营、管理、服务和消费的桥梁，是实现房地产商品价值和使用价值的经济过程。

房地产市场是房地产经济运行的基础，是整个国民经济市场体系中的重要组成部分，在产品市场和要素市场细分中都占有重要地位。首先，住房作为必要的

---

① Burns, Leland S. and Leo Grebler. Resource Allocation to Housing Investment: A Comparative International Study[J]. Economic Development and Cultural Change, 1976, 25(1): 95-121.

消费资料，属于生活资料市场的一部分，在产品市场和要素市场都占有重要地位。其次，非住宅房产如厂房、仓库、商店、写字楼等，是各行各业进行生产或经营活动所不可缺少的物质条件，属于要素市场的一部分。最后，土地历来都是生产要素，因而从事土地买卖、租赁、抵押活动的地产市场，也是要素市场的组成部分。

2. 房地产市场的特性

由于房地产自身所具有的区别于其他商品的特性，导致房地产市场具有一系列区别于一般商品市场的特征。

（1）市场供给的相对垄断性

地理位置和区位是房地产的重要构成要素，这就使得房地产具有不可复制性，因而其市场供给的大幅增减在短期内无法形成，这是供给的自然垄断性。加之土地面积的有限性、位置的固定性、质量的差异性等自然特征和土地利用方向变更的困难性等经济特征的存在[①]，更使得房地产供给难以提供统一的竞争环境，容易形成地域性垄断。在土地公有制国家，这种供给的相对垄断性体现得更为充分。比如，我国宪法规定"城市的土地属于国家所有"，使得政府拥有了控制土地供给规模、节奏、地段、用途结构的绝对垄断权力。

（2）市场结构的层次性

房地产商品是房地产市场的基本要素。而房地产商品的形成经历了征地、土地开发以及房屋建设等流程。同时，土地市场的交易就有土地所有权变更、土地经营权租赁、土地使用权转让等多种方式；与此相应，就有一级、二级、三级房地产市场。而房地产市场交易要经过接待、登记、调查、议价、估价、报批、收费、统计和发证等过程才能完成。因此，房地产市场结构由支持系统、交易系统和约束系统组成，如图1-3所示。由此可见，房地产市场本身就是一个多层次的市场体系，每一市场都是由多种子市场组成的复合体。

（3）住房消费的外部性

外部性包括外部经济和外部不经济，亦称外部成本、外部效应或溢出效应，是指在社会经济活动中，一个经济主体的行为发生变化后，对另一个经济主体的行为或结果产生影响，却并不会给予相应补偿[②]。

我国市场上住房消费的外部性现象比较普遍，其中影响较大的是高收入者的购房行为对低收入者的外部不经济，其影响机制如图1-4所示。低档住房相对高档住房而言，具有更高的价格弹性，因而，低档住房供给商便可以在较大程度上剥夺低收入者的消费者剩余，若任由市场发展，势必会影响到社会的公平与公正，进而影响全社会的可持续发展。这就需要政府针对商品住房市场实施宏观调控。

---

① 吴兆华. 房地产商品的特性及决定因素刍议 [J]. 社会科学研究, 1994, 4: 37-41.
② 曹振良, 等. 房地产经济学通论 [M]. 北京：北京大学出版社, 2003: 111.

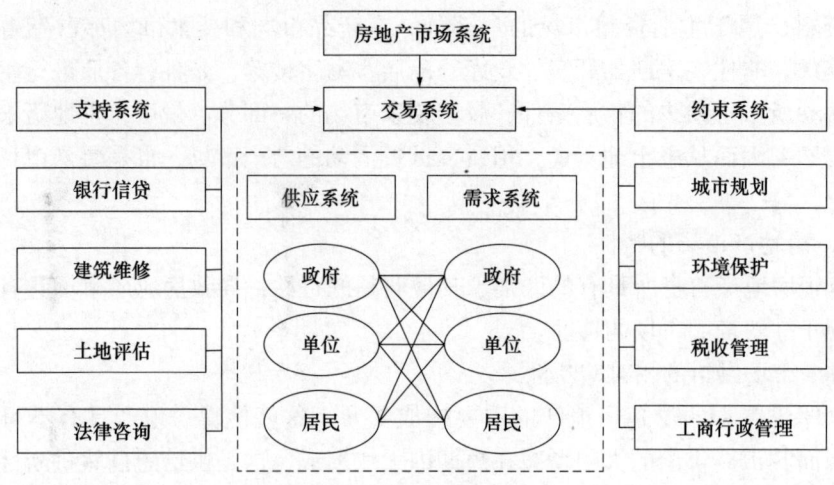

图1-3 房地产市场结构图①

注：①实线表示作用线，虚线表示系统线；②政府包括各级政府及其各个部门；③单位表示各种性质和各种类型的企事业单位。

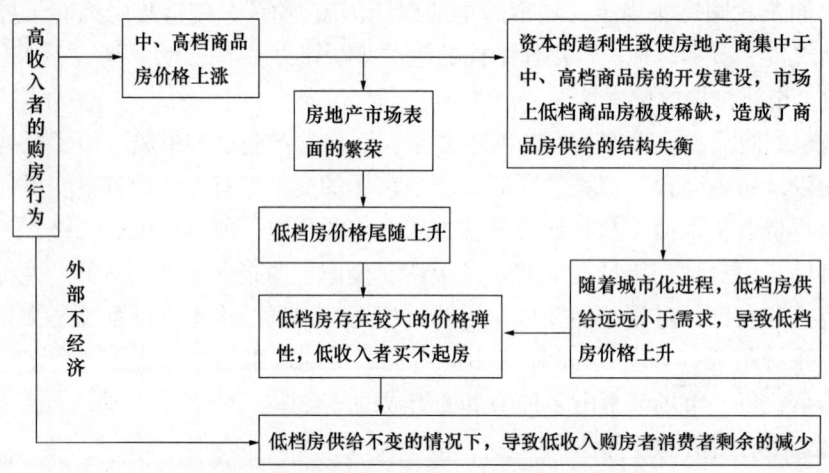

图1-4 高收入者购房行为对低收入者的外部不经济②

（4）市场信息的不对称性

信息不对称性，是指在市场交易中，产品的卖方和买方对产品的质量、性能等所拥有的信息是不对称的，通常产品的卖方对自己所生产或提供的产品拥有更多的信息，而买方对所要购买的产品拥有很少的信息。根据国内外学者③的研究，住房市场中的信息不对称，可归纳为权属、价格、质量三个层面。房地产市场信息不对称是影响房地产市场发展的重要因素。比如，地方政府出于增加财政收入

---

① 姚玲珍. 中国住宅市场营销［M］. 上海：立信会计出版社，1999：38.
② 吴婕. 当前中国房地产市场宏观调控研究［D］. 成都：西南财经大学. 2006：12.
③ 段际凯. 中国房地产市场持续发展研究［D］. 上海：复旦大学，2004.

等方面的考虑，对房地产市场的动态信息仅向内部小范围开放，消费者对市场动向把握不清；部分开发商出于盈利动机，蓄意扭曲市场供给信息等。市场信息发布渠道众多，各利益主体出于自身目的，消费者有时可能会接收到相互矛盾的信息，这也是信息不对称现象的一种体现。

1.3.2 房地产市场体系构成

1. 从房地产商品的生产和再生产过程角度

（1）建筑用地的开发市场

建筑用地的开发市场是对城市土地进行初次开发与再开发所形成的经济活动关系的总和。初次开发是指由政府或房地产开发企业，依国家相关规定及城市规划要求，采取行政或市场方式，向农村集体征用土地后，对土地进行"三通一平""五通一平"或"七通一平"；再开发，是对城市土地存量的改造。

（2）房屋建筑物的建设市场

房屋建筑物的建设市场以满足市场需求为基本目标，是房地产开发企业依据消费者需求，结合市场供求现状，进行各类建筑物的建设，由此产生进行房地产市场交易的实体商品。

（3）房地产商品交易市场

房地产商品交易市场，又称房地产商品流通市场。该市场是房地产经营相关活动的总称，包括建筑用地的出让市场、房屋转让市场、房屋出租出售市场等。

（4）房地产中介服务市场

房地产中介服务市场主要包括房地产技术信息市场、中介市场、金融市场以及物业管理市场等。房地产技术信息市场是为各类房地产业务提供中介、技术咨询、房地产交易、行业情况预测分析及国内外有关资料的市场。房地产中介市场是将房地产商品从房地产开发企业转让到其他房地产开发企业或消费者手中的市场，只从事房地产商品的交易活动，并不涉及开发建设领域。房地产金融市场，是服务于房地产经营活动整个过程所形成的货币市场，主要通过金融机构的房地产信贷活动来实现。房地产的物业管理市场，是指通过对房屋建筑物的维修、设备养护、设施管理等所形成的市场。

2. 从房地产市场交易层次角度

（1）房地产一级市场

房地产一级市场又称土地一级市场（土地出让市场），本质上是由权属让渡所产生的经济关系的总和，涉及的主体有土地所有者和土地使用者。在我国，城市土地归国家所有，农村土地归集体所有，因而该市场具有两种表现形式。一方面，国家（或政府）出于公共建设的需要，可通过土地征用，实现土地所有权的转移，将土地性质从农业生产用地变为城市建设用地。另一方面，国家出让国有土地的使用权（通常具有一定期限，如居住用地一般为70年），而土地使用者须向国家支付土地出让金。该市场是具有垄断性质的，运行方式表现为纵向流通，土地所有权归国家所有。其经济内容主要是土地征用、土地使用权出让或"土地批租"。

（2）房地产二级市场

房地产二级市场又称增量房地产市场，是指生产者或者经营者把新建、初次使用的房屋向消费者转移，主要是生产者或经营者与消费者之间交换关系的总和。该市场具有竞争经营性质，其经济内容主要是关于房地产的转让、租赁、抵押和信托。

（3）房地产三级市场

房地产三级市场又称存量房地产市场，是已购房地产并拥有所有权的单位或个人，出于营利或资金筹集等目的，再次将房地产进行转让或租赁所形成的市场。该市场具有消费经营性，其经济内容主要是关于房地产的互换、租赁、买卖、典当以及物业管理等。

3．从房地产交易对象角度

（1）地产市场

地产市场以土地所有权或使用权为交易对象。可进一步划分为土地所有权的征购市场、土地使用权的出让市场以及土地使用权的转让市场。

土地所有权的征购市场，以土地所有权为交易对象[①]，根据法律规定，在国家征用过程中需支付相应的征用费。该市场与市场购买行为相类似，但在价格确定、是否征用等方面又带有一定的强制性。

土地使用权的出让市场，是指通过"招拍挂"等方式让渡土地使用权给土地使用者所形成的市场关系总和，但土地所有权依然归国家所有。其中，土地使用者须向国家支付土地出让金，且土地使用是有期限的。

土地使用权的转让市场，又称土地二级市场，指土地使用者将土地使用权按规定用途和其他使用者需求有偿让渡给其他使用者所形成的市场关系，通常会在转让合同中规定土地使用期。

（2）房产市场

房产市场以房屋所有权或使用权为交易对象。可进一步划分为房产买卖市场、房产租赁市场和房产抵押市场。

房产买卖市场可细分为一级市场和二级市场。其中，房产一级市场以房地产开发商所开发建设的房屋为交易对象，是开发商将房屋以现房或期房形式出售给消费者所形成的市场；房产二级市场以房产权属关系作为交易对象，是指企业或个人将其所拥有的房产转让给其他需求者所形成的市场。

房产租赁市场，是指在短期内，房产供给者转让房产使用权给需求者所形成的市场。在该市场上，房产所有权不变，交易对象仅是房产的使用权。

---

① 在我国，是指农村集体土地。

房产抵押市场，是指以房产作为抵押物，为抵押人提供还款担保，而向抵押权人（通常是指银行等金融机构）取得贷款所形成的交易关系。

（3）房地产服务市场

房地产服务市场，是指在房地产市场中，为满足差异化需求而进行的供给过程中提供的服务。该市场中的交易对象是与房地产供需相关的服务，包括勘察设计、价格评估、资金筹措、建筑施工、市场营销、物业管理等活动。

此外，还可从不同角度对房地产市场体系进行划分。例如，根据房地产类型，可划分为居住物业市场、写字楼物业市场、商业物业市场、特殊用途物业市场；根据供货方式，可分为现房市场、期房市场；根据交易场所，可分为有形市场、无形市场。

1.3.3 房地产市场运行机制

房地产市场交易关系的形成，须具备交易主体、交易客体和交易媒介三个元素。交易主体即从事房地产交易的当事人或利益相关者；交易客体即为房产、地产及其相关服务；交易媒介包含交易场所（通常指房地产交易中心、网络市场等）与货币媒介两部分。在房地产投资、开发建设和流通过程中，上述元素相互联系和相互作用的集合，构成房地产市场的运行机制，主要包括动力机制、供求机制、价格机制、信贷利率机制、竞争机制。

1. **房地产市场动力机制**

房地产市场动力机制是指市场主体为寻求自身利益最大化而主动参与市场交易和经营等相关活动的机制。

2. **房地产市场供求机制**

房地产市场供求机制是进行市场供求关系调节，带动房地产经济运行的机制。与价格机制相互联系，可作为政府进行宏观政策引导的依据。供求状况会影响房地产市场的价格波动，甚至影响税收、信贷状况。

3. **房地产市场价格机制**

房地产市场价格机制是指价格作为利益范畴和供求关系的指示器，促使市场主体对生产和经营做出反应。

4. **房地产信贷利率机制**

房地产市场的信贷利率机制是指信贷资金供应量与贷款利率之间的有机联系，反映了房地产市场的融资状况与资金供需之间的关系。

5. **房地产市场竞争机制**

房地产市场的竞争机制是房地产商品经济活动中优胜劣汰的手段和方法。竞争的作用贯穿于市场运作的全过程，体现了与动力机制、供求机制、价格机制和信贷利率机制之间的相互作用。

以上机制互为条件、互相制约，并共同对房地产市场的运作全过程发生作用，具体表现在：首先，房地产市场各运行机制之间具有关联性，即任一机制的变化都会引起其他机制的连锁反应，这种连锁反应又会影响到这个机制本身。各机制必须协调配合，才能有效地调控市场；其次，房地产市场机制具有客观性，即在一定的市场客观条件下，某种机制会发生与之相适应的作用；最后，房地产市场机制具有内在性，即房地产市场机制发挥作用主要来自于各机制的内在机制，而非外部环境。

1.4 房地产经济学的学科属性与研究思路

1.4.1 房地产经济学的学科属性

1. 房地产经济学的学科定位

房地产经济学以房地产资源配置为研究基础，探究其基本经济理论、经济活动运行规律及在其经济活动运行过程中所发生的各种经济关系[1]，是房地产经济运行过程的理论化和系统化，属于应用经济学分支。房地产业是一个独立的产业，所以房地产经济学的学科定位应该属于产业经济学范畴，归属于部门经济学，与农业经济学、工业经济学、商业经济学、建筑经济学等部门经济学处于并列地位。与此同时，房地产经济学是研究房地产行业经营管理及其所面临的经济问题的学科，它以宏观和微观经济原理来分析国家、地区、社区和邻里对房地产市场的影响，用以揭示房地产经济运行规律、探讨房地产资源配置等问题[2]。

2. 房地产经济学的相关学科

（1）产业经济学

产业经济学是19世纪末期应用经济学领域的重要分支。它将"产业"作为一个有机整体，并以此作为研究起点，探讨产业间的关系结构、产业内企业组织结构及其变化规律，并将研究这些规律的方法加以系统化、理论化。[3]产业经济学为房地产经济学提供了可借鉴的分析范式，产业经济学所讨论的相关内容，可直接运用于房地产经济学相关问题的研究。

（2）城市经济学

城市经济学是以城市经济运行为研究对象，研究其经济关系及其经济活动规律的学科，其研究成果与房地产经济学研究相互补充，与房地产经济学在研究对象、范围和侧重点方面都存在着明显的差异。

（3）住宅经济学

住宅经济学是研究住宅生产与再生产过程中的生产关系、外部关系和内在规律的学科，与房地产经济学是密切相连的，二者相互交叉、相互补充。

---

[1] 林增杰. 房地产经济学[M]. 2版. 北京：中国建筑工业出版社，2003：3.
[2] 张永岳，陈伯庚，孙斌艺，等. 房地产经济学[M]. 2版. 北京：高等教育出版社，2011：5-6.
[3] 苏东水. 产业经济学[M]. 4版. 北京：高等教育出版社，2015：2.

（4）土地经济学

土地经济学是以土地利用、土地制度和土地权属转移及收益分配为研究领域，以土地利用中的生产力组织和生产关系的调节为研究对象，以土地经济运行中有关问题的活动规律为核心研究内容的学科。土地经济学与房地产经济学在一些内容上有交叉，其理论体系相对较为完善，为房地产经济学提供了坚实的学科基础。

（5）房地产经济子学科

房地产经济学科可分为许多子学科，包括房地产开发与经营、房地产估价、房地产市场营销、房地产金融、房地产法、物业管理等。这些分支学科从房地产经济运行的不同侧面，集中阐述其特殊运行规律和具体操作方法，应用性和可操作性强，成为房地产经济学学科体系的主要构成，且都以房地产经济学作为理论基础和前提。

1.4.2 房地产经济学的研究对象与研究方法

1. 房地产经济学的研究对象

房地产经济学的研究对象主要体现在以下两个方面：

一方面，房地产经济学是一门研究房地产运行规律及其表现形式的科学。作为国民经济的重要组成部分，房地产经济同样遵循国民经济运行中诸如价值规律、供求规律等客观规律；同时，由于房地产业的行业特点，其运行又存在一定的特殊性。由于所有经济运行规律都是理论上的抽象概括，必然要通过一定的经济现象表现出来，因而通过房地产市场运行状况的表现形式来揭示其中的客观经济规律，研究各种经济利益关系，预测市场发展态势，成为房地产经济学所承担的重要任务。

另一方面，房地产经济学也是一门研究房地产资源配置效率的科学。在市场经济条件下，市场机制发挥着资源配置的决定性作用，房地产经济学同样需要健全和完善市场机制，充分发挥宏观调控作用，使房地产能够有效满足经济发展和人们生活的需要，实现房地产市场资源配置的高效率，这也是房地产经济运行的根本目的。

2. 房地产经济学的研究方法

房地产经济学具有多学科交叉的学科特点，这也决定了其所采用的研究方法必须具有多样性。具体而言，房地产经济学在研究过程中通常需要使用以下研究方法。

（1）理论联系实际

"理论联系实际"是对马克思主义普遍真理同中国革命和建设的具体实践相结合原则的概括表述，是马克思主义最基本的原则之一。理论联系实际的原则，体现了认识与实践相统一、矛盾的普遍性和特殊性相联结的马克思主义的认识论和辩证法，是辩证唯物主义世界观在无产阶级政党作风上的具体表现。房地产经济学的研究势必要将其基本理论与运行实践相结合，反对主观主义和形而上学，才能有效反映房地产市场运行规律，把握发展方向。

（2）定性与定量相结合

定性分析就是对各种经济活动和研究对象进行"质"的规定性方面所进行的分析。定量分析是指利用数学方法，从量的方面考察经济变量的变化及各种经济变量之间的相互联系和作用。定量分析能够揭示各种经济活动、经济变量的数量特征，以检验和丰富人们对各种经济活动和经济变量"质"的规定性方面的认识。在定性分析的基础上，运用定量分析能够更准确地把握房地产经济活动的运行规律及其动态变化。

（3）宏观与微观相结合

宏观分析以整个国民经济活动作为考察对象，从整个社会和国民经济总体的角度研究房地产经济问题。微观分析则是从房地产业各利益主体及参与者的角度研究房地产具体经济活动。微观分析是宏观分析的延伸，宏观分析是微观分析的基础，只有将两者结合起来，才能更全面、深入地剖析房地产经济问题。

（4）规范与实证相结合

规范分析涉及已有的事物现象，以一定的价值判断为基础，提出经济问题的某些分析标准，作为制定经济政策的依据，力求回答"应该是什么"的问题。实证分析可以超越所有的价值判断，从某个可以证实的前提出发，来分析经济活动，力求回答"是什么"的问题，分析过程具有客观性，所得结论可通过经验验证。规范分析对房地产政策选择、资源分配、政府干预等能作出合理解释，实证分析是解释房地产市场经济运行规律的基础。

（5）个案研究

个案研究法，也称为案例研究法，它以某一个体、某一群体或某一组织作为研究对象，进行长时间的连续调查，以便研究其行为发展的全过程，具有研究对象的典型性（个别性）、研究过程的深入性、研究成果的可操作性（综合性）的特征。由于房地产不可移动性、易受地区政策影响等自身特性的存在，使得我们无法通过统一范式来分析整个房地产市场的运行，这就需要我们将具有典型特征的房地产市场案例单独摘出来进行研究。当然，个案研究的结果也可能会推广到一般情况，为整个房地产市场运行作出某种判断提供经过整理的经验报告，并为判断提供依据。

1.5 专题：新时代中国特色住房制度的顶层设计[①]

如前所述，住房市场是房地产市场的重要组成部分之一。鉴于住房消费的外部性等市场特性以及住房领域的主要矛盾已转变为人民多层次的住房需求和不平

---

① 本节摘自：姚玲珍，孙聪，唐旭君. 新时代中国特色住房制度研究［M］. 北京：经济科学出版社，2021.

衡不充分的住房供给之间的矛盾，有必要综合运用房地产经济学的研究方法探讨及明确新时代中国特色住房制度的基本定位、指导思想与构成体系等顶层设计。

1.5.1 新时代中国特色住房制度构建意义与基本定位

1. 构建新时代中国特色住房制度的迫切性

党的十九大报告指出，"我国经济已由高速增长阶段转向高质量发展阶段，正处在转变发展方式、优化经济结构、转换增长动力的攻关期，建设现代化经济体系是跨越关口的迫切要求和我国发展的战略目标"。作为未来中国经济发展的新方向，高质量发展意味着中国经济开始由过去追求数量逐渐转入质量优先的新时代（高培勇，等，2019）[1]。作为我国国民经济的支柱产业之一，房地产业也面临着由高速度增长转向高质量发展的换档期。目前，我国房地产市场已基本告别总量短缺时代，也不存在明显的总量过剩问题，住房市场预期将逐步切换至中高速、高质量发展阶段。那么，适应经济新常态下提质增效的迫切要求，如何构建新时代的中国特色住房制度，尤为重要。

房地产业在我国宏观经济发展中扮演着重要角色，影响着土地、信贷、投资、税收等多个领域，因而，保持其稳定发展至关重要。当前，我国房地产业发展遇到诸多问题和难题。住房市场很难依靠市场机制进行自我调节。为防止房价大起大落，针对当前住房市场结构不均衡、住房制度体系和宏观调控体系不完善等重点问题，2018年底召开的全国住房和城乡建设工作会议提出"稳地价、稳房价、稳预期"的目标。要实现"稳地价、稳房价、稳预期"的政策目标，根本上取决于住房制度改革和长效管理机制完善。坚持"房子是用来住的、不是用来炒的"的定位、完善住房市场和保障两个体系，回归解决居民住房问题。

党的十九大报告中提出了"我国社会主要矛盾已经转化为人民日益增长的美好生活需要和不平衡不充分的发展之间的矛盾"这一重大论断。从原本的"物质文化需要"到当前的"美好生活需要"，意味着居民需求体系和需求层次也发生了重大变化（朱紫雯和徐梦雨，2019）[2]。作为生活必需品，获得适足的住房水平是个人生存和发展的前提条件。从诗人杜甫的"安得广厦千万间，大庇天下寒士俱欢颜"的愿望，到新时代的让"全体人民住有所居，住得安全、住得舒心"。从"有房住"向"住好房""住得绿色""住得健康"的需求转变，充分反映了人民群众生活水平的提高以及对住房需求的多元化，需求的变轨也促使中国房地产业逐步走进"品质时代"[3]，并通过租购并举等多种方式满足多元化需求。

---

[1] 高培勇，杜创，刘霞辉，等．高质量发展背景下的现代化经济体系建设：一个逻辑框架［J］．经济研究，2019（4）：4-17.

[2] 朱紫雯，徐梦雨．中国经济结构变迁与高质量发展——首届中国发展经济学者论坛综述［J］．经济研究，2019（3）：194-198.

[3] 数说"品质居住"背后：链家助力住房品质升级的逻辑［DB/OL］http://www.xinhuanet.com/house/2018-03-08/c_1122507107.htm.

因此，住房制度的改革必须适应新时代发展阶段下居民对美好居住生活向往的诉求。

2. 新时代中国特色住房制度的基本定位

如前所述，住房商品具有居住消费和投资双重属性。在市场经济发展到一定时期时，住房的投资属性将进一步凸显，因而也就更容易受到资本的追捧而产生剧烈的价格波动、形成价格泡沫，产生投机性购房行为，甚至"炒房"行为。"炒房"现象的存在通常会产生如下几种影响：一是夸大真实的市场居住需求，通过推升房价，导致更多居民的住房可支付能力下降。二是"炒房"会通过价格影响供给，造成社会资源错配和严重浪费、住房供求信息失真等。三是会对实体经济形成很强的挤出效应。四是可能诱发系统性风险。目前，中国房地产市场投资投机现象仍然存在。在住房逐渐背离居住属性的趋势下，必须建立相关的税收、金融、土地等综合性政策体系，引导住房理性消费，推进住房回归居住本源属性，明确"房住不炒"。

住房需求的满足可通过租赁与购买，对应供给端便是出租和出售。事实上，以"购"为主体的住房市场是一个发展不平衡的市场，大城市的高房价致使很多中低收入群体"望房兴叹"，但有经济能力的投机者却拥有多套住房。因此，租购并举本质上是弥补城市住房供给的结构性短板，优化住房市场供应结构，供需平衡才能使房地产市场降温。培育和发展住房租赁市场、建立租购并举的住房制度，是中国政府近年来解决住房市场突出矛盾的"治本"之举，也是应对当前房地产市场失衡的有效举措。

生存权是公民的基本权利之一，而住房权又是生存权的基本组成。住房的发展直接影响人民群众的切身利益和福祉，同时也事关经济社会的全局发展。自中华人民共和国成立以来，我国城镇住房制度、法规政策、住房供给模式、住房设计理念等均发生了历史性的变革。特别是党的十八大以来，住房制度改革也不断深化，人民群众的居住条件得到显著改善。党的十九大报告也明确强调住房制度的建设目标是"让全体人民住有所居"，这将成为今后较长一段时期内住房市场长效机制建设的基本遵循。

因此，新时代中国特色住房制度的基本定位应是："房住不炒""多主体供给、多渠道保障和租购并举""让全体人民住有所居"并宜居，推动住房市场平稳健康发展。相应地，新时代中国特色住房制度改革的总体战略目标应是：到2025年，建立与高质量发展要求相适应、比较健全的住房市场调控目标体系、政策体系、决策协调体系、监督考评体系和保障体系；到2035年，建立与国家治理体系和治理能力现代化要求相适应的住房市场调控体系，有效促进住房市场运行各环节的循环畅通；到2050年，建立与全面实现国家治理体系和治理能力现代化，使中国特色社会主义制度更加巩固、优越性充分展现相适应，与富强民主文明和谐美丽的社会主义现代化强国相适应的住房市场调控体系，实现全体人民共享住房制度改革成果。

1.5.2 新时代中国特色住房制度的指导思想与发展理念

1. 指导思想：习近平新时代中国特色社会主义思想

新时代中国特色住房制度的顶层设计应以习近平新时代中国特色社会主义思想为指导，全面贯彻党的十九大和十九届二中、三中、四中、五中、六中全会精神，统筹推进"五位一体"总体布局，协调推进"四个全面"战略布局，做到"四个坚持"（即坚持稳中求进工作总基调，坚持新发展理念，坚持推动高质量发展，坚持以供给侧结构性改革为主线），统筹兼顾、综合平衡，处理好政府与市场、中央与地方、长期与短期、主体与配套、规划与落实、认识与实践的关系，统筹稳增长、促改革、调结构、惠民生、防风险、保稳定，提高住房市场的宏观调控能力和水平，强调逆周期调节，做好跨周期设计，坚决不搞"大水漫灌"式强刺激，坚持区间调控，着力构建市场机制有效、微观主体有活力、宏观调控有度的住房制度，努力提升住房制度治理能力和现代化治理体系，建成我国发展强劲的增长极（王丰，2018）①。

以习近平新时代中国特色社会主义思想作为指导思想，紧扣党的十九大和十九届四中全会精神，全面深化住房制度改革，应直面群众对美好生活的追求，强化住房制度治理体系和治理能力，坚持在发展中保障和改善居住质量，将加快推进租购并举住房制度改革与长效机制建设作为新使命，开启住房领域高质量发展新征程。

2. 发展理念：以人民为中心，增进民生福祉

"明确新时代我国社会主要矛盾是人民日益增长的美好生活需要和不平衡不充分的发展之间的矛盾，必须坚持以人民为中心的发展思想，不断促进人的全面发展、全体人民共同富裕"，是习近平新时代中国特色社会主义思想的主要内容之一（王丰，2018）②。伴随着我国住房领域所出现的供求失衡、租售失调和发展失度等方面的问题，坚持"以人民为中心"的发展理念，通过住房制度改革与创新，让人民共享发展成果，"不断满足人民日益增长的美好生活需要，使人民获得感、幸福感、安全感更加充实、更有保障、更可持续"是新时代住房制度顶层设计所必须遵循的方针与纲领。

为此，中央政府明确强调"房住不炒"，建立多主体供给、多渠道保障、租购并举的住房制度，旨在从根本上解决住房市场不平衡、不充分的发展矛盾，让全体人民"住有所居"，提升住房给居民家庭带来的获得感、幸福感和安全感（马修文，沈阳，2018）③。

---

① 王丰. 习近平新时代中国特色社会主义思想的哲学研究[D]. 北京：中共中央党校，2018.
② 同上。
③ 马修文，沈阳. 伟大的变革——中国改革开放40周年伟大成就盘点[J]. 党课参考，2018（12）：3-28.

1.5.3 新时代中国特色住房制度的总体要求与构成体系

1. 新时代中国特色住房制度的总体要求[①]

新时代中国特色住房制度建设应基于共同富裕、社会保障、公平与效率、住房梯度消费及可持续发展等理论，结合住房制度建设的紧迫性和复杂性特点，明确顶层设计与建设推进的总体要求，在制度演变创新中形成一系列中国特色社会主义的理论成果、实践成果与制度成果。

第一，新时代中国特色住房制度应当体现和发挥"中国特色社会主义"的制度优势。制度建设应坚持党的集中、统一、全面领导，以中国特色社会主义科学理论为指引；坚持以人民为中心的发展思想，保障社会公平与人民群众的基本民生权利；充分调动社会资源和各参与主体的积极性，"集中力量办大事"；随着实践发展而不断完善制度内容，坚持制度改革创新、与时俱进，在保持发展定力的同时提高创新活力。

第二，新时代中国特色住房制度应当具有鲜明的"新时代"特征，体现总结历史与面向未来的统一。中华人民共和国成立70多年以来，特别是住房市场化改革以来，住房制度取得显著成效，也走过一些弯路，在此过程中总结的许多宝贵经验做法是符合中国国情特点和市场规律的。新时代中国特色住房制度必须立足于住房领域发展的历史成就，着眼于解决前期留下的问题困难。同时也应认识到，中国改革开放新时代面临着主要矛盾转变、高质量发展、人口结构变化等新的特点和趋势，新时代中国住房制度的改革必须适应新的要求。

第三，新时代中国特色住房制度应当"系统完备、科学规范、运行有效"，立足于民生保障和引导市场良性发展，保障人民群众的基本居住权利，落实"房住不炒"的制度定位。与其他制度应当统筹顶层设计和分层对接，实现密切衔接、充分协调、同步建设，提升住房领域发展的效率、公平和可持续性。此外，住房制度建设还应当部分担负起宏观调控的职能，通过住房制度改革促进区域与城市经济的高质量发展。

2. 新时代中国特色住房制度的整体框架

新时代中国特色住房制度不是推倒重来建立一套全新的制度，而是继续坚持和巩固经过实践检验的中国特色住房制度，科学把握和正确遵循市场规律，结合现实国情和发展趋势对住房制度进行发展和完善，逐渐形成多主体供给、多渠道保障和租购并举的住房制度。新时代中国特色住房制度既包含以住房本身为主体的基础性制度，也包含土地、金融、财税、法律、行政管理等一系列关联或配套制度（体制），具体内容如图1-5所示。随着实践发展，新时代中国特色住房制度的整体框架和核心构成会出现扩容或调整。

[①] 部分内容摘自：姚玲珍，刘霞，王芳. 中国特色城镇住房保障体系研究 [M]. 北京：经济科学出版社，2017.

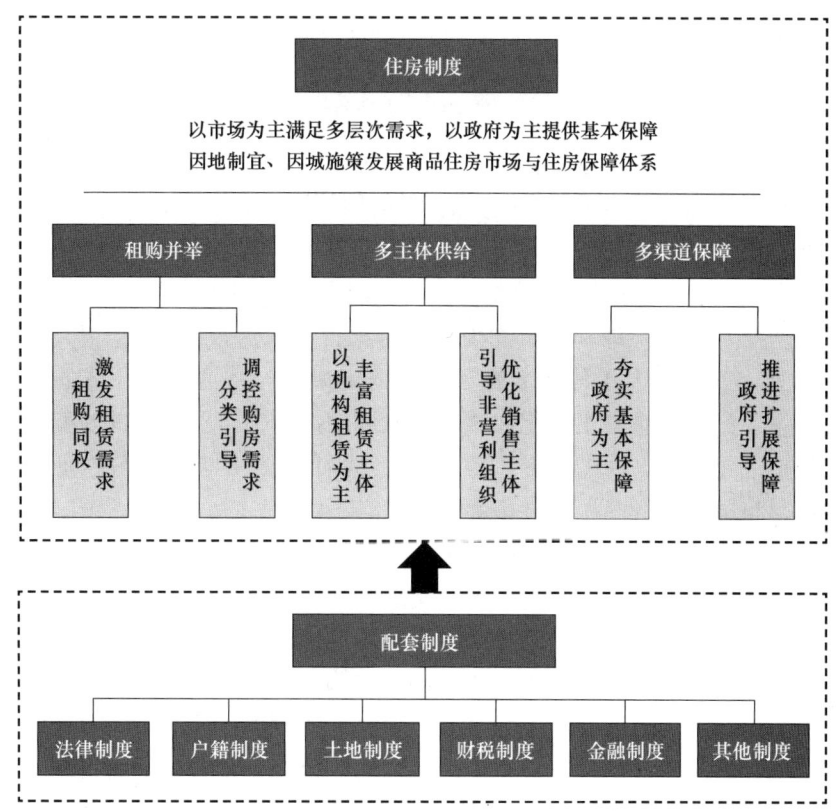

图1-5 新时代中国特色住房制度的整体框架

3. 新时代中国特色住房制度的核心构成

（1）基础性制度：多主体供给，多渠道保障，租购并举的住房制度

住房制度是以房地产市场为基础，关于住房生产、流通、分配、消费、监管和保障等的基本制度安排。按照党的十九大精神和习近平总书记的系列讲话精神，坚持"房子是用来住的、不是用来炒的"新定位，"多主体供给、多渠道保障、租购并举"是三位一体的制度架构，也是新时代中国特色住房制度的核心内容。其中心目标是通过合理的制度安排，让市场发挥配置住房资源的基础性和决定性作用，更好地发挥政府在住房保障方面的职能与作用，以实现全社会的"住有所居"和居住条件的持续改善（马修文，沈阳，2018）。新时代中国特色住房制度下，应明确"以市场为主满足多层次需求，以政府为主提供基本保障"的政府与市场定位，强调因地制宜、因城施策发展商品住房市场与住房保障体系。

（2）配套性制度：法律、户籍、土地、财税、金融等制度系统性支撑

住房制度要充分发挥作用，需要配套法律制度、户籍制度、土地制度、财税制度、金融制度等加以支撑。具体而言，通过法律制度，完善法制健全、执法严格的市场管理；通过户籍制度，实现新老市民共享公共资源；建立人地挂钩的土地供应体制、差别化的税收政策、扶抑结合的货币政策等促进住房供应体系的优化，稳定预期，落实规划。此外，还需借助互联网和大数据技术，建立定期普

查、动态信息更新的数据系统，以便及时应对市场异常波动，做出科学决策。

本 章 小 结

房地产，是房屋建筑与建筑地块有机组成的整体，是最基本的生产资料和生活资料。对于房地产的表述具有明显的多样性特征，深入理解其本质，可从房地产作为实物形态的土地与建筑物在空间上的有机统一、房地产兼具生活资料与生产资料双重性质、房地产是一项财产与一组权利束三个视角进行。

房地产业是指以土地和建筑物为经营对象，从事房地产投资、开发、建设、经营、租赁、管理以及维修、装饰和服务的集多种经济活动为一体的综合性产业，属于第三产业。它是工业化和城市化发展的产物，产业结构的演变和消费结构的升级推动了房地产业的发展。房地产业在国民经济中具有支柱产业、先导产业的作用，与国民经济存在双向互动关系。

房地产市场，又称不动产市场。从经济学意义上来看，狭义的理解是指房地产交换的场所；广义的理解是指房地产交换关系的总和，是连接房地产开发、建设、经营、管理、服务和消费的桥梁，是实现房地产商品价值和使用价值的经济过程。房地产市场具有供给的相对垄断性、结构层次性、经济外部性、信息不对称性等特点。房地产市场体系是指由不同种类和功能的市场组成的有机综合体，按照不同的标准有不同的划分。房地产市场运行机制主要包括动力机制、供求机制、价格机制、信贷利率机制、竞争机制，互为条件、互相制约，共同对房地产市场的运行发生作用。

房地产经济学以房地产资源配置为研究基础，探究其基本经济理论、经济活动运行规律及在其经济活动运行过程中所发生的经济关系。房地产经济学具有多学科交叉的特点，因而其研究方法也具有多样性。只有全面掌握房地产经济学相关理论，才能取得良好的学习效果。

思考与练习题

1. 房地产市场的经济特性有哪些？请举例说明。
2. 如何实现房地产业与国民经济的协调发展？
3. 房地产市场体系构成及运行机制是怎样的？
4. 房地产经济学的学科特点是什么？研究方法有哪些？

主要参考文献

[1] 高波. 现代房地产经济学导论 [M]. 南京：南京大学出版社，2010.
[2] 林增杰. 房地产经济学 [M]. 2版. 北京：中国建筑工业出版社，2003.

[3] 刘洪玉，郑思齐. 城市与房地产经济学［M］. 北京：中国建筑工业出版社，2007.

[4] 苏东水. 产业经济学［M］. 4版. 北京：高等教育出版社，2015.

[5] 吴兆华. 房地产商品的特性及决定因素刍议［J］. 社会科学研究，1994，4：37-41.

[6] 姚玲珍. 中国住宅市场营销［M］. 上海：立信会计出版社，1999.

[7] 姚玲珍. 房地产市场营销［M］. 上海：上海财经大学出版社，2004.

[8] 姚玲珍. 房地产市场研究［M］. 北京：中国建筑工业出版社，2008.

[9] 余子鹏，刘勇. 我国产业结构调整与要素效率关系分析［J］. 经济学家，2011（8）：19-26.

[10] 张红. 房地产经济学［M］. 2版. 北京：清华大学出版社，2013.

[11] 张永岳，陈伯庚，孙斌艺，等. 房地产经济学［M］. 2版. 北京：高等教育出版社，2011.

[12] 中国经济报告. 如何遏制资金"脱实向虚"［R/OL］. 2017.07.18. http://news.hexun.com/2017-07-18/190090385.html.

[13] Burns, Leland S., Leo Grebler. Resource Allocation to Housing Investment: A Comparative International Study[J]. Economic Development and Cultural Change, 1976, 25(1): 95-121.

城市土地市场

【本章要点及学习目标】

（1）熟悉土地的两方面特性；
（2）掌握地租与地价的关系以及地租的基本理论；
（3）了解单中心城市、CBD的概念以及单中心城市的竞租理论；
（4）理解多中心城市形成的原理以及城市蔓延现象。

在各个国家，城市土地市场作为城市经济的一部分，都具有特殊的重要地位。那么土地具有哪些特性？土地市场中地租与地价之间有着怎样的关系？地租的基本理论有哪些？什么是CBD？不同形态城市的形成原理是什么？其空间分布又是怎样的？本章将对这些问题予以阐述。

2.1 城市土地特性

2.1.1 自然特性

从地理学的角度，可把土地看成是由地球的表层及其附属物构成的一个垂直的立体，即土地是地球表面上空一定的高度，以及地球表面地下一定的深度组成的物质整体，包括空气、土壤、水域、植被、岩石、矿藏等一切自然物质，是它们的综合体和抽象物，并由此决定了它固有的自然特性。

1. 有限性

土地的有限性是指土地的整体规模是固定的，土地资源不可再生。在可以预计的技术发展条件下，整体土地规模不能通过人的努力无限地增加或减少，人类社会所从事的各项活动只能在有限的土地范围内进行。土地的有限性决定了土地供给的稀缺性，是土地市场供给分析乃至房地产市场供给分析中重要的考虑因素。

2. 耐久性

土地的耐久性是指土地在通常条件下可以永续使用，土地资源不可毁灭。但也要注意到，尽管在整体层面上土地具有耐久性，但对某种特定用途的土地而言，存在无法被永续使用的可能。例如，如果对森林过度砍伐造成土地沙漠化，林地这一特定用途的土地可能受到毁灭而无法被永续使用。

3. 异质性

土地的异质性是指土地不是标准或者同质的，位于不同位置的土地通常在肥沃程度、地质条件、地形地貌等自然属性上存在较大差异。土地自然属性的异质性是由于土地自身以及相应气候条件的差异形成的。如果进一步考虑人类对土地的使用、土地所处位置的差异或者其他自然属性的差异，还会导致不同的土地利用状态，而土地利用状态的差异又会进一步加剧土地的异质性。

2.1.2 经济特性

土地的经济特征产生于人类利用土地的过程，从土地角度反映了人类社会的各种经济关系。

1. 供给稀缺性

土地的稀缺性是指相对于人类社会日益增加的土地需求，总体规模有限的土地是一种稀缺资源。土地的稀缺性刻画了土地供给相对于土地需求的关系：在需求端，伴随工业化和城镇化进程中经济的快速发展和人口的迅速增长，人类社会对土地，特别是城市土地的需求不断增加；而在供给端，土地整体规模的有限性、土地位置的固定性和土地的异质性都使土地供给受到限制。

2. 区位可变性

土地的区位可变性是指土地所处的区位，会伴随着人类社会的发展发生变化。在不同的人类社会发展时期，位于相同地理位置的土地可能存在明显不同的区位特征。特别是对城市土地而言，伴随城市发展进程中学校、医院、公园和公共交通等基础设施的建设以及其他经济、文化和政治等活动的开展，土地区位会不断发生变化。例如，同一居住用地在其附近有学校建成后变为学区用地，或者同一城区在高铁开通后变为交通枢纽。土地的区位可变性决定了土地的区位属性是土地市场分析中需要考虑的重要因素。

3. 报酬递减性

土地的报酬递减性是指在科学技术水平不变的条件下，保持其他投入要素的投入量不变，向同一宗土地不断增加某种投入要素所带来的产出增加存在逐渐减少的可能性。土地的报酬递减性不仅体现在农业用地中，在城镇建设用地中也有所体现；但随着科学技术水平的改变，土地的报酬递减性会有所改变。

4. 经营垄断性

土地的经营垄断性是指土地作为经营对象被某一特定主体占用时，其他主体无法同时使用该宗土地。土地经营垄断是理解地租理论的重要特性。

在我国，基于《中华人民共和国土地管理法》，"城市市区的土地属于国家所有"，"由国务院代表国家行使"城市市区土地的垄断所有权。土地使用者可以通过有偿或无偿的方式获取一定限内的城市市区土地使用权，并在使用期内对该土地享有使用、收益和处置的权利。

5. 期权性

土地的期权性是指对土地进行投资时，投资者可以"择期"进行各项土地投资决策的"权利"。土地的实物期权特性取决于土地投资具有的决策柔性和不可逆性，以及面临的市场环境不确定性。土地的期权性是土地投资价值评估和土地开发时机和定价决策中的重要影响因素。

土地的实物期权价值可以表现为土地开发的延迟或等待期权价值、土地开发的阶段投资期权价值以及土地用途的转换期权价值等。土地开发延迟期权是指在不确定的市场环境下，开发商获取土地使用权后不立即进行土地开发，而是通过等待获取更多的信息后再进行土地开发，以降低立即进行房地产供给投资的机会成本，获取更高的土地投资收益。土地开发阶段投资期权是指土地开发商可以将土地开发分阶段进行，根据各个阶段的已有信息确定下一阶段是否开发以及开发策略。土地用途转换期权则涉及例如城镇化进程中农业用地转为城镇建设用地，以及城市更新进程中土地用途转换等问题。

6. 外部性

土地的外部性是指某一特定经济主体在利用土地的过程中对其他经济主体和

社会整体造成影响，但不承担相应成本或获得相应回报。土地的外部性可能表现为正外部性，也可能表现为负外部性。对土地过度开发造成土地沙漠化，进而导致相邻土地也发生土地退化，使相邻土地经营者的收益受损，是土地负外部性的例子；而相应地，通过保护水土、改善土壤质量，则可以使土地产生正外部性。

在土地的两种属性中，自然属性是与人类活动无关的，不以人的意志为转移；而经济属性是与人类活动相关的，反映了人类社会经济、政治、文化等多个方面的关系。

2.2 地租理论

2.2.1 地租与地价

地租，在狭义上是指土地所有者向土地使用者收取的土地使用租金收益。地租在土地所有权的基础上产生，因此在不同的社会制度和土地所有权形态下，存在不同性质的地租。地价是指土地买卖时土地购买者支付的价格。特别地，地价是对土地预期收益而非土地实体的购买价格。

那地租与地价之间具体有怎样的数量关系呢？马克思指出："土地价格无非是出租土地的资本化的收入。"简单来讲，这是因为当土地市场均衡时，土地所有者卖出土地的价格，在数量上应该等于其继续出租该土地未来可以获取的地租收益的现金流折现。假定我们拥有一块土地，每年期望能收取租金$\$r$（期末），盈利期限为$n$年，折现率为$i$，得到地价应为：

$$P_n = PV_n = \frac{\$r}{(1+i)} + \frac{\$r}{(1+i)^2} + \cdots + \frac{\$r}{(1+i)^n} \qquad (2-1)$$

在2.1节中我们提到，土地具有耐久性和经营垄断性，因此地租对土地所有者而言是一项恒久的现金流收益，并会随着土地的所有权转移而发生转移。当地租收益期限$n \to \infty$时，对应的地价应为：$P_{n \to \infty} = \dfrac{\$r}{i}$。

因此可以看出，地租和地价二者密不可分，同时存在明确的数量关系。一方面，地租作为土地收益，决定了地价存在的客观性，是地价的基础；另一方面，地价是资本化的地租，是地租的货币表现。

2.2.2 地租理论

围绕土地所有权这一人类社会生产和发展过程中面临的重要问题，西方经济学家从17世纪开始就对地租问题进行了不断研究，形成了地租理论。

在地租理论的形成、发展和演变过程中，存在若干个发展阶段，众多学者为各个阶段的地租理论发展作出了巨大贡献。表2-1中对地租理论的发展阶段以及各个阶段的代表学者及其观点进行了梳理：在17世纪中叶到19世纪初期，古典政治经济学家对地租进行的一系列论述形成了古典政治经济学的地租理论,这一阶段的代表学者有威廉·配第、安·杜尔阁、亚当·斯密、詹姆斯·安德森、大卫·李嘉图等。在19世纪上半叶,资产阶级庸俗政治经济学的地租理论逐渐形成,这一阶段的代表学者有让·巴蒂斯特·萨伊和托马斯·罗伯特·马尔萨斯等。19世纪下半叶,马克思主义的地租理论形成。20世纪,现代西方经济学的地租理论开始形成,这一时期的代表学者有保罗·萨谬尔森等。

地租理论的发展及代表人物　　　　　　表2-1

阶段	代表学者	主要观点或贡献
17世纪中叶～19世纪初期	威廉·配第（William Petty）	首次提出地租是剩余劳动的产物,并提出级差地租的概念
	弗朗斯瓦·魁奈（Francois Quesnay）	提出"纯产品"理论,指出地租是土地所有者出租土地并将生产阶级生产的"纯产品"转化为自己收入的形式
	安·杜尔阁（Anne Robert Jacques Turgot）	农业劳动者生产"纯产品",土地所有者凭借土地私有权,以地租的形式将这部分"纯产品"归为己有
	亚当·斯密（Adam Smith）	系统地研究了地租问题
	大卫·李嘉图（David Ricardo）	基于劳动价值论阐释级差地租理论,提出土地肥沃程度和位置的差异以及土地有限性是地租产生的条件
	詹姆斯·安德森（James Anderson）	开拓性地研究了级差地租理论的基本特征,指出土地产品价格决定地租,反之土地产品价格不由地租决定
	约翰·冯·杜能（Johan Heinrich von Thünen）	静态分析了地租与土地位置的关系
19世纪上半叶	让·巴蒂斯特·萨伊（Jean-Baptiste Say）	建立"三位一体"分配论,认为地租作为使用土地的补偿应该由土地所有者得到
	托马斯·罗伯特·马尔萨斯（Thomas Robert Malthus）	否认地租是土地所有权垄断的结果,认为其是"自然对人类的赐予"
19世纪下半叶	卡尔·马克思（Karl Heinrich Marx）弗里德里希·恩格斯（Friedrich Engels）	将劳动价值论贯彻在地租理论的始终,提出资本主义地租是剩余价值的转化形式之一,系统地分析了资本主义级差地租、绝对地租和垄断地租;并指出地价和地租的关系,即土地价格是地租的资本化
20世纪初期～20世纪下半叶	阿尔弗雷德·马歇尔（Alfred Marshall）	地租由土地原始价值、公有价值和私有价值三部分组成,只受到土地需求影响,其大小取决于边际生产力
	约翰·克拉克（John Bates Clark）	认为地租是一种"经济盈余"
	保罗·萨缪尔森（Paul A. Samuelson）	认为地租作为使用土地的代价,在土地供给数量给定的情况下,取决于土地需求数量

地租理论经过漫长的发展,覆盖面越来越广,涉及的对象也越来越复杂。各个阶段的地租理论基于不同的经济和理论背景,彼此差异又相互继承和发展。

1. 威廉·配第的地租理论

威廉·配第（William Petty，1623—1687）最早提出地租理论，对地租理论的发展作出了开拓性贡献。

威廉·配第认为地租是收获的农作物扣掉种子和工资等各种生产成本后的剩余部分，即利用农地进行农作物生产的一种剩余。在《赋税论》中，威廉·配第写道："如果一个人有播种一块土地所需要的种子，并且能够用自己的双手在这块土地上种植谷物——他能够挖掘、犁、耙、除草、收割、搬运谷物、打脱筛净，做耕种这块土地所需要的种种工作。在他收获谷物之时，这个人在他的收获中扣除播种的种子以及自己为换取衣食和其他必需品给予他人的部分后，剩下的谷物收成就是这块土地当年的地租。像这样形成丰收和欠收周期的若干年的地租平均数，用以表示这块土地一般地租。"威廉·配第的地租理论可以表示为：

$$地租 = 市场价格 - 生产成本 \tag{2-2}$$

威廉·配第的地租理论体现了级差地租的初步思想，考虑了由土地与市场距离的差异造成的级差地租。威廉·配第以一个例子介绍了这一思想："如果必须从40英里以外的地方运送维持伦敦或者军队所需的谷物，而现在在距离伦敦或这支军队1英里的地方栽培谷物，谷物的价格应该包含原本需要将谷物从39英里之外的地方运输至此地的费用。因此，基于上述理由，靠近人口稠密地方的土地，相较远离人口稠密地方而土地质量相同的土地地租要更高一些。"

2. 理查德·坎蒂隆的地租理论

理查德·坎蒂隆（Richard Cantillon，1685—1734）同意威廉·配第所认为的地租是一种剩余，但他提出地租不应当是仅扣除生产成本之后的余额，而应该在扣除生产成本的基础上再扣除经营利润。他认为："土地所有者通常仅取得土地产出的三分之一，剩下的三分之二由租地农场主取得，用于补偿成本、供养帮工和作为自己的经营利润。"

坎蒂隆的地租理论可以表示为：

$$地租 = 市场价格 - 生产成本 - 经营利润 \tag{2-3}$$

坎蒂隆地租理论的一个突出贡献，是揭露了土地租金的实质就是土地剩余原则。在完全竞争的市场，土地租金即为土地利润，或者说是超过非土地费用的收入部分是租金，因此土地租金也被称做"剩余价值"。

3. 亚当·斯密地租理论

亚当·斯密（Adam Smith，1723—1790）在其著名的《国民财富的性质和原因的研究》（简称《国富论》）中，更加准确地论述了地租理论。

亚当·斯密认为，地租是土地租用人按照土地实际状况所支付的最高价格，作为使用土地的代价。之所以是最高支付价格，是因为在地主和土地租用人约定土地租约时，地主会让土地租用人获得的土地产出份额，仅足以补偿其各项生产成本及经营利润，因此土地租用人获得的土地产出份额是其所愿意接受的最小份额。相应地，地主获得的地租是土地租用人在给定土地投入产出状况情况下所能缴纳的最大份额。

亚当·斯密的地租理论可以表示为：

$$地租 = 市场价格 - 生产成本 - 普通利润（平均利润） \quad (2-4)$$

亚当·斯密的地租理论没有提及级差地租，但表达了级差地租的思想。亚当·斯密还批驳了"地租不外是地主用来改良土地的资本的合理利润或利息"这一说法，并明确指出地租成为商品价格构成部分的方式在于地租水平是价格水平的结果，不同于工资和利润，是价格高低的原因。此外，亚当·斯密把地租理论从农业用地扩充到非农业用地，认为农业用地转为非农业用地的前提是非农业用地的产值必须高于原先所种植作物产生的地租。这些都是亚当·斯密对于地租理论的贡献。

4．詹姆斯·安德森地租理论

詹姆斯·安德森（James Anderson，1739—1808）继承了亚当·斯密的理论，在公式表达上并没有提出改进，但是理论上首先创立了级差地租论。

詹姆斯·安德森认为形成地租的前提在于同一的市场价格，即不同生产条件下产出的土地产品可以按相同的价格出卖。但不同土地生产一单位产出的生产成本不同，肥沃土地的生产成本相较于贫瘠土地要更低。因此，肥沃土地的地租相较于贫瘠土地应该更高，以使得农民耕种不同质量土地的收益实现均等。这一类级差地租可以理解为拥有相对肥沃土地的所有权而获得的超额利润。

此外，詹姆斯·安德森与亚当·斯密在地租与土地产品价格的关系上观点相同，都主张地租由土地产品价格决定。

5．大卫·李嘉图的地租理论

大卫·李嘉图（David Ricardo，1772—1823）作为古典经济学最伟大的学者之一，基于劳动价值论原理提出的地租理论在他的经济理论体系中占有重要地位，并为地租理论的整体研究奠定了一个科学基础。

（1）地租的定义及地租产生的条件

大卫·李嘉图在其《政治经济学及赋税原理》一书中指出，土地租用人支付地租给地主，是为了获得土地生产力，而土地生产力是土地所原有和不可摧毁的。他认为，地主之所以取得地租，只因其占有土地，地主没有作任何贡献，没有付出任何代价，因此是其不劳而获的收入。

土地的有限性和土地肥沃程度及位置差异是产生地租的两个条件。土地如果无限，土地使用人则不会为使用土地而支付租金。大卫·李嘉图认为，"如果土地数量无限，质量也完全相同，那么使用时就无需支付代价，除非是它在位置上具有特殊便利。因此地租的产生只因土地的数量并非无限，质量或位置也不相同"。

（2）级差地租及其两种形态

大卫·李嘉图运用劳动价值论研究级差地租，对级差地租理论作出了突出贡献。他认为由于竞争的作用，资本的利润率是统一的。在投入等量资本的情况下，不同等级的土地之间的产量差额会形成地租。土地产品的价值取决于最劣等地的生产条件，也就是其最大劳动耗费；而比劣等地质量更优的土地生产成本低、生产率高，因此其土地产品价格在能够补偿生产成本和平均利润之余形成超额利润，并转化为地租。

大卫·李嘉图的地租理论可以表示为：

$$\text{地租} = \text{市场价格} - \text{生产成本} - \text{平均利润} \tag{2-5}$$

我们假定现有X、Y、Z三位农场主，分别耕种优、中、劣三个级别的土地。每位农场主的资金投入为\$1000，最低投资回报率为10%。而优、中、劣三块土地的产值分别为\$200、\$150、\$100，则优、中、劣三块土地的地租应分别为：

$$\text{Land Rent}_{优} = \$200 - \$1000 \times 10\% = \$100$$

$$\text{Land Rent}_{中} = \$150 - \$1000 \times 10\% = \$50$$

$$\text{Land Rent}_{劣} = \$100 - \$1000 \times 10\% = \$0$$

大卫·李嘉图还分析了两种形态的级差地租。

第一种级差地租是基于土地肥沃程度的差异和位置的不同而产生。这是由于人们最初选择耕种距离近、肥力好的优等地；随着人口增长以及农产品需求上涨，在土地有限性的限制下，人们转而要去耕种中等地；当优等地和中等地都不能满足需要，人们进而只能去耕种劣等地。中等地和劣等地的耕种，都会使得优等地因为超额利润而存在级差地租。

第二种级差地租是由于土地的报酬递减，即在同一块土地上连续投入相同的资本和劳动要素，土地产出会逐渐下降。这样即使人们都耕种优等地，产出水平也存在差异。土地报酬递减实际上意味着生产成本的提高，而农产品的社会需要决定了农产品的产量不能减少，因此农产品的价格就必定要上涨。这时，同样是耕种优等地，产出水平高的就可以获得超额利润，这部分超额利润转化为第二类级差地租。

（3）不断增长的地租及地租与利润和工资的关系

大卫·李嘉图还分析了级差地租变动的规律和影响。他首先分析了土地产量与地租的关系，在面积相同的几块土地上投入同样的资本，如果每块地的产量分别以相同的程度增加，则地租有可能不变，因为最劣等土地的产量也同时增加，各级级差地租不变。但是如果在这种情况下，需求不变，那么劣等土地就会退出生产，地租就会减少；反之，如果需求增加，促使更劣等地也投入耕种，最劣等地产量下降，那么地租总量就会增加。因此，大卫·李嘉图认为，任何事物，如果能使得在土地上连续投入的各项资本的产出的差额增加，都趋向于提高地租；反之，则趋向于降低地租。

大卫·李嘉图认为，地租水平会伴随社会发展逐渐升高。在人类社会的初期，优等地就足够人们耕种，那时没有地租；随着人口的增加，对农产品的需求不断增加，优等地的地租会随着在旧有土地上连续投资或耕种相对劣等的土地而产生。随着更加劣等的土地投入农业生产，地租就会越来越高，尽管通过土地改良可以起到一定的抑制作用。谷物价格的上涨导致工人货币工资的增加，由于工资与利润的对立关系，利润必然下降。也就是说，大卫·李嘉图认为，地主阶级所不劳而获的地租，无论是实物地租，还是货币地租都不断增加；工人工资由于谷物价格上涨而增加，但其购买到的生活资料没有增加，反而减少；而资产阶级苦心经营却蒙受了最大的损失，无论从农产品比例上，还是从价值上都相对地降低，从而妨碍资本积累和生产发展。

2.3 单中心城市的空间分布

2.3.1 单中心城市的概念

单中心城市是20世纪初，汽车和卡车出现以前的主要城市形态。在单中心城市，商业和工业主要集中于核心中央区域，而住宅和农业则分散在外围区域。单中心城市的基本假设如下：

（1）城市以一个中心商业区为核心，所有的商品交易均在这个区域实现，城市围绕该中心商业区呈同心圆形状。

（2）中心商业区到城市内任意一点的距离为中心点到该点的直线长度。

（3）成本包括非土地要素成本和土地要素成本，非土地要素成本即为产品成本，与区位无关；土地要素成本即运输成本，与区位有关。

（4）运输成本只与距离有关，边际运输成本为一固定值。

（5）市场为完全竞争市场，投资者均为理性投资。

2.3.2 CBD的概念与特征

1. CBD的概念

CBD是中央商务区（Central Business District）的简称，是指一个城市的中央区域，通常以零售业和办公区域集聚的地块形式呈现[①]。CBD区域是城市发展的核心区域，聚集了城市中金融、法律、咨询等现代服务业以及多种知识密集型的行业。CBD通常体现着一个城市的经济、科技、文化实力，以人力作为产出的主要载体，有着高密度的生活空间，完善便利的交通条件与通信网络，城市地标性建筑也多位于此，故而CBD常以诸多摩天大楼为人们所知。

2. CBD的界定方法

1954年墨菲（Murphy）和万斯（Vance）为了界定CBD的概念，针对美国9个城市的CBD进行了深入的调查，将CBD日常运行的指标如人口密度、地价等进行综合考虑，定义了CBD区域的基本特征，那些白天人口密度最大、就业人数最多、地价最高、车流和人流量最大的地区即为CBD。

他们提出了地价峰值区（the Peak Land Value Intersection，PLVI）的概念，并

---

① Central Business District（from scalloway org uk website）。

认为地价峰值区是CBD最明显的特点,在地价峰值区内的用地称为商务用地。

商务用地主要以零售业与服务业为主,包括商场、饭店、旅店等商业服务,而一般来说不包括批发业、居住区以及学校政府等。

同时,墨菲和万斯还提出界定CBD的两项重要指标:中心商务高度指标和中心商务强度指标。

中心商务高度指标(Central Business Height Index,CBHI):

$$CBHI = \frac{中心商务区建筑面积总和}{总建筑基底面积} \quad (2-6)$$

中心商务强度指标(Central Business Intensity Index,CBII):

$$CBII = \frac{中心商务用地建筑面积总和}{总建筑面积} \quad (2-7)$$

根据这两个指标,墨菲和万斯把满足CBHI>1、CBII>50%的区域界定为CBD。

此外,他们还认为,由于土地价值受到其位置与交通可达性影响较大,不同位置的土地所能产生的产业收益存在差异。因此,土地价格是CBD不同区域存在不同商务活动的原因,并基于这种观点将CBD土地利用的空间结构划分为四大圈层:

由于不同土地区位的便捷性不同,获得的产业利润相异,因此地价不同是造成CBD中商务活动空间分布不同的主要原因,并把CBD的土地利用空间结构分为四个圈层:①以零售业为主的商业集聚区,主要业态包括百货商场、高档主力店等;②金融与零售服务业集中区,通常下层为金融及相关联服务、上层多为零售服务业;③以企业办公为主的区域;④收益能力有限,但极具消费者吸引力的商业服务区,包括超市、家具店。

然而,各国城市中心商务用地的划分是不同的。继墨菲和万斯提出了CBD的界定方法后,学者们在此基础上进行了多次修正。1962年戴蒙得(Daimond)对英国格拉斯哥地区进行调查发现,英国的批发业常布局在地价峰值地区,而美国的批发业则多与铁路、高速公路等交通资源联系更加紧密。根据之前的定义,前者属于中心商务用地,而后者却不属于,所以后来的学者开始尝试弥补原本定义中所存在的不足。

1959年,戴维斯(Davies)基于开普敦的研究,认为墨菲和万斯所给出的CBD定义范围较大,应将报纸出版业、旅馆、办公总部、政府机关、电影院等用地排除在外,他提出了"硬核(Hard Core)"的概念:即将地区分为核心有实力的CBD区域——"硬核",而更外围的区域被称做"核缘(Core Fringe)"。其中定义只有CBHI>4、CBII>80%的地区才可成为"硬核"。

赫伯特(Herbert)和卡特(Carter)进一步提出了中心商务建筑面积指数比率(Central Business Floor-space Index Ratio,简作CBI)的概念,在"硬核"概念的基础上,加入了对城市规模、形态等因素的考虑,提供了定义CBD更为精确的方法。

CBHI、CBII和CBI三个指标的定义对许多学者产生了较大的影响,如卡特(Carter)和罗利(Rowley),在其对英国加的夫市的研究中将指标进行了应用,并收到了较好的效果,为以后对CBD内部结构、演变等的研究奠定了理论基础。

3．CBD的特征

（1）高可达性

国际上CBD的位置一般都处于城市的中心位置或"副中心"位置,有很高的交通可达性,并形成以CBD为核心的区域空间结构。CBD内交通用地面积大,具有城市和区域中最发达的内部和外部交通联系,交通连接在三维空间展开,形成一个便捷的交通网络,能给予办事者以单位时间内最高的办事通达机会。正因如此,CBD区域的繁忙程度在城市范围内也多是最高的,但较高的交通承载力一定程度缓解了拥挤问题。

（2）高密度

CBD区域是城市发展的核心区域,聚集了城市中金融、法律、咨询等现代服务业以及多种知识密集型的行业,通常体现着一个城市的经济、科技、文化实力。由于CBD区域的行业需求,所以CBD区域对于空间的利用程度非常高,高密度现代化的建筑是实现CBD功能所必需的。因此,CBD中汇集了众多城市地标性的超高层建筑,并且交通设施、通信设施、商业服务设施、酒店等配套设施均非常发达。对于常规CBD区域而言,写字楼面积将占到区域建筑总面积的一半以上,余下的商业、餐饮等商业建筑占到约40%,其余配套设施约10%。

此外,CBD以第三产业的高度集聚作为其核心的特征,时代最先进、最发达的技术及高端服务业（如会计、金融、咨询等行业）大多聚集在CBD地区。

（3）时代性

中心商务区自20世纪20年代诞生以来,随着社会生活、科学技术、行业更迭等,在功能形态以及开发建设等多个方面都出现巨大的变化,与此同时也呈现出全新的特点。总部经济、金融服务以及专业技术生产,构成了当今商务中心区的核心功能板块。同时,CBD也包括了与核心功能相关的配套服务,如展览及会议、娱乐、零售业、酒店、配套公寓等,也体现了现代CBD的基本特征和内涵。

2.3.3 单中心城市竞租理论

对于城市土地使用者而言,由于距离变化引起的交通成本的变化,会引起土地价格的相应改变,使之达到不同位置产出均正常或者效用相同的均衡状态。而为了达成均衡状态,需要市场上的多方土地使用者对土地进行竞争,各方通过判断土地可能产生的收益水平决定愿意为土地支付的租金,这种行为称为竞租。最终土地根据使用者愿意为其所支付的租金不同,形成不同的地租水平以及功能。这种通过竞价决定土地利用方式的形式称为竞租理论,又称为边际转换原理,其基础是替代理论。

竞租理论可以反映城市一般土地利用结构模式，方便地解释典型城市市区及周围土地利用的分配过程，是城市经济学中非常重要的基础理论，对基准地价评估、城市用地结构调整与优化、城市房价水平差异化及空间分布等具有指导作用，是城市房地产估价的理论基础。

1. 杜能农业竞租理论

早期的竞租理论源于古典区位理论，是德国经济学家运用地租学说和比较成本学说所创立的。竞租理论最早的研究学者是大卫·李嘉图，农业竞租理论就是在他的理论基础上发展起来的。根据他的观点，富有生产力的土地相对缺乏生产力的土地拥有租赁优势，而地主则凭借农民之间的相互竞争将土地上的优势以租金的形式予以实现。同时他还解释了不同的土地以及不同家庭会根据其用途或类型出现空间分层的现象。

此后，约翰·杜能（Johann Thünen，1783—1850）在大卫·李嘉图的基础上引入交通（运输）成本的概念，发展了农业竞租理论。在其巨著《孤立国同农业和国民经济的关系》中，他假设交通成本对于所有活动而言都是固定不变的，他提出不同的农作物都有其自己的竞租曲线，而土地将会租给出价最高的租赁者。从而得出"生产成本高的活动将离市场较近，生产成本低的活动远离市场"的结论，这也是单中心土地利用模型的基础。

下面基于杜能的地租理论对其模型进行推导。

（1）"孤立国"的基本假设

1）平原中的一个城市，与周围农业地带组成一个孤立地区；
2）马车是唯一的运输手段；
3）平原各处肥沃程度相同，适宜耕作；
4）城市中的市场是唯一的；
5）获得最大的区域地租是农民生产的动力；
6）农产品价格、工资和资本的利息不变；
7）城市提供工业品，农村提供粮食；
8）狩猎用的荒野把孤立国包围起来；
9）运输费用和运输重量与距离成正比。

（2）地租模型及地租曲线

由于农业生产的投入品分为两个方面：非土地投入品（如劳动力、原材料、资本）和土地投入品。那么，农场主的利润函数为：

$$\pi = pm - iK - r - mtd \qquad (2\text{-}8)$$

式中，i 为非土地投入品价格；K 为非土地投入品数量；r 为单位土地租金；m 为产品产量；t 为单位产品运输费用；d 为运输距离；p 为市场上每单位产品的价格。

在完全竞争的农业市场下，有 $\pi = 0$，由此可得：

$$r = pm - ik - mtd \qquad (2\text{-}9)$$

因此，

$$-mt<0 \quad (2-10)$$

即地租随距离的增大而减少。CBD的地租为$pm-ik$，地租消失的地点为$\frac{pm-ik}{mt}$，如图2-1所示。

因此，杜能理论得出，对于同一农作物，随着距离的增大其租金支付意愿逐渐变低。同时，同一区位选择不同农作物也将获得不同的收益水平，最终决定了离城市土地不同的农业圈层分布。

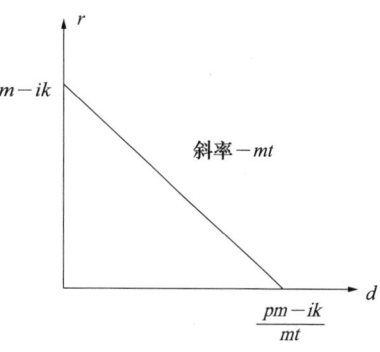

图2-1 农业产品竞租函数

（3）杜能（Thünen）圈

杜能认为，决定土地利用性质的最主要因素是愿意支付最高地租的土地利用形态性质，较高的租金水平使得这种形态成为最佳的形态。对于每种作物而言，均具有一条表明位置与愿意支付的租金关系的直线，其斜率大小由运费大小所决定，不容易运输的农作物的这条线斜率较大，相反则较小。以小麦和大麦两种农作物为例：

小麦的卖价为：$100/t，运输费用为：$1/t·km；大麦的卖价为：$150/t，运输费用为：$2.5/t·km；非土地成本费用均为$50。

则大麦、小麦种植地的临界点为：

小麦租金$=100-50-1.0d=$大麦租金$=150-50-2.5d$

由图2-2可知，$d=33.3$km。即离市中心33.3km以内种植大麦，33.3～50km之间种植小麦。

农场主选择地租收入最大的农作物进行生产，从而形成了如图2-3所示的农业土地利用的杜能圈。

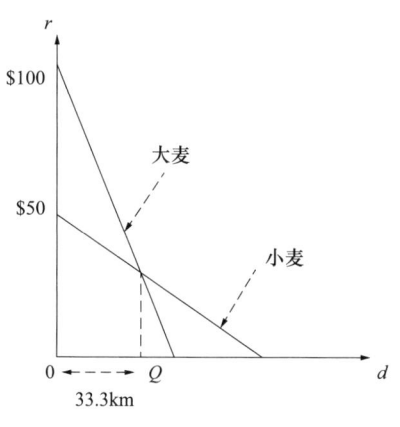

图2-2 两类农作物竞租曲线图

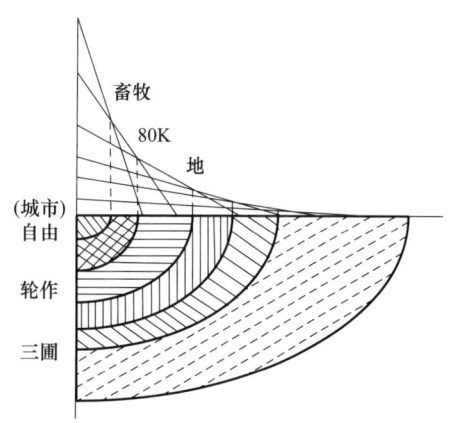

图2-3 杜能圈形成机制与圈层结构示意图

农业生产方式的空间配置，城市近处一般种植运输成本较高、容易腐烂或需要及时消费的作物。因为随着距离的增加，这类产品的损失增大迅速，故而其更愿意为较近的距离付费。而与之相反，运输成本较低的作物、不易腐烂的作物则会选择城市外围进行种植。由此而来，围绕城市周边便形成了不同农业形态圈层，从里向外一般为自由式农业、林业、轮作式农业、谷草式农业、三圃式农业、畜牧业，每个圈层围绕城市形成环形区域，构成同心圆结构。

以农村为核心的同心圆土地形态是确认存在的，纳瓦佛等人在其对发展中国家土地形态的研究中发现了这一明显现象，从而验证了微观尺度的杜能圈模式。在中部非洲卢旺达的丘陵地带，围绕农村居住聚落呈现同心圆状的土地利用状态。即从内向外，依次为：①居住聚落；②芭蕉林；③内侧耕地，无休闲地，集约度高；④咖啡栽培地；⑤外侧耕地，有休闲地，集约度低；⑥丘陵冲积地上的耕地；⑦雨季也耕作的相对干燥地；⑧只有旱季才耕作的低湿耕地。这种以农村聚落为中心的土地利用形态是基于节约时间而出现的，即费时的耕作布局在村落附近。

现将杜能圈的各圈层进行展开，以第一圈层（自由式农业圈）为例。第一圈层负责为城市提供蔬菜、果品、牛奶及干草和秸秆等。园圃蔬菜和果品这些相对精细的产品，因在运输途中容易遭受损坏，只能采用人力方法搬运进城，其中的一部分需要在新鲜时消费，所以只能选择在距离城市较近的位置。而运送困难、费用昂贵，容易腐坏的牛奶也必须在这一圈层中进行生产，否则极易在运送途中发生腐坏。

本圈层除提供果蔬和牛奶外，还出售干草和麦秸。因为较远地段在这一点上无法与它竞争，所以这类产品的价格必定上升，以至于土地最大限度被用来生产干草和麦秸。谷物的生产却成了次要的事情，因为远处地租和工资较低，可以廉价生产谷物。除了牛奶、干草和麦秸之外，本圈层还必须供应城市依靠外界成本较高的一切产品，例如白菜、萝卜等类。

第一圈层内各地向城市购买肥料，离城最近的地方最为便利。距离越远，运送肥料和农产品的成本也因此增加。直到某一地点，那里向城里购买肥料，是否还有利可图，就值得怀疑。及至更远，那里自己生产肥料，显然比购买有利。而那个地点就是第一圈层的尽端、第二圈层的开始。

2. 不同产业的投标租金模型

（1）企业（服务业、制造业）的竞租模型

在上面的杜能理论中，投标租金曲线，即描述地租和距离的关系曲线，是直线的，因为这里假设农场主的土地投入和非土地投入是不具有可替代性的。农场主生产大麦的非土地成本，例如劳动力、原材料和资本的投入与土地租金无关。但更现实的情况是，农场主可以根据非土地的成本投入量，调整土地的租用面积，从而调整土地的投入成本。当把这种土地和非土地因素的可替代性考虑到投标租金曲线中时，投标租金曲线就成为曲线。杜能的理论应用也就逐步从农村用地扩展到了城市用地。

图2-4显示出城市中某企业用地的投标租金曲线。假设非土地要素成本（产品成本）与距离无关，只与生产技术和仪器设备等因素有关，在整个城市内是相同的，即每个企业的产品成本都为一个常数。企业的利润可用公式表达为：

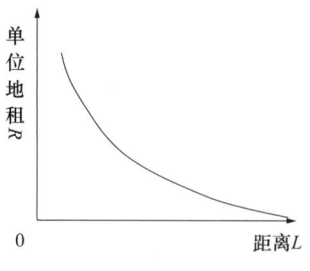

图2-4 企业的投标竞租曲线

$$\text{企业利润} = \text{总收入} - \text{产品成本} - \text{运输成本} - \text{地租} \tag{2-11}$$

设 P 为产品市场价格，Q 为生产产品数量，C 为固定的产品成本，L 为距离中心商业区的距离，T 为单位产品单位距离的运输成本，R 为单位土地的租金，S 为企业租赁的土地面积。

则企业的利润 Y 可以表示为：

$$Y = PQ - C - TQL - RS \tag{2-12}$$

求解单位地租为：

$$R = (PQ - TQL - C - Y)/S = (PQ - C - Y)/S - TQ/S \cdot L \tag{2-13}$$

此式即为单个企业的竞租函数，以距离 L 为 X 轴，以单位地租 R 为 Y 轴，得到如图2-5所示的线性函数。函数与 Y 轴的截距为 $(PQ-C-Y)/S$，斜率为 $-TQ/S$，当企业的选址每离中心商业区增加1单位时，单位地租下降 TQ/S。

企业可通过调整其目标利润水平来改变其支付地租的能力。例如，当企业要求获得的利润从 Y 调整为 Y' 时，其可接受的单位地租也相应变化了 $(Y-Y')/S$，该企业的区位选择发生了变化，从而其竞租曲线也会发生相应的改变。

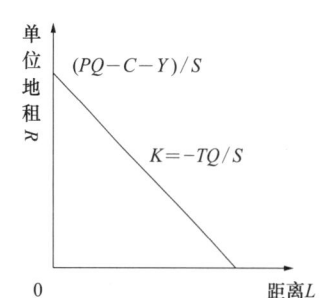

图2-5 单个企业的竞租函数

由于模型中的企业处于完全竞争的市场中，长期看来，将有更多的企业参与到竞争中，直至行业中的企业经济利润为0，即行业中的企业都只能获得其机会成本的回报，而没有超额利润。

$Y = 0$ 时，竞租函数变为：

$$R = (PQ - C - TQL)/S \tag{2-14}$$

以上讨论的是单个企业的竞租函数，不同的企业由于其产品投入、生产数量和占地面积各不相同，因此其竞租函数也有区别。考虑多个投资者选择企业区位时，就有了城市租金的梯度曲线，实际地租取所有企业可接受地租的最大值，则它显示为不同企业竞租函数的包络线。

举个简单的示例，如图2-6所示，有零售商、会计师事务所和一个住户三个投资者都在寻找投资或居住地点。由于零售商在市中心可以获得最大可能数量的

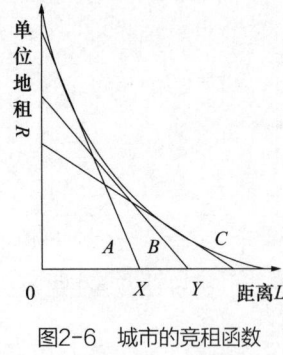

图2-6 城市的竞租函数

客源，赚取最大可能的收入，因此零售商对选址点与市中心的距离最敏感，其竞租函数曲线斜率最大，在图中以曲线A表示。会计师事务所也愿意选择市中心的地点，但是对市中心的依赖度小于零售商，因此会计师事务所的竞租曲线的斜率比零售商小，在图中以曲线B表示。而住户居住选择对于市中心的依赖性更低，竞租曲线的斜率更低，在图中以曲线C表示。

三条曲线的关系如图2-6所示，零售商为了得到临近商业中心的地点，准备比其他投资者支付更高的租金，在距市中心OX的这一范围内，曲线A高于曲线B和C，因而零售商在OX之间选址，同理，会计师事务所在XY范围内选址，而距离市中心Y以外的地区被留给住户使用。

基于上述例子，不难理解对于单中心城市来说，因为CBD具有的经济价值，各个企业都愿意租用CBD的土地。但是，只有愿意支付最高租金，即竞租曲线斜率最大的用户方能得到CBD土地的使用权。

如果我们对单中心城市进一步假设：

1）市中心为中心商务区，城市全部消费活动以及工作均位于此；

2）市内土地是同质化的，不存在如高低、气候、自然资源的差异；

3）交通路线成辐射状，到达中心的通勤行为是不受到交通阻碍的，且存在着随通勤/运输距离递增的交通成本；

4）城市内仅包含服务业、制造业和住宅三个产业部门，且每个工作者个体也是同质化的。

那么，服务业、制造业和住宅也会有各自不同的竞租曲线。通常，在单中心城市中，主要金融服务业的办公楼集中在城市CBD，然后是制造业和居住。当然也有些城市的制造业比住宅更远离市中心。根据投标租金理论可以得出，三个产业各自的投标租金曲线如图2-7所示，即办公楼具有最高的投标租金斜率。

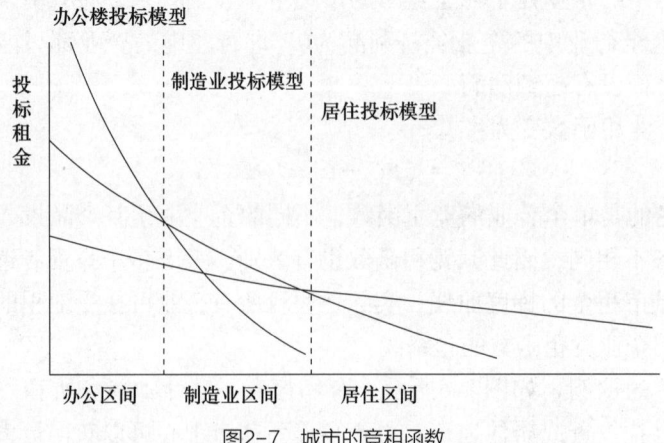

图2-7 城市的竞租函数

为什么会产生这样的单中心城市的土地利用分布呢？

在19世纪的城市，写字楼、仓库、制造工厂和商店都位于中央商务区，但是随着时间的推移，开始呈现分散化的选址趋势。

其中，写字楼对城市中心的土地有更高的支付意愿，通常愿意以最高的投标租金斜率占据市中心的位置。这是由于虽然写字楼企业所提供的服务多种多样，但是它们都有共同的投入和产出：信息。企业需要采集、处理和分配相关信息，同时企业都存在技术、沟通和服务上的相互依存。因此，这就要求人们进行面对面的接触，以交换彼此的信息，同时通过集聚效应，提高工作效率。

另外，办公楼可以有效地使用市中心的高层建筑。企业的目标是最小化建筑成本，它是土地成本和资本成本之和。由于资本成本通常受离市中心距离的影响比较小，所以办公楼通常会通过选择建筑高度降低成本。工业企业和住宅相对于办公楼，高度通常会受到更多的限制。写字楼企业一般会在权衡了土地与资本成本之后，对建筑物高度作出决策，高层建筑物的造价会更贵些。同时，写字楼使用人员（白领）能够承担较高的交通费用，交通的支付弹性比较低，因此写字楼投标租金斜率最大，对位置弹性最强。

而制造业搬离了市中心的位置。一方面是由于交通系统的快速发展使企业不再依赖于城市中心，制造业企业的中心化租金梯度在20世纪后不再存在；另一方面则是由于生产方法和存储技术的进步增加了工业企业每单位产品使用的土地数量。这些变化带来的结果是，工业企业的零利润租金梯度变小，愿意为中心位置每单位土地而支付的金额会低于其他用途，制造业逐渐向距离市中心较远的位置分散。另外，环形公路离城市中心较远，它对写字楼企业的吸引力远不如对制造业企业的吸引力强。

（2）家庭的竞租函数

家庭的竞租函数的思路与企业类似，家庭愿意支付的租金费用随着土地距离市中心的距离的增加而减少。唯一的区别在于家庭需要考虑与市中心工作地点之间的距离。与市中心距离越远，意味着更高的交通费用和通勤时间。

设 t 为单位距离带来的通勤成本，R 为单位土地的租金，L 为距离市中心的距离，S 为土地的大小。则有以下表示：

$$Y - iK(L) - R(L)S(L,R) - tL = 0 \qquad (2-15)$$

由于工作地点距离家庭的长度增加时，租金下降，因此前符号为负。可以得到：

$$\frac{\partial R}{\partial L} = -\frac{t}{S} \qquad (2-16)$$

为了求出不同收入水平家庭之间的投标竞租曲线之间的差异，上式对收入求导，结果如下：

$$\frac{\partial\left(\frac{\partial R}{\partial L}\right)}{\partial Y} = -\frac{1}{S}\left(\frac{\partial t}{\partial Y}\right) + \frac{t}{S^2}\left(\frac{\partial S}{\partial Y}\right) \quad (2-17)$$

如果该值为正,则表示为:

$$\frac{t}{S^2}\left(\frac{\partial S}{\partial Y}\right) > \frac{1}{S}\left(\frac{\partial t}{\partial Y}\right) \quad (2-18)$$

也可以进一步写成:

$$\left(\frac{1}{\partial Y}\right)\left(\frac{\partial S}{S}\right) > \frac{1}{\partial Y}\left(\frac{\partial t}{t}\right) \quad (2-19)$$

两边同时乘以 Y,则可得到:

$$\left(\frac{Y}{\partial Y}\right)\left(\frac{\partial S}{S}\right) > \left(\frac{Y}{\partial Y}\right)\left(\frac{\partial t}{t}\right) \quad (2-20)$$

进一步可以得到:

$$\frac{\left(\frac{\partial S}{S}\right)}{\left(\frac{\partial Y}{Y}\right)} > \frac{\left(\frac{\partial t}{t}\right)}{\left(\frac{\partial Y}{Y}\right)} \quad (2-21)$$

式中,$\dfrac{\left(\frac{\partial S}{S}\right)}{\left(\frac{\partial Y}{Y}\right)}$ 代表家庭对住宅空间需求的收入弹性,$\dfrac{\left(\frac{\partial t}{t}\right)}{\left(\frac{\partial Y}{Y}\right)}$ 表示家庭对通勤成本考虑的收入弹性。

假设随着收入的增加,人们对空间需求(住宅面积)比对通勤成本更加敏感,即对居住空间需求的收入弹性大于通勤成本的收入弹性。由于高收入家庭对空间需求的弹性更明显,所以高收入家庭的投标租金曲线最平缓;低收入家庭对居住空间需求的反映最不敏感,所以低收入家庭居住在市中心地带。在这个假设条件下,不同收入群体的竞租曲线如图2-8所示。低收入者居住在 d_l 的区域,中等收入者居住在 $d_m - d_l$ 区域,高收入者居住在以 $d_h - d_m$ 区域,城市的边界在 C' 点,这就是阿隆索-穆斯的收入隔离模型。这种不同收入群体分开居住的分布模式最终显示低收入家庭居住在租金最高的城市中心区域,这与传统中的观念存在着较大程度的差异。

当 $\dfrac{\left(\frac{\partial S}{S}\right)}{\left(\frac{\partial Y}{Y}\right)} < \dfrac{\left(\frac{\partial t}{t}\right)}{\left(\frac{\partial Y}{Y}\right)}$ 时,城市的居住分布会出现高收入家庭集中在城市中心,中等收入家庭分布在外围,而低收入家庭只能居住在城市边缘。这是因为,相比低收入家庭,高收入家庭由于财富上的优势,更愿意也更能够为靠近工作岗位支付更高的租金。因此,他们也可以享受到城市中心更加优质的商业中心条件以及便利的交通。

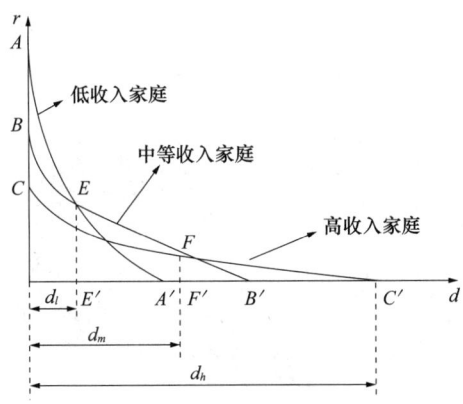

图2-8 传统单中心城市不同收入家庭竞租曲线

2.3.4 单中心城市的空间分布模式

城市是多种经济活动空间聚集形成的地理实体。各种经济活动对空间的要求存在差异。这些差别使不同的经济活动占据城市内不同的空间，在城市地域内部出现不同的城市形态，这就是城市空间结构[①]。

城市的空间结构是其经济结构和社会结构在空间中的反映。通过不同的城市特征在空间中的分布和相互作用，展现出城市经济和社会要素存在和发展的空间形式。城市空间结构一般表现为城市密度、城市布局和城市形态三种形式。其中城市形态是前两者的综合反映，能够总体表现城市的空间形状和外观。

为了更加整体而直观地把握城市的空间结构特征，模式研究的方法较为常见。城市研究的相关学科领域通常将伯吉斯（Burgess）的同心圆模式、霍伊特（Hoyt）的扇形模式以及哈里斯（Harris）和乌尔曼（Ullman）的多核心模式称为三大城市空间模型。

1．同心圆模式

城市空间的同心圆模式于1925年由芝加哥大学教授伯吉斯（Burgess）提出。最初的模型以芝加哥为研究对象，根据其城市土地利用以及社会经济构成而建立，解释了北美地区存在的城市空间分异现象。

同心圆模式如图2-9所示。

同心圆模式提出了城市的一般生态模式，说明典型的城市由内向外可以分为五个同心圆：中心圈是城市核心，分布着百货公司和办公大楼，其外侧则分布着批发商业中心。第二环为过渡区，分布着许多工业区，还有一些生活条件不佳的住宅区，是第一代城乡移民和贫穷犯罪集聚地。第三环为工人居住地，主要聚集着喜欢住在工作地附近，但又不愿意太靠近工作地的技术工人。第四环则为较佳住宅区，居民以中产阶级、自营商和专业人士为主。在这些地带也零星存在一些

---

① 江曼琦. 城市空间结构优化的经济分析［M］. 北京：人民出版社，2001.

低级商业中心,以服务当地居民。第五环则是通勤区,由一些小城市、城镇和村落组成,有工作能力的居民白天到中心区商业区工作,夜晚才回到住处。

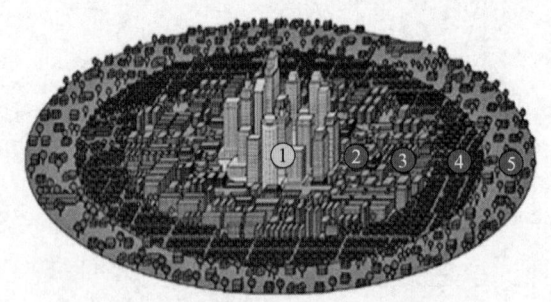

图2-9 同心圆模式

①—CBD;②—过渡带;③—工人住宅区;④—良好住宅区;⑤—通勤带

同心圆模型是基于大量城市经验数据调查分析后提出的总结性、描述性理论模型,描述了典型的单中心城市的空间结构特征。此外,伯吉斯在城市空间结构的研究中加入了动态变化的研究思想,这也成为后来许多新学说与新模式研究的重要依据。

但同心圆模式也存在明显的局限性。首先,同心圆模式中的城市空间是处处均质的,因此各划带形状规则且中心对称。但实际的现代交通路网并不符合模型中完全平面均质的假设。不规则的交通运输路网使得不同地点的可达性存在差异,并进一步影响了土地价值及其利用形式。此外,同心圆模式也没有将土地的自然条件、社会评价和区位偏好等因素的影响纳入模型。

2. 扇形模式

1939年,美国城市经济学学者霍伊特(Hoyt)实证研究了142个北美城市在20世纪30年代的城市空间结构形态,认为社会经济特征类似的家庭在城市中的聚集地相邻,具体而言会集聚在城市的同一扇形地带上。据此研究结论,霍伊特提出了一种新的城市地域结构模式,即扇形模式,如图2-10所示。

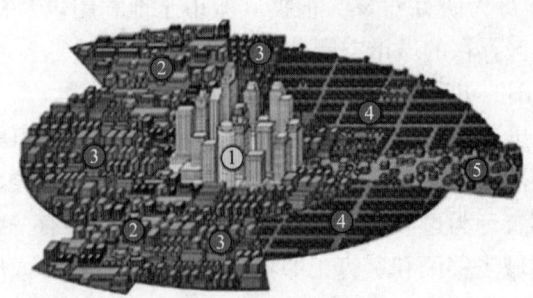

图2-10 扇形模式

①—CBD;②—批发和轻工业区;③—低收入住宅区;④—中等收入住宅区;⑤—高收入住宅区

霍伊特观察发现,城市的发展从点状的城市中心出发,随后以交通路网中流量大、阻碍小的路线为脉络向周围辐射延伸。这种放射状的交通干线会对城市空间分布产生线性易达性和定向惯性的影响。因此，扇形模式虽与同心圆模式具有相似的圈层地域结构，但由于进一步考虑了空间不均质的放射状交通运输路网，使城市呈现由交通线支撑起来的向外扩展的扇形形态。

霍伊特模型中最重要的概念为土地利用的侵占性"过渡"概念和迁移过程中的"最小限度位移"概念。前者意味着任何功能的扩展都是对原有用地功能的侵占过渡；而后者意味着，随城市扩展的区位主体在被迫迁移时更倾向于寻找邻近的阻力最小的线路迁移，并因此主要停留在扇面内。

因此在扇形模式下，如果把城市视为以中心商业区为圆心的大圆，土地的不同利用方式通常会呈现出以圆心为顶点的扇形分布。高收入住宅受景观和其他社会或物质条件的吸引，沿着城市交通主干道或河岸、湖滨、公园、高地向外发展，独立成区，不与低收入者混杂；中等收入的住宅区为了利用高收入阶层的名望，在高收入住宅区的一侧或两侧发展；而低收入者的住房则被限制在最不利的区域发展。

与通过描述性总结得到的同心圆理论相比，扇形模式是基于大量城市空间形态样本的实证研究得到的，从方法上来讲更加科学。还反映出了一些社会因素对于经济性因素的影响，如类似的社会阶层或群体倾向于聚集，并在动态中倾向于向相同的方向迁移。但扇形理论的研究基础由于保留了城市的地域圈层结构，依然存在很强的局限性。

3. 多核心模式

美国地理学者哈里斯（Harris）和乌尔曼（Ullman）1945年在《城市的本性》中提出了一种新的城市内部地域空间结构模式——多核心模式。

除中心商业区（CBD）作为传统的城市中心以外，哈里斯和乌尔曼认为在大城市中还存在许多较小的次中心，并各自作用于其周围的部分地域空间。通过研究美国大部分大城市的土地分布普遍规律，他们发现这些城市一般都可分为六大片、九个区，如图2-11所示。

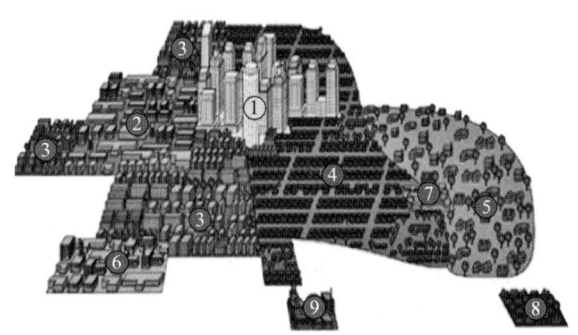

图2-11 多核心模式

①—CBD；②—批发和轻工业区；③—低收入住宅区；④—中等收入住宅区；⑤—高收入住宅区；
⑥—重工业区；⑦—公共设施；⑧—郊外住宅区；⑨—城郊工业区

划分的六大片分别为：
（1）中心商业区（CBD）；
（2）批发商业和轻工业区；
（3）重工业区；
（4）住宅区；
（5）小核心；
（6）郊区与卫星城镇。

多核心模式认为城市土地的空间组织是围绕着数个核心进行的，在此前研究的基础上考虑了城市地域发展的多元结构，打破了城市圈层结构的假设，更加能够反映现实情况。但研究依然基于传统地租理论，没有讨论城市不同核心间的职能划分以及相互作用，不能区分主中心以外的各个核心的等级和对城市的贡献差别。

2.4 多中心城市的空间分布

2.4.1 多中心城市的形成

随着单中心城市的发展，城市规模的扩张会引发城市通行成本上升、交通拥堵加剧、中心地租上涨等一系列问题，并阻碍城市的进一步发展。为了解决这些问题，原城市中心的职能必须被分摊，城市形成了次级中心，多中心城市形成。多中心城市是指由多个中心组成的城市，中心包括主要中心和次要中心。

多中心城市的模型假设：
（1）城市有一个CBD和一个次级中心，它们位于一个线性城市中；
（2）城市的总人口数固定，并以全家只有一位上班者的家庭数量N度量；
（3）这些工作人员中N_1个由CBD内的企业雇佣，而$N_2=N-N_1$个工作人员在第二个中心工作；
（4）在这个城市中，所有的工作人员和企业都是同质的；
（5）城市中的家庭和工作人员都拥有同质住宅，每栋住宅占用的土地数量同为q；
（6）交通成本每公里为k。

如图2-12所示，在这个城市中，CBD内的企业占用了位置d_6和d_1之间的土地，工作人员需要支付前往CBD工作的交通费用（到d_6或d_1），土地的租金为r_c。次级中心的企业使用d_2和d_3之间的土地，假设该企业能够雇佣那些住所在附近的人员（靠近d_3或d_2）。人员可以支付较低的交通成本而愿意为住房支付较高的租金，因此这会带动附近住宅租金的上升，这样租金的梯度在d_5和d_4之间出现凸起。

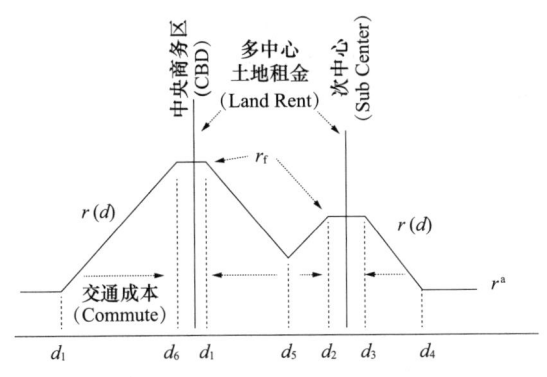

图2-12 CBD和次级中心的土地市场

如果次中心的工作人员被支付和CBD工作人员一样的工资，那么很明显，他们将有更多的工资净余额，因为相对而言，他们的交通路程要短得多。例如，在距离 d_5 处，前往左边的CBD或者右边的分散化企业的工作人员为土地的支付额 $r(d_5)$ 相同的。但是，员工到次中心工作的交通路程（$d_2 \sim d_5$），相对于到CBD工作的交通路程（$d_5 \sim d_1$）有较短的交通成本。我们假设，员工是同质的，可以自由变动工作，因此，由于较短的交通路程，在次中心的企业就可以支付给工人相对低的工资。如果假设工作人员主要关注他们的净收入（即总收入减去交通费用和住房的租金），那么CBD企业和次中心的企业支付给员工的净收入应该相等，那么就是对于居住在 d_5 的人员：

$$w_2 - r(d_5) - k(d_2 - d_5) = w_1 - r(d_5) - k(d_5 - d_1)$$
$$w_2 = w_1 - k(d_5 - d_1) + k(d_2 - d_5) \tag{2-22}$$

这个公式说明了工作者的空间均衡条件，从中我们可以看到，如果企业选择远离CBD的次中心的位置建立企业，并且企业能在其周围（上例中的（$d_5 \sim d_2$））以及（$d_3 \sim d_4$）的位置雇佣到相关的人员，这样就可以减少公司的成本。同时由于次中心与CBD相比，土地租金也相对较低，因此从成本角度看，企业会从CBD的分化中获得收益。

根据这个理论，可以推断出，当工作人员的交通距离最短而土地的租金也最低时，企业的成本就会最低。因此在完全理想的状况下，企业的蔓延应该完全分散化，形成如图2-13的模式。

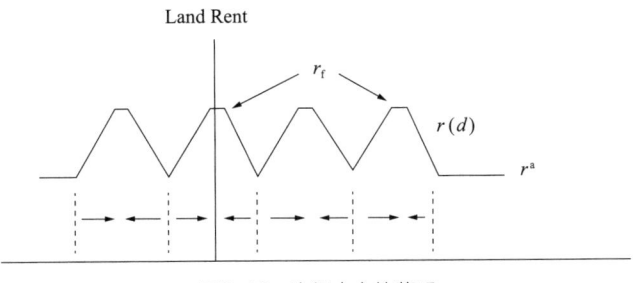

图2-13 次级中心的蔓延

但是，现实情况下，为什么不会出现类似的蔓延情况呢？首先，我们的理论假设是在每一个方向上，交通的易达性都相同，这显然与实际情况不符。在许多老城市的密集交通设施所形成的交通体系中，CBD的交通能力通常比其他次级中心的交通能力要强很多。即使是在城郊，新修的环形高速公路也仅限于提高有限的几个交叉点的高速公路运输能力。因此，CBD的优势不可能完全分散化，而新城市的就业分散化程度将由各地区交通网络的发达程度和特点来决定。其次，我们假设劳动力市场是同质的，同时在该市场中，家庭和工作人员完全相同。但是实际情况并不是这样，企业必须以不同的工资标准雇佣不同技能的员工。如果从CBD分散出去到次中心的企业，不能在近距离雇佣到相关的工作人员，就不能支持较低的工资。另外，目前居住在远离企业的人员，是否可以迁移到企业所在地附近居住？当然只有那里的土地租金对居民具有足够的吸引力时才有可能。这在理论上是不难的，但是实际上还是有很多的困难。在次中心的工作人员只有在成功变换工作以及住房，进而能够较多地降低其交通费用时，才能接受较低的工资标准。

以上分析主要是注重单个企业从CBD扩散到外部的原因，但要形成次中心，还要基于企业的积聚效应。由图2-14可以看出，在期初中心较小时，工资低而集聚成本高，总成本较高；随着地区的发展，这一中心将会扩张，总生产成本开始下降；达到某一最佳规模后，总成本开始上升，但是还是不会形成新的中心，因为此时的总成本仍然低于新中心形成所需的总成本（$W+A_0$），当中心达到某一最大规模（S_m）后，它的总生产成本将上升到和孤立企业同样的水平，新的中心开始形成。随着规模的继续扩张，第三中心、第四中心以及更多的次级中心会依次形成。

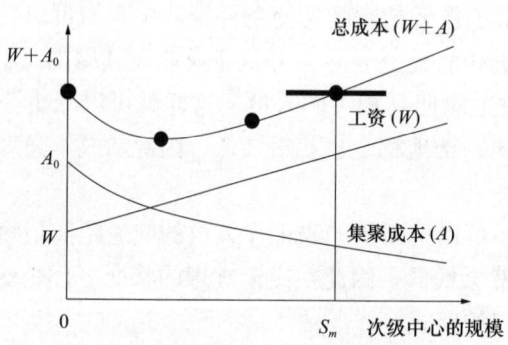

图2-14　次级中心的规模成本曲线

2.4.2　城市蔓延

在城市化进程中，城市需要修建更高的楼房或者占据更多的土地以满足不断增长的人口所带来的居住需求。但是在现实生活中，一个有趣的现象引起了人们的注意，即城市很少向"上"修建更高的楼房，而更多的是向"外"占据更多土地。1950～1990年，美国发生了245%的土地增长，以满足92%的人口增加。我们把这个过程中，城市扩张速度明显快于城市人口增长速度所引起的城市密度下降定义为"城市蔓延"。城市蔓延的特征可以总结为一些基本的、客观的词语，例如低密度的、分散的、没有系统的大规模城市发展或者地区性的公众土地利用规划等①。

1. 城市蔓延的事实

城市蔓延自工业革命以来已经成为世界范围内的普遍现象，并严重困扰着发达国家的经济社会发展。欧洲城市中，巴黎中央古城从19世纪末起的80年间由2.7km²蔓延至11914km²，扩张4412.6倍②；伦敦中心建成区从1880年的26.9km²蔓延至1937年的1580km²，扩张58.7倍，快速的扩张使得伦敦和巴黎出现了大规模郊区化的现象③。在美国城市中，芝加哥在20世纪70~90年代，人口规模增加4%，城区却快速扩张了45%，人口与城市的增长速度不相匹配④。即使是土地资源极其有限的日本，其城市土地面积也从1975年的12400km²扩展到2005年的18522km²，随之造成农用土地比重3.9%的下降，对日本的生态环境、结构和可持续发展能力都造成了消极的影响⑤。

将视角聚焦到我国，随着改革开放后社会经济的迅速发展，我国城市也不可避免地经历了蔓延的过程。以改革开放为分水岭，我国新增城市数目在1949年中华人民共和国成立之初至1978年改革开放的30年间仅为61个；而在1978年改革开放后至1989年的10年间达到了257个。之后随着城市化进程的不断推进，城市数量增加的速度也逐步加快。从1989~2003年，又新增210个城市，城市数目达到660个。

与此同时，我国城市的人口规模结构也产生了巨大的变化。将1989年和2003年的城市人口规模结构进行比较，可以发现1989年时我国城市以20万人口以下为主，占当时全部城市数的61.33%，200万人口以上的大城市仅有9个。到2003年底时，人口规模为20万人以下的城市则仅占6.1%，城市人口规模主要以50万~100万为主，占当时全部城市数的41.5%，200万人口以上的大城市数量增长为33个。

伴随着城市数量和人口规模的发展，城市的土地利用规模也不断增加。由于各城市自身规模的扩张与总城市数的上升，我国城市市区土地面积占全国总土地面积的比例由1984年的7.6%增至1996年的18%。从单个城市的角度来看，大城市建成区面积在中华人民共和国成立后50年间均实现了明显增加。其中扩张最快的城市如广州（由16.9km²增至410km²）、杭州（由8.5km²增至196km²）、重庆（12.5km²增至280km²）均扩大了20倍以上，即使是扩张倍数最小的上海也达到了

---

① Robert Bruegman. Sprawl: A Compact Histor[M]. University of Chicago Press, 2006.

② Brueckner J K. Strategic interaction among governments: an overview of empirical studies [J]. International Regional Science Review, 2003(26): 175-188.

③ Daniel T McGrath. More evidence on the spatial scale of cities[J]. Journal of Urban Economics, 2005(58): 1-10.

④ Marcy Burchfield, Henry G Overman, Didgo Puga, et al. Causes of sprawl: a portrait from space [J]. The Quarterly Journal of Economics, 2006, 121(2): 587-633.

⑤ 丁成日. 城市增长与对策——国际视角与中国发展 [M]. 北京：高等教育出版社，2009.

中华人民共和国成立时建成区面积的6.77倍[①]。

与传统的城市结构不同，我国的城市数量、人口规模和用地规模在改革开放后均实现了迅速扩张，但其速度并不同步：城市居民的主要活动范围从中心商务区向外围郊区辐射扩展，城市的形态也呈现出了密度低、功能区域化和依赖汽车交通的特征。我们将这种城市用地规模增加的速度超出人口规模增加的速度的现象称为城市蔓延。

2. 城市蔓延的原因

在观察到如此明显的城市蔓延现象后，我们不禁发问：是什么导致了城市蔓延？这个问题的答案是多种多样，甚至是互相矛盾的。以下是城市蔓延的观察者们持有的几种主要观点。

（1）反都市态度和种族主义

许多城市蔓延问题的观察者认为促使美国大范围城市蔓延的原因，是其独特的国家特点。美国人崇尚的是不受约束的个人主义，喜爱低密度的生活并乐于使用小汽车作为交通工具。

另一个关于美国郊区增长和城市蔓延增加的普遍解释是由种族主义引起的白人迁移。认为收入水平、种族和种族划分造成的隔离是美国特有的现象。当然这些观点也有其不合理性，因为全世界的城市和郊区都可看到类似的因素。无论是瑞典的斯德哥尔摩或巴黎郊区公共住房，还是圣保罗的贫民区，通过肤色、宗教和财富进行移民和隔离，是当代都市生活的一种普遍特征。

（2）经济发展和资本主义制度

一种对城市蔓延的普遍解释认为它是不完善的资本主义制度的直接副产品。首先，经济动力是人类相互作用的首要因素，这一推动力渗透于生活的方方面面。相似的城市形态可以在非常不同的经济环境中发展，不同的城市形式可以伴随着相似的经济环境。而我们回顾的历史说明城市行驶不仅是一种结果，也是一种经济状况的起因。其次，在许多情况下，资本主义本质上都不能发挥很好的作用，导致了"市场失灵"并且产生不愉快的结果。因为这种经济体制促使顾客和销售者增加自己的商品，甚至以他们的邻居或者公共利益损害为代价。所以许多家庭都努力保护他们自己位于都市地区边缘的每一场所，以此来保证他们能够享受和亲近自然，能够产生一个只有少数人能欣赏到风景的地方或者通过低密度的住宅来最大化自身的利益。

（3）政府失灵

有部分观察者，特别是美国的，往往会将城市蔓延现象归咎于政府失灵，认为是当地、州甚至是国家水平上的不良政策促使了城市蔓延的发生。他们认为，联邦政府通过住房拥有津贴、公路计划、基础设施津贴以及联邦所得税减除等措施的实施，支持了城市蔓延。一些反城市蔓延的改革者认为是政府失灵迫使上

---

① 新中国50年系列分析报告之三：城市化进程稳中趋快 [J]. 国家统计局，1999，09.

千万美国人住在郊区的独立式住宅中。他们相信，如果联邦政府没有建造超级高速公路，没有补助郊区基础设施建设，没有鼓励长期个人分期偿还抵押，没有发起联邦抵押保险，也没有允许社区"红线区"的出现，并且没有为郊区的房屋拥有者提供大量设施的话，许多城市居民或许更愿意居住在密集的中心城市中的大型多层公寓大楼里，而不是迁移至郊区的独立式住宅中。

（4）新型技术的发展

另一种受欢迎的解释是，城市蔓延是由新型通信和运输技术引起的。在过去的两个世纪里，城市形态变化的最普遍解释是铁路往往集中增长，但是小汽车却很分散。有人宣称，20世纪早期密集城市屈服于同时期高度分散的战后城市的主要原因是公共交通让位于私人交通工具。而私人交通工具拥有率的飞速增长是直接导致居民居住分散化的土壤。

（5）富裕和民主制度

有人认为思考城市蔓延原因的一种角度是暂时把问题放到一边，而关注什么是反对城市蔓延的动力以及什么使城市远离分散。根据托马斯·西弗特（Thomas Sieverts）的观点，人们既不喜欢高度密集，也不喜欢高度分散，而是喜欢适度集聚。而19世纪欧洲出现的紧凑型城市是"少数精英""宗教协会"和"封建社会"体系共同作用下的结果。与此相对的，与城市蔓延紧密相连的两大因素，是不断增长的财富和政治民主。在城市市民变得越来越富裕，并且已经享有基本的经济和政治权利的地方，有更多人获得曾经只有富有的市民才能获得的利益，例如隐私权、灵活性和选择权。这些权利促使居民们可以选择分散化的郊区生活，从而远离城市的影响。

我国在城市发展过程中同时具有城市化建设和生态文明建设的任务要求，但是两者的平衡很难兼顾。城市化进程的快速推进很可能导致城市蔓延现象，并进一步引发自然资源的消耗和生态环境的破坏，阻碍生态文明建设的进行。因此在城市发展中需要借鉴发达国家的先进经验，既要关注应对城市蔓延的措施，更要从策略转变的关键动态获得启示，尽可能降低城市蔓延造成的损失。

我国社会具有与美国社会不同的制度以及经济实力、发展规划、土地权属等本身的特色，因此全盘照搬国外经验并不可行，而是需要结合中国社会的特殊性，因地制宜地制订城市蔓延的应对策略。然而地方政府出于经济发展的压力，即使具有保障城市健康的动机和勘察城市蔓延的能力，城市蔓延现象仍有时被放任并不断壮大。急速的城市经济发展为土地的利用带来了巨大的需求，土地因此成为被各方博弈和争夺的"公共资源"，从而造成了空间问题背后更深层、更复杂的社会问题。

从单纯关注城市经济利益到综合关注城市整体利益，我国在城市蔓延的治理过程中已经实现了很大的进步。但仅止步于此还远远不够，此前的城市快速发展过程已经造成了资源的侵占、生态的严重破坏、环境的过度污染等种种难以修复甚至不可逆转的问题。在此基础上，继续追求城市整体利益最大化的目标就不得不正视现存问题应当如何解决。因此，选择生态型的蔓延治理，使用既得经济收益反哺生态耗欠和社会损失，成为当前应当进行的治理模式转变。随着全球性的环境污染、生态恶化、资源滥用危机，世界各国环境保护意识增强并提出了低碳节能的城市建设原则，这也使我们对城市蔓延的治理重点进行重新审视，蔓延治理的生态型内涵在此背景下应运而生。世界银行的专家提出一种观点，即技术水平的进步可以使环境库兹尼茨曲线（Environmental Kuznets Curve）向左下方移动[1]，在此过程中经济和科技实力较不成熟的发展中国家可以顺势更快地达到更低的污染峰值，从而从中获益。但实证研究却发现，发展中国家已然高昂的环境成本导致现实情况与理论中的利益发生背离[2]。从城市发展效果评价的角度来看，目前的城市评价仍以GDP等经济指标为主要的考量，从而不可避免地会使用消耗资源来换取经济发展的方式。因此从结果评价阶段回溯，当前城市发展的评价指标的重点应当向生态环境倾斜，将城市发展的综合效益评价体系建立在保证生态环境效益的前提之下。

城市蔓延虽然可以扩大城市面积，但其具有低密度、功能区域化和依赖汽车交通的特征，在发展过程中不仅会伴随农用地、生态环境和其他自然资源的破坏与消减，还会损害经济利益、社会基础设施建设等城市综合效益，刺激城市空间结构形态产生变化[3]。

第一，对生态与人文环境造成不可挽回的破坏。城市蔓延从既有的城市区域出发，依托路网向周边区域进行扩张。在扩张过程中，农田、牧场、森林等生态景观形态逐步同化为城市功能形态，绿色的生态环境遭到破坏和消减，空气和水的质量也产生下降。具有地域性特色的乡村自然和人文风貌随之消失，进而影响城市生活环境品质。

第二，降低公共服务设施利用水平。对原有城市中心区而言，人口与社会资源的向外流出使得中心区市政服务设施不能得到充分的利用，浪费既有设施的利用效率；对城市蔓延形成的新区而言，翻新修整以及重复建设的路网、公共基础设施、社会服务设施等也对社会资源造成了浪费。

第三，造成社会阶层进一步分化。由于收入的不同增加了阶层之间的隔离性，加剧了社会阶层的分化与离异。即使在同一住区内，由于缺少公共活动空间，减少了人们交往的机会，邻里关系冷漠。

第四，加剧城市中心区衰败。随着中产阶级和蓝领阶层的外迁，以及产业与工作岗位从中心城区向外转移，中心区的就业人口与就业岗位都大幅减少。中心区人口空间分布和工作机会分布不能合适匹配，各产业的产值、盈利、税收等都会受到严重冲击，随之加剧了城市中心区衰败。

---

[1] Dasgupta S, Laplante B, Wheeler D. Confronting the Environmental Kuznets Curve [J]. Journal of Econometric Perspectives, 2002, 16(1): 147-168.

[2] Kahn M E. 绿色城市——城市发展与环境 [M]. 孟凡玲，译. 北京：中信出版社，2007：37-38.

[3] 周春山. 城市空间结构与形态 [M]. 北京：科学出版社，2007.

5）城市空间呈现出"星云状"的无序城市形态。城市的发展由于受到不同空间点的土地条件和经济社会政策的鼓励或制约，新区和路网的建设不再体现为由建成区向外紧凑辐射扩张的形态，而是以不同的规模和速度向外跳跃式蔓延，城乡边界变得模糊不清。城市空间形态与集约紧凑的"精明增长"理念相去甚远。

本章小结

土地的特性包括自然特性、经济特性两个方面。具体而言，自然属性包括土地不可再生性、土地利用的耐久性、土地区位的异质性；经济特性包括土地经济供给的稀缺性、土地区位的可变性、土地报酬的递减性、土地经营的垄断性、土地的期权性、土地的外部性（外溢性）。

地租与地价是一个事物的两个方面：前者是后者的基础，后者是前者的资本化货币表现。地价在数量上应等于地租收入现金流的现值。自17世纪中叶至今，地租理论不断演变与发展，已形成了一个庞大体系，最经典的是大卫·李嘉图地租理论，他运用劳动价值论研究级差地租，不仅考察了级差地租的两种形态，还分析了级差地租变动的规律和影响，对级差地租理论作出了突出贡献。

中央商务区（CBD）具有高可达性、高密度、时代性三个特征，而仅拥有一个CBD的城市被称之为单中心城市。单中心城市的竞租理论主要有杜能农业竞租理论，企业（服务业、制造业）的竞租模型以及家庭的竞租函数。单中心城市的空间模型主要有同心圆模式、扇形模式、多核心模式。

企业蔓延的分散化以及企业的积聚效应使得次中心形成，城市成为多中心城市。如果土地利用规模的扩张速度超过了人口规模增速，就会造成城市蔓延。反都市态度和种族主义、经济发展和资本主义制度、政府失灵、新技术的发展、富裕和民主制度等都会成为影响城市蔓延的因素。我国也在单纯的经济利益以外开始关注更加全面的城市要素，从维护城市综合利益的角度出发来缓解蔓延问题。

思考与练习题

1. 简述不同地租理论的要点。
2. 简述CBD的概念和特征。
3. 分析单中心城市竞租理论的实际应用。
4. 试述多中心城市形成的原理。
5. 结合某具体城市的实际情况，试分析城市蔓延的原因。

主要参考文献

[1] 毕宝德. 土地经济学 [M]. 4版. 北京：中国人民大学出版社，2001.

[2] 曹振良. 房地产经济学通论 [M]. 北京：北京大学出版社，2003.

[3] 丁成日. 城市增长与对策——国际视角与中国发展 [M]. 北京：高等教育出版社，2009.

[4] 黄贤金. 土地经济学 [M]. 北京：科学出版社，2009.

[5] 江曼琦. 城市空间结构优化的经济分析 [M]. 北京：人民出版社. 2001.

[6] 马克思. 资本论：第三卷 [M]. 北京：人民出版社，2004.

[7] 周春山. 城市空间结构与形态 [M]. 北京：科学出版社，2007.

[8] 王媛，贾生华. 不确定性、实物期权与政府土地供应决策：来自杭州的证据 [J]. 世界经济，2012（3）：125-145.

[9] Brueckner J K. Strategic interaction among governments: an overview of empirical studies [J]. International Regional Science Review, 2003(26): 175–188.

[10] Daniel T McGrath. More evidence on the spatial scale of cities[J]. Journal of Urban Economics, 2005(58): 1–10.

[11] Dasgupta S, Laplante B, Wheeler D. Confronting the Environmental Kuznets Curve [J]. Journal of Econometric Perspectives, 2002, 16(1): 147–168.

[12] Kahn M E. 绿色城市——城市发展与环境 [M]. 孟凡玲，译. 北京：中信出版社，2007：37-38.

[13] Marcy Burchfield, Henry G Overman, Didgo Puga, et al. Causes of sprawl: a portrait from space [J]. The Quarterly Journal of Economics, 2006, 121(2): 587–633.

[14] Robert Bruegman. Sprawl: A Compact Histor [M]. University of Chicago Press, 2006.

[15] Titman S. Urban land prices under uncertainty[J]. The American Economic Review, 1985, 75(3): 505–514.

住房市场的供求与均衡

【本章要点及学习目标】

(1) 了解住房市场需求的特点与分类；
(2) 掌握住房市场需求与供给的主要影响因素；
(3) 掌握四象限模型的运用。

住房市场有两方参与者，存在供求关系。那么，住房市场需求指的是什么？有何特点？又可以分为哪几类？住房供给的概念又如何？影响住房市场需求与供给的主要影响因素有哪些？如何分析不同因素对住房市场的影响？住房市场的均衡是指什么？本章将结合这些问题对住房市场的供求与均衡进行阐述。

3.1 住房市场需求

3.1.1 需求与住房需求

经济学上的需求是指在一个特定的时期内，居民或企业在每一个可能的价格水平下愿意并且能够购买的商品的数量。图3-1展现了需求曲线，该图描述了商品或服务的价格和需求量的关系，从中可以发现最简单的需求定律——对于普通商品或服务来说，在特定的时间内，需求量随价格升高而减少。需求曲线可以是直线型，也可以是曲线型，这取决于需求与价格之间的函数关系。

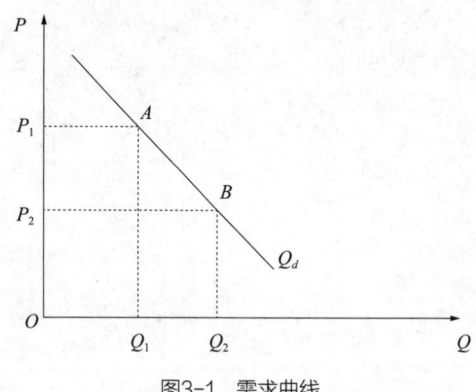

图3-1 需求曲线

注：P为商品价格，Q为商品的需求量。

图3-2表示了个别需求，即在一定时期内、在一定的价格水平上，单个居民、家庭购买商品的数量。在某一市场区域内，市场主体对房地产商品的所有个别需求的总和就构成了市场需求。因此，市场需求是以个别需求为基础，经过数量相加而得到的在每一价格水平下的市场需求总和。

住房需求表示在某一时期内人们有意愿并且有能力购买或承租的住房数量。按照著名心理学家马斯洛的观点，人的需要具有层次性，按层次高低可分为生存需求、生理需求和社会需求以及享受和自我实现需求。显然，人们对于房地产的需求符合马斯洛所提出的需求层次理论。具体而言，就是在人们平均收入水平不断提高、社会经济发展不断加快，以及社会各个层次居民支付能力出现差异时，人们对住房的需求也呈现出层次性：低收入阶层以满足基本的居住需求为目标，更偏好实用、价格较低的住房；高收入阶层不仅要满足基本生活的需求，还追求美观、舒适和享受的需求，更偏好别墅类高档住宅。例如，住房可以分为大户型和小户型、高档房和低档房，以及高价房和低价房等，这些分类都是住房需求层次性的具体表现。

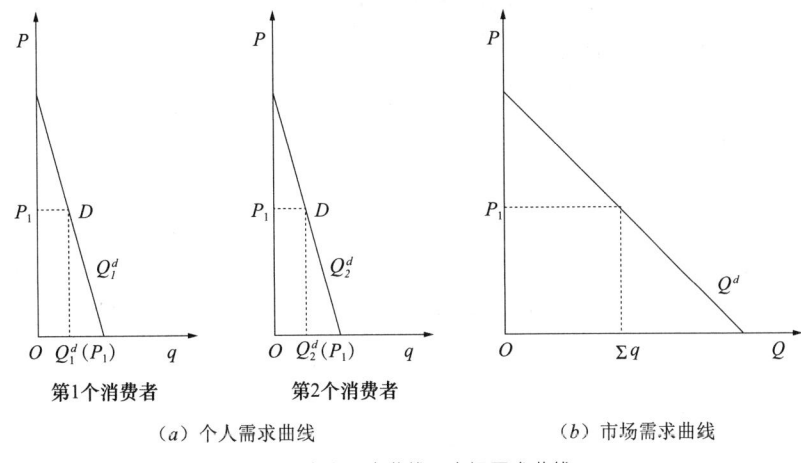

图3-2　个人需求曲线和市场需求曲线

3.1.2　住房市场需求特点

1. 家庭住房需求的阶段性

家庭对住房的消费需求具有阶段性特征，具体可划分为如下四个阶段：

第一阶段：租、借住阶段。处于该阶段的群体往往因为年龄的因素，工作收入不高，大多会选择租房作为过渡，而租金自然是租房考虑的主要因素。一般而言，他们更多地会选择一些具有基本功能、价格相对低廉的公寓居住。随着现代青年自我独立意识的不断加强，他们对于独立空间的需求也越来越强烈。这就加速了年轻人进入住房市场的脚步，从而带动房屋租赁市场的发展。

第二阶段：首次置业期。这是指住户从之前的租房居住阶段向置业进行转移。对于居民来说，这是住房消费历程中一次跨越式的转变。而购买住房与租赁住房的区别在于，购买住房具有了一定的投资属性。但由于居民经济水平的不同，首次置业在每一个周期都有可能产生，两个大的周期阶段在新婚期与满巢期。同时，在该阶段所购买的房屋也有不同的等级，绝大多数购房者会选择低价位的住房，满足基本居住需求。另外，首次置业期的房屋消费也有相对复杂的行为，往往伴随着家庭规模的变化，如结婚生子等。

第三阶段：住房进阶期。与之前提到的首次置业目的不同的是，在首次置业之后购买的住房已经从满足生存需求逐渐转变为对生活质量的追求，这也是促使居民再次置业的原因。当然，也会有为了解决教育、养老等问题而产生的二次置业。

第四阶段：原有住房出售或出租期。随着家庭成员的变化，如老人的离世、子女的外出离家，许多家庭的居住空间有了多余的部分。这时，有些家庭会选择将这些多余的居住空间出售或出租。这个阶段往往在空巢期与鳏寡期出现。

2. 政府对住房需求的干预性

所谓政府干预住房市场,是指政府对于住房市场的管理与调控。例如通过行政、法律、经济等手段对住房市场的发展情况进行调控,是国家政策在住房市场中发挥作用的过程。总的来说,政府干预住房市场的方法包括:

(1) 利用土地、城市政策等一些行政与法律方法把控土地投放量。在土地所有权归属国家的地区,可依据当地经济发展调节土地投放量,从而直接干预土地供给。

(2) 通过行政规划、住房政策或法律手段控制公共住房的投资额度,以及政府对于机构、个人建房的资助力度,进而调节住房市场结构。目前在我国,保障性租赁住房、共有产权房就属于这一类。我国对于保障性住房开发企业提供土地使用等方面的政策帮助,并实行限价政策,来释放居住刚需,使市场稳定。

(3) 通过住房政策、建筑控制等一系列行政手段把控住房的租金与售价,进而调整市场供求变化的方向,逐渐调整市场结构。英国对于私房出租的限价就是一个实例。第二次世界大战之前的英国,由于住房短缺,私人住房的出租价格迅速上涨,居民怨声载道。为了解决这个问题,英国政府投资建设了大量公共住房来缓解矛盾,同时也对私人住房出租进行了控制,对出租价格进行限价。

(4) 通过金融手段调节住房市场的筹资、投资渠道,进而影响住房市场的发展。

(5) 利用税收杠杆对市场供求双方提供不同的税费优惠政策,进而加速高收入者的住房更新需求,提高中、低收入者对于住房的支付能力。

(6) 利用财政补贴支持中、低收入者的住房需求。

3. 住房可支付性

住房可支付性(可支付能力)反映了家庭从市场购买或租赁住房的交易能力。美国国家低收入住房委员会、澳大利亚国家住宅发展委员会(NHS)等机构对住房可支付能力的定义为:"在满足了食品、衣服、交通、医药和教育等必要开支后用于住房消费的能力。"

如前所述,住房需求是指在某一时期内人们有意愿并且有能力购买或承租住房的数目。因此,只有满足"有能力购买或承租"的条件,才算产生了住房需求。而住房可支付性即是衡量这一"能力"的关键条件,居民的住房可支付性直接对住房需求产生影响。

住房可支付性并不是简单的高房价和低收入,而应该是由家庭的住房和非住房支出所决定的函数,受到多方影响,包括住房价格、居民家庭的可支配收入、政府对于房地产的调控政策、居民的消费价格指数、居民对未来的预期以及失业率等,机制复杂。

学者们提出了许多衡量住房可支付性的方法,但没有一致的结论。不同的研究对象可以采用不同的方法。当然,数据的可获得性是选择测量方法的先决条件之一。

最广泛使用的是价格与收入比指标，用以衡量标准住房单位的市场价格与住户收入之间的关系。它可以很容易地扩展到租金收入比、支出与收入比或价格与国内生产总值比。

住房可支付性指数（Housing Affordability In-dex，简称HAI）是由美国国家房地产经纪人协会（NAR）建立，旨在对居民住房支付能力进行评价分析的指标。对于每个家庭来说，住房消费的支出占其总收入的百分比作为其对住房消费的比例，根据其上限要求，对在市场中位于中位数收入水平的家庭进行一定的调查，探究其承受能力的大小。例如，中位数收入家庭能够承受中位数房价的住房，那么HAI定义为100；但当该家庭无法承担、只能选择更低价格的房屋时，HAI就会小于100；另外，如果HAI指数大于100，则说明该家庭对于价格更高的住房也是能够承受的。因此，HAI指数是可以应用于包括增量市场与存量市场的整个房地产市场。

3.1.3 住房市场需求分类与需求弹性

1. 住房市场需求分类

（1）消费需求和投资需求

根据住房需求的经济性质和功能特点，住房需求通常会被划分成为住房的消费性需求与投资性需求。不同于其他耐用性商品，住房具有一定的特殊性，它既可以作为居住的必需消费品存在，也可以作为投资品存在。因此，住房既具有消费品的属性，也具有投资品属性。而其消费性需求与投资性需求两者之间相辅相成、互相依赖，同时又互相均衡、相互制约。住房消费是住房投资产生的根源；同时，在市场健康时，住房消费需求应与住房投资需求持平。如果投资需求在一定程度上大于消费需求，就会形成一定的投机心理，从而产生房地产泡沫。

（2）租买选择

根据家庭对住房在占用方式维度上的分类，可以把住房需求分为购买与租赁，从而形成住房买卖市场与租赁市场。在住房租赁市场上，其需求主体还是以需要直接使用住房的居民为主。因此，租赁市场的需求量会受到人口、家庭收入水平以及产业结构等宏观社会经济因素的影响。家庭决定是否购买住房由许多因素决定，包括拟购住房的特点、价格及其变动、获得抵押贷款的资金和贷款条件，以及是否选择迁移等。总体上可分为以下几类：

1）经济变量：家庭收入、财富；
2）人口变量：年龄、性别、婚姻状况、家庭类型等；
3）金融变量：抵押贷款利率等；
4）当地住房市场变量：位置、交易成本、住房价格走势等；
5）其他：税费、预计居住时间的判断等。

在正常的社会经济状况下，租赁市场的需求量不会出现大幅度的起伏，因此不会因为需求波动而产生租金的迅速变化。所以，在这种机制下，买卖市场上的价格由于受到租金的限制,也会保持稳定状态。这种机制被称为"房地产租买选择机制"。

(3)首套住房和二套住房需求

仅仅从住房的消费性需求来看,我们可将住房需求分为首套住房和二套住房需求。

二套房是第二套普通自住房的简称。在有些国家,经过认定的借款人家庭(包括借款人、配偶以及未成年子女),人均居住面积低于当地平均居住水平,可以第二次向商业银行提出申请住房贷款,从而以房贷房。

某些家庭可能会购置二套房来满足其节假日进行休闲娱乐的需要。例如,现在很多家庭会选择在海南进行二套房的购买;家庭购买第二套住房也可能是由于对住房服务的需求,对首套房缺少的一些补偿服务,比如教育和新婚等。尤其是在我国,不少家长为了子女的教育,选择购置"学区房"来作为二套住房。

(4)新房和旧房需求

新房是指新建的商品房,之前并未有人居住;旧房多为二手房。新房和旧房的需求并没有严格的确定方法,大多还是基于家庭对住房其他性质,如区位、环境等的选择。

2. 住房市场需求弹性

(1)房地产需求的价格弹性

根据经济学的一般原理,房地产需求的价格弹性是指某一特定时期内,房地产需求量的相对变动对于房地产价格相对变动的反应程度,其表示为房地产商品需求量变动率与房地产价格变动率之比。用公式表示为:

$$e_d = -\frac{\Delta Q/Q}{\Delta P/P} = -\frac{\Delta Q}{\Delta P} \cdot \frac{P}{Q} \tag{3-1}$$

式(3-1)中,e_d表示房地产需求的价格弹性系数;P表示房地产价格;ΔP表示房地产价格的变动量;Q表示房地产的需求量;ΔQ表示房地产需求的变动量。

因为房地产价格与需求量反向变动,所以,其需求的价格弹性系数为负。因此,在房地产需求的价格弹性公式中加上负号,是为了平衡上面等式右半边产生的负效应。从一般意义上讲,由于房地产所处的地理位置以及其配套设施极其重要,同时也很难替换。所以,在房地产价格处于一定幅度内变动时,房地产需求是缺乏价格弹性的。根据其他国家的经验,我们发现,当住宅销售价格处于住户家庭收入的3~6倍时,房地产需求缺乏一定的价格弹性;而当房地产价格超过该范围,表现为持续上升时,房地产需求的价格弹性将增大。其中的原因主要是房地产作为耐用品,同时具备一定的容纳弹性,所以在价格高出一定范围时,居民和企业就会减少正常的需求量,从而导致住房需求量的减少。

(2)房地产需求的收入弹性

房地产需求量Q与居民人均可支配收入I呈正相关关系。人均可支配收入的变动对房地产需求量变动的影响程度,能够通过房地产的收入弹性来表示。所谓房地产需求的收入弹性,是指当收入发生变化,其比率对房地产需求量产生变化的比率,从而反映了房地产需求量变化对收入变化的影响程度。用公式表示为:

$$e_i = -\frac{\Delta Q/Q}{\Delta I/I} = -\frac{\Delta Q}{\Delta I} \cdot \frac{I}{Q} \quad (3-2)$$

式(3-2)中,e_i表示房地产需求的收入弹性系数;I表示居民可支配收入;ΔI表示可支配收入的变化量。

因为居民的可支配收入与房地产需求量具有同方向变动的性质,所以其收入弹性系数应为正,即$e_i>0$。

房地产需求的收入弹性与一国或一个地区国民经济发展水平有着密切的联系。一般认为,发达国家的房地产需求对收入基本上是没有弹性的。从特殊意义上来说,房地产商品的不同,导致其需求的收入弹性也是不同的。比如,广大工薪阶层主要选择普通住房,对于他们来说,其需求的收入弹性较大;而对于高收入阶层,主要会选择一些高档商品住房和高档别墅,那么他们所对应的需求收入弹性就较小。但如果一个民族在居住方面攀比风气比较浓厚,则可能相反。所以这个问题与居住文化和风气以及社会发展阶段等都有着关系。

3.1.4 住房市场需求的主要影响因素

1. 房地产价格

房地产商品和其他普通商品相似,其价格与需求量之间都会有反向变动关系。也就是说,在其他条件不变的情况下,房地产价格的提升,会在一定程度上限制投资方对房地产项目的需求量;同样,当房地产价格下降时,投资者对于房地产项目的需求量就会相应上升。由此可以看出,房地产价格的高低对于房地产需求量有着十分关键的调节作用。另外,由于房地产是与土地相互联系的特殊商品,其价格与需求都具有一定的特点,所以房地产价格对房地产需求的影响在实践中表现出一些较为复杂的关系。例如,当投机性需求占据房地产市场主导地位时,房地产需求与房地产价格之间反而会呈现出一种正向变动的关系,此时房地产市场会出现如股票市场一样的"买涨不买跌"现象。

2. 居民收入水平和消费结构

居民收入,特别是居民的可支配收入,是决定家庭一切需求的主要原因。而房地产作为价值量大的耐用品,需要购买者拥有充足的资金储备。居民收入水平与房地产需求呈正方向变动的关系。从需求的角度来看,当住房价格既定,居民的收入与支出水平对于住房需求具有很大的决定性作用。首先,居民收入水平的不断提升会拉动其对于住房的投资以及其消费的需求。其次,居民收入水平的提高也会加快居民消费结构的变化,使得其在"吃"的开销比重减少,而在"住"与"行"方面的开销增大。

3. 国民经济发展水平与城市化水平

一方面,房地产业需要超前发展以提供固定资产支撑,如支持企业和经济组织对工业厂房、商铺和办公用房等需求的扩大；另一方面，因为在经济起飞阶段，国民收入和居民可支配收入增长加快，对房地产的生产性需求和消费性需求必然会增大，从而房地产业不可能不发展。因此，一个国家或者一个地区的国民经济发展状况在很大程度上会影响其房地产需求量。房地产需求水平与国民经济发展水平往往存在一种正相关关系；也就是说，一个国家或地区的国民经济发展水平越高，则该地区房地产需求水平也就越高，反之亦然；而当一个国家或地区在一定时期国民经济发展较快，那么房地产需求也会随之加快，反之则会放缓。

4．国家有关政策

房地产需求还会受到国家相关政策的影响。国家所制定的土地政策、财政政策、货币政策和产业政策以及针对房地产市场的直接调控政策，都会对房地产的生产性需求、消费性需求和投资性需求产生比较大的影响。

5．金融市场发达程度

另外一个对房地产需求有重要影响的因素是金融市场。对于大多数家庭来说，购买住房可能是最大的开销，但用现金一次性支付的情况非常少。对于企业来说，购置办公楼或厂房同样需要支付巨额资金。因此，金融市场的支持为家庭和企业提供了支付的可能。最常见的形式为贷款，申请贷款的难度和成本极大地影响了房地产需求，而这又取决于贷款比例、贷款期限、利率水平以及支付渠道等诸多因素。对于企业来说，还可以通过融资租赁、售后租回等合同安排来满足其房地产需求。除此以外，由于房地产本身可以作为抵押品，充当归还贷款或债务的保证品，这一特性也使得金融市场在房地产市场运行中发挥着重要作用。

6．消费者对未来的预期

尽管目前行为经济学以及行为金融学异军突起，不断地在向经济理性人这一经济学理论的基石性假设提出冲击和挑战，但是包括卡尼曼（Kahneman）等在内的行为经济学家都不否认他们的理论是对主流经济学的一次革命性突破发展。因此有理由相信，行为人的理性预期在行为决策中的假设仍是有其可行性的。

另外，在适应性预期和理性预期中，还存在着"准确性预期"。这种准确性预期还不是十分稳定，主要是依靠投资者根据之前的经验以及目前掌握的信息以及自身所具有的知识来对房地产未来价值进行判断，这不满足适应性预期简单的特点，也不同于理性预期。

7．城市人口数量和家庭结构

首先，在人口自然增长过程中，城市人口数量也在逐渐增长，因而对于房地产的需求也就有所增加。其次，人口变化还表现为一种结构性变化，经济体制转型、社会结构调整以及城市化、工业化进程导致大量的农村人口快速向城市集中，由此城市人口数量出现剧增，对城市空间的需求也随之不断增长。

从微观层面来看，家庭人口结构也在发生微妙的变化，家庭结构是影响住房需求的重要因素。人口年龄、性别、就业状况、出生率以及离婚率等指标都会影响人口规模和分布，进而影响房地产需求。例如，许多国家在第二次世界大战后都经历了婴儿潮，一些研究先后证实了婴儿潮对房地产需求有正向影响。

8．生活方式的变化

人们的生活习性也会影响房地产需求。例如，人们选择在哪里居住不仅受到收入和信用状况的影响，个人生活方式也有重要作用，它通常代表着一系列的文化观念。社会学意义的生活方式是指在一定的历史时期与社会条件下，一个人（或团体）的生活模式，其中包括社会关系模式、消费模式、娱乐模式和穿着模式等各个方面，而生活方式通常也反映出一个人（或团体）的态度、价值观、道德观或世界观。生活方式是文化观念的集中体现，通常在地理上和历史上存在很大差异，并且随着经济、政治和财富的变化而发生改变。

9．其他因素

影响房地产需求的因素还有人口素质、政治与社会稳定情况，以及国际环境等。随着人口素质的提高，人们对房地产的投资与消费观念也在不断发生变化，其对于住房的质量要求与数量需求都会上升，促使价格增长。政治安定状况、社会治安程度等因素也会对房地产市场需求产生影响。政治安定状况是指政权的稳定程度，政治生活不安定、社会动荡，房地产需求就会下跌。社会治安状况较好，房地产的需求规模就大，否则房地产的需求规模就小。

3.2 住房市场供给

3.2.1 供给与住房供给

供给是厂商在一定时期内，在每一价格水平上愿意生产而且能够出租或出售的商品数量。如图3-3所示的供给曲线表明，假定其他影响供给的因素不变，伴随价格上涨，厂商将供给更多产品和服务；而伴随价格下降，厂商将减少产品和服务的供给。

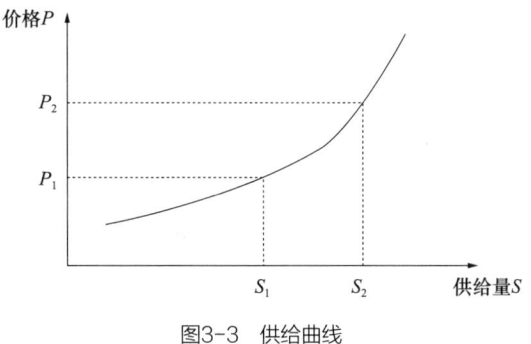

图3-3 供给曲线

住房供给是由市场向住房投资者和住房消费者提供其所需要的住房存量与住房服务流量的过程。

由于房地产商品的耐用性特点,在每个特定的时间段内,住房供给又可分为住房存量的供给和住房流量的供给。住房存量和住房流量的关系可以表示为:

$$K_t = K_{t-1}(1-\delta) + F_{t-1 \to t} \tag{3-3}$$

式(3-3)中,K表示住房存量,F表示住房流量,δ表示折旧率,t表示时间。所以我们看到,t时点的住房存量,等于$t-1$时点的住房存量减去这段时间由于折旧而产生的存量损失,再加上$t-1 \to t$时期内的新建住房流量。做一个简单的变换,可以得到:

$$\Delta K_t = F_{t-1 \to t} - \delta K_{t-1} \tag{3-4}$$

这里的$\Delta K_t = K_t - K_{t-1}$,就是市场上的住房存量变化。这就表示如果新增的住房流量大于折旧的住房存量,那么市场上的住房存量就会有所上升;反之,市场上的住房存量就会有所下降。通常房屋的折旧包括三种类型:物理折旧、功能折旧以及经济折旧。

3.2.2 住房市场供给的主要影响因素

微观经济学的厂商理论,刻画了影响供给的主要因素。如式(3-5)所示,一般来讲,厂商以最大化总收益减去总成本得到的总利润为目标,进行生产决策。

$$\max_Q \pi = P \cdot Q - \sum_k C_{I_k} \cdot I_k \tag{3-5}$$

式中,π即为厂商的生产利润,也是厂商进行最优化决策的目标,它等于厂商能够在生产中获得的总收益$P \cdot Q$,减去厂商需要在生产中付出的总成本$\sum C_{I_k} \cdot I_k$。P为产品价格,在完全竞争市场中,我们认为产品价格外生给定。Q为产量或供给量,是厂商为了最优化利润π需要调整、决策的关键变量。I_k表示第k类投入要素。C_{I_k}表示第k类投入要素对应的要素价格。基于柯布道格拉斯(Cobb-Douglas)生产函数,可以进一步将Q写为:

$$Q = \prod_k I_k^{\alpha_k}, \quad \sum_k \alpha_k \leq 1 \tag{3-6}$$

将公式(3-5)和公式(3-6)联立,就求得能够使厂商利润最大化的最优生产量或供给量。不难理解,这一最优生产量或供给量取决于产品价格以及各投入要素成本和技术进步。因此,基于经济学理论,住房价格、各类成本要素和技术进步是影响住房供给的主要因素。

1. 住房价格

住房价格或租金水平对住房供给的影响不难理解。价格或租金上升,供给者有意愿供给更多的住房。住房价格对住房供给的影响还涉及一个极为重要的概念,住房供给的价格弹性,即价格发生1%变化能引起的供给量变化的百分比,即供给量相对于价格因素的敏感性。

2. 成本因素

住房供给成本指供给者在住房开发建设环节发生的各类成本支出。具体地,通常可以将成本分为直接成本和间接成本。

直接成本指与住房建造直接相关的成本,主要包括土地成本、劳动力成本和原材料成本。直接成本的构成因住房类型和住房所处的区域而异。间接成本是指不与住房建造直接相关的成本，一般将资金成本列入这一类成本。信贷成本是住房供给间接成本的主要部分，其具体包含贷款利率水平和贷款可得性两个层面。

3．技术进步

技术进步会通过提高要素生产率提高生产者的供给能力，使供给函数向右移动。在住房供给中，不难找到技术进步直接影响房地产供给决策的证据。例如，在选址环节，地理信息系统（Geographic Information System，GIS）等技术可以基于区域地理环境的特点，综合考虑地形地貌、自然环境、交通设施、发展前景等因素，为厂商在区域范围内进行选址优化，确定最佳投资区位提供高效、可视、科学的决策支撑。

4．不确定性

价格、成本和技术不仅是影响房地产供给，也是影响其他供给的主要因素。但对于房地产供给，不确定性的影响也格外重要。这是由于房地产供给具有三个区别于一般供给的典型特征：其一，房地产市场受宏观经济波动和宏观政策影响显著，具有很强的不确定性；其二，房地产供给撤销成本巨大，供给决策具有不可逆性；其三，一定的政策限制内，供给者可以根据对未来市场的预期选择加速或延迟供给，供给时机具有灵活性。这三个特征决定了房地产供给具有实物期权属性。房地产供给中隐含的实物期权主要是指延迟期权，即供给者在面临不确定性时，可选择延迟供给。在市场具有不确定性时，住房供给投资收益的当前状态决定了未来状态的可能分布而非实际值，加之住房供给不可逆，供给执行后失去的期权价值会带来机会成本，因此延迟期权可以通过降低机会成本而为供给者带来期权价值。基于期权理论，不确定性越大，供给者越有动力延迟供给，以通过等待等途径获得更多的信息，降低立即进行住房供给投资的机会成本。

5．其他因素

在上述主要影响因素之外，理解住房供给还需要考虑两个重要的维度。首先，很多因素会通过影响上述主要因素而间接影响住房供给。这些因素可以进一步分为建筑类型、采购类型、项目位置、项目建筑规模和范围、土地使用限制、施工方法、施工方的建设能力以及客户财务状况等微观项目因素；以及自然地理条件、调控政策等宏观因素。

其次，需要注意的是，上述所有影响因素均是从住房供给者是企业的角度展开的。但实际上，对于一手住房，政府也可以是供给者，特别对于保障房供给而言尤为如此；而对于二手住房，居民家庭则成为重要的住房供给者。因此，在分析住房供给影响因素时，虽然主要从房地产企业的视角出发，但政府和居民家庭的行为也十分重要，并且在一定程度上增加了分析的难度。例如，政府作为保障性住房的供给者，其不断调整的住房保障政策对保障房供给以及住房市场整体的供给结构存在极大影响。而与居民家庭相关的人口数量和密度、收入支出水平等因素也会影响住房供给。

3.3 住房市场均衡和四象限模型

3.3.1 住房市场均衡

任何市场，都有供给和需求两方参与者，才能构成交易。同时，在市场中，当某一类产品被某一消费者群接受时，它们方能构成交易的双方，当交易双方在市场上进行交易时，便形成了供求关系。如果Q_d代表某种商品的需求量，P代表商品价格，假设其他因素不变，只考察需求量与价格的关系，则需求函数为：

$$Q_d = f(P) \quad (3-7)$$

同样，如果Q_s代表某种商品的供给量，假设其他因素不变，只考察供给量与价格的关系，则供给函数为：

$$Q_s = f(P) \quad (3-8)$$

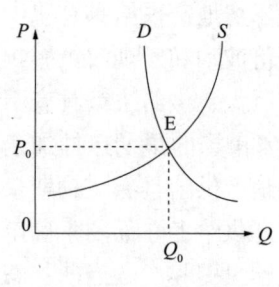

图3-4 有效供需均衡

当市场上商品的供应量与具有货币支付能力的需求量达到平衡时，市场实现了供求平衡，简单地说就是实现$Q_d = Q_s$，由图3-4中的E点表示。其中，Q_0为市场均衡条件下的供给和需求量，也通常被称为交易量，P_0为市场均衡条件下的价格。供给和需求之间的相互作用，结果会使价格偏离均衡点。通过分析供求影响因素，可以知道是什么因素推动了供给或需求的变化，从而知道改变后平衡点的位置。

3.3.2 四象限模型

1. 基本介绍

四象限模型是分析房地产市场的一种简单且有效的工具，它主要是建立在房地产使用（空间）市场和房地产资产市场的划分基础上，通过定性与定量的分析，研究两个市场各自的变化以及相互间的关联。

所谓房地产空间市场，是指使用房地产（土地和建筑）空间的市场。这种类型的市场也经常被称为房地产使用市场或租赁市场。空间市场的需求方是个人、家庭、企业或者政府，为消费或生产而使用空间是其目的。空间市场的供给方可以是个体，比如房东、租客；也可以是组织，比如公司、政府。在空间市场上，那些想要使用空间并愿意为此支付方构成了空间的需求，那些愿意将拥有的空间出租方构成了空间的供给。空间的需求和供给决定了空间的价格，即租金。

所谓房地产资产市场，特指房地产作为资产被买卖的市场，资产的需求方期望获得未来现金流（比如租金收入）和资产增值作为投资回报。除了资产价格以外，反映房地产物业收益能力的租金水平是形成房地产需求的重要影响因素。值得一提的是，对于自用房地产的所有人，也认为他们获得了租金收入，因为他们省下了本应该为使用该物业而支付的租金，这被称做"隐性租金"。资产市场的供给来源于房地产存量以及新增量,其中新增供应量取决于资产价格和与之相关的重置成本或者建造成本。

空间市场上参与者是空间的需求方和供给方,其行为共同决定了空间市场上的租金和入住率。租金和入住率又是资产市场上投资现金流的重要组成部分,最终通过资产市场的均衡关系影响房地产价值。房地产价值决定了房地产开发商的开发决策。如果房地产开发有利可图,那么开发商就会进行房地产开发,新建房屋成为房地产空间市场的新增供应量,改变空间市场的供给,进而影响空间市场的租金和入住率。四象限模型则从定量角度对上述观点进行了阐释。

四象限模型由影响供求关系的四个关键变量组成:租金R、市场存量S、新开发建设量C和价格P,具体关系如图3-5所示。四个变量分别作为坐标系的四轴,坐标数值均为正,离原点越远,数值越大;原点右侧的第Ⅰ和第Ⅳ象限代表使用市场,原点左侧的第Ⅱ和第Ⅲ象限代表资产市场。

第Ⅰ象限:坐标轴横轴和纵轴分别代表租金(每单位面积)和房地产存量(也以面积计量)。在特定的经济条件和政策下,房地产的需求数量随租金的改变而发生变化,即图中直线代表的关系,根据横轴由租金变化对应到房地产需求数量的变化。如果与房地产市场相关的社会环境或经济环境发生变化,整个曲线也会移动。例如,当经济增长时,企业或居民家庭的数量增加,曲线向右上方移动,这说明在同样的租金水平下,房地产需求更高;相反,若经济发生衰退,曲线向左下方移动,此时房地产需求有所减少。为了使房地产需求量D和房地产存量S达到平衡,必须确定适当的租金水平R,使需求量等于存量。需求是租金R和经济状况的函数:

$$D(R,经济状况)=S \tag{3-9}$$

如图3-5所示,对于横轴上的任意一点的房地产存量,通过需求曲线所代表的映射关系,可以在纵轴上找到对应的租金水平。该租金水平,将会影响到资产市场上的价格水平,即第Ⅱ象限涵盖的内容。

第Ⅱ象限的变量为每单位面积房地产的租金和价格,反映资产市场的状况,以原点为起点的射线反映了二者的函数关系,其斜率是租金和价格的比值,即房地产资产的资本化率,它代表投资者愿意持有房地产资产在目前的预期收益率。在第Ⅱ象限的分析中,资本化率视为外生变量,由利率和资本市场上各种资产(如股票、债券、存款等)的投资回报水平决定。通常而言,资本化率受到四方面因素的影响:经济活动中的长期利率、预期的租金上涨率、与租金收入流量相关的风险和政府对房地产的税收政策。

当代表资本化率的射线顺时针转动时,表明市场中的资本化率提高;反之关系亦然成立。通过这个象限的关系,我们可以通过资本化率i,利用租金和价格的函数关系,基于给定的租金水平确定房地产资产的价格P:

$$P=R/i \tag{3-10}$$

第Ⅲ象限重在解释房地产新增资产的形成过程,同样也是房地产资产市场组成部分。该象限假设新项目的开发建设成本与开发活动(C)之间为正向的线性关系，因此是一条向左下方的射线，其横截距代表进行开发建设活动的最低成本。射线上的点代表房地产价格与新开发建设成本相等时，资产市场的均衡开发建设量。如果开发建设量低于均衡值，开发商会获取超额利润；反之，开发建设量小于均衡水平，开发商会面临亏损。因此在均衡条件下，房地产新增开发建设量C应使房地产价格P等于房地产开发成本$f(C)$，即：

$$P=f(C) \quad (3-11)$$

在第Ⅳ象限，新增的开发建设房地产（增量资产）C进入市场，逐渐沉淀为长期房地产存量。在一定时期间内，存量的变化量ΔS等于新建房地产净增价值（即开发建设量与因房屋拆除或折旧导致的存量损失之差），若以δ表示折旧率，则有：

$$\Delta S = C - \delta S \quad (3-12)$$

图中射线上的点，代表每年的建设量与某一个存量水平的对应关系。此时房地产折旧与新增建设相同，房地产存量不发生变化，即$\Delta S=0$，$S=\dfrac{C}{\delta}$。需要注意的是，第Ⅳ象限描述的开发建设量是外生给定的，并假设开发建设始终以该水平持续下去，由此得到市场中的房地产存量水平。

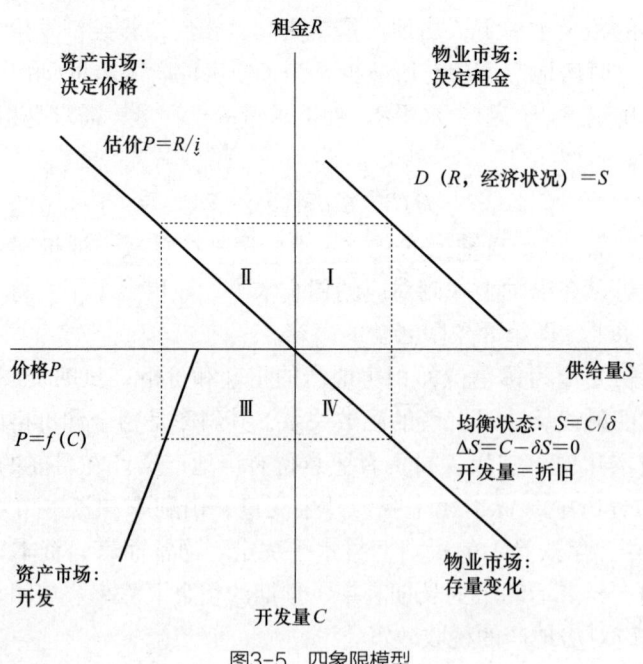

图3-5 四象限模型

2. 模型应用

图3-5的四象限模型表达了房地产市场供需均衡状态下房价、租金、新开发量和存量之间的关系。例如，从某一房地产存量水平出发，通过房地产使用市场确定租金，并通过资产市场转化为房地产价格，而资产价格影响新的开发建设活

动,影响传回使用市场,开发建设量最终形成新的存量房地产。如果初始存量和期末存量相同,则使用市场和资产市场就达到了均衡状态。

当出现经济增长时,居民的收入相应增加,对房地产的空间数量需求也会增加。假设其他条件保持不变,需求的增长会导致需求曲线 D 向外移动,如图3-6所示。对房地产市场均衡的影响路径是:需求增加→租金水平 R 上升→房地产价格水平 P 上升→新开发建设量 C 增加→房地产存量 S 增加→达到新的均衡点。

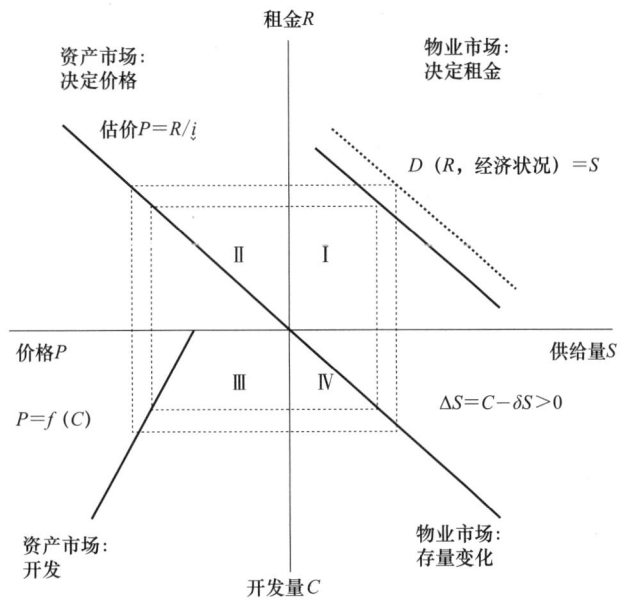

图3-6 收入增长对房地产市场均衡的影响

长期利率水平影响投资者的预期,同样会影响房地产供需均衡。假设资产市场对各种资产价格的调整是有效的,即各种投资品的风险调整后收益等于社会平均投资回报。当利率上升时,投资者倾向于减少房地产市场投资,将资金投向其他的经济领域,例如购买债券等,这会造成房地产价格下跌。当利率下跌时,投资于房地产市场的资金增加,房地产价格逐渐上升。无论利率如何变化,最终房地产价格会使房地产供求双方达到均衡,如图3-7所示。此时的机制为:利率下降→房地产价格水平 P 上升→新开发建设量 C 增加→市场存量 S(供给)增加→租金水平 R 下降,需求增加→达到新均衡。

新开发建设项目供给计划的变化也是影响房地产市场的外部因素。导致上述变化的因素较多,包括短期利率水平、区域规划或建设法规、土地供给成本等。利率上升使开发项目融资难度增加,建设成本增加,减少均衡条件下的新开发建设量。当政府出台较为限制性的法律法规(如对开发产品种类的要求,城市拆迁安置相关要求)时,同样可能增加开发成本,使新项目的盈利水平降低。此外,随着经济社会的发展和城市人口的增加,土地的稀缺性不断凸显,地价也不断上涨,导致土地供给成本增加,进而影响新开发建设项目的供给计划。以上列举的情况是造成供给计划负面变化的因素,会使得第Ⅲ象限内的价格成本曲线向外移动,进一步影响整体供求平衡关系,如图3-8所示。其作用机制为:开发成本增加,价格成本曲线外移→新开发建设量减少→房地产存量增加值减少→房地产供给减少→租金水平R上升→房地产价格水平P上升,需求减少→达到新的均衡点。

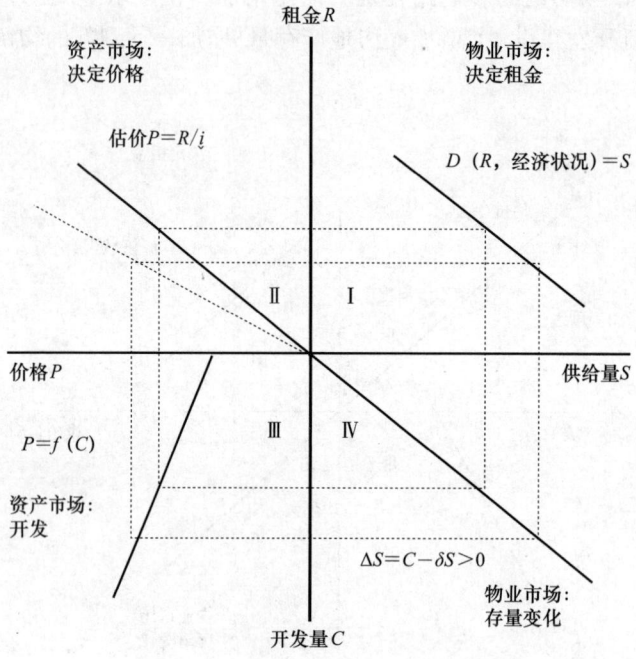

图3-7 利率下降对房地产市场均衡的影响

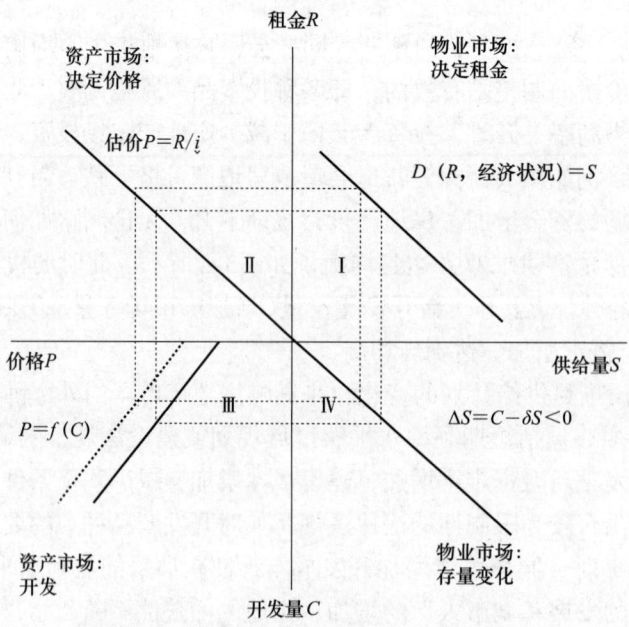

图3-8 开发成本增加对于房地产市场均衡的影响

3.4 专题：基于中国住房市场需求特征的租购并举推进措施探讨[①]

3.4.1 中国住房市场需求特征分析

1. 基于细分群体的住房需求特征分析

本部分将基于上海调研数据，采用陈述性偏好法识别细分居民群体的住房现状、潜在住房选择和需求特征。尽管调研立足上海，但研究结论可适用于其他城市相同类型群体。此项调研工作采取网络调研和实地调研相结合的方式，调研开展时间为2017年5月。其中，国内引进人才主要通过网络调研进行，在"问卷星"平台等多渠道发放网络问卷，共得到有效问卷246份，居住范围基本覆盖上海市区的各个行政区。大学应届毕业生调研同时发放网络问卷和纸质问卷，共得到来自上海不同类型高校应届毕业生的有效问卷149份。外籍来沪就业者部分选择双休日对这部分群体聚居的典型区域进行实地调研，调研地点包括长宁古北、浦东联洋、浦东碧云、新江湾城、森兰国际等住房社区。对这些社区的居民进行随机抽样调研，共得到有效问卷92份。虽然调研的样本总量不大，但在个体特征等方面具有代表性，基本能够代表该居民群体的需求特点。课题组针对三类特定居民群体特点以及（潜在）住房需求的差异，共设计三套不同的调研问卷。除个人基本信息外，在调研目的和调研内容方面各有侧重点。其中，针对国内引进人才的调研侧重于对实际居住环境（已经发生的市场行为）及其选择因素，以及未来住房选择的考虑因素；针对大学应届毕业生的问卷设计主要关注该群体预期在进入劳动力市场后短期租房需求以及购房意愿等；针对外籍来沪就业者的调研内容主要围绕其住房现状、购房意愿（国际社区设计）和留沪意愿。

（1）国内引进人才

调研结果显示，国内引进人才具有以下几方面住房需求特征：

第一，已形成"公共交通—基础教育—社区品质"住房需求层次。将国内引进人才按照当前住房状态可分为租房者、二手房自有者、新房自有者。其中，租购群体的需求特征及其差异性与上述基于住房市场交易数据研究的发现一致，形成了如图3-9所示的住房需求层次。在基本住房需求的基础上，租房者对住房周边公交/地铁是否便利更为关注，二手房自有者的住房选择注重周边幼儿园和中小学校等基础教育设施配套，而新房自有者则将楼盘品牌/开发商、小区景观、物业服务等社区品质特征视为住房选择的重要考虑因素。不仅如此，他们未来购房选择的潜在住房需求具有路径依赖性，将固化这一需求层次。

第二，高等教育、休闲娱乐等设施不属于住房选择的主要考虑因素。除基础教育、医疗、交通等典型邻里设施外，体育场馆、电影院、广场、大学均不是国内引进人才当前住房选择以及未来潜在住房选择的主要考虑因素。也就是说，这

[①] 本节摘自：姚玲珍，孙聪，唐旭君. 新时代中国特色住房制度研究 [M]. 北京：经济科学出版社，2021.

些设施的空间分布不会对其住房区位选择行为产生明显影响,在现阶段住房需求分析中不需要重点考虑。

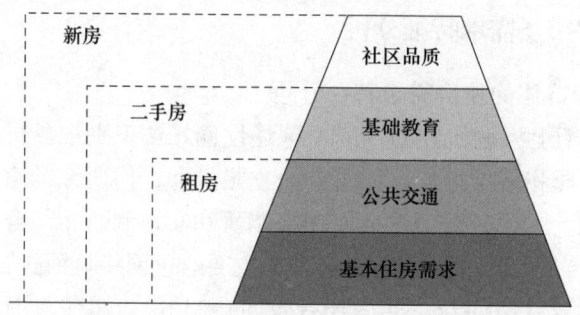

图3-9 上海市国内引进人才住房需求层次

第三,自有住房的意愿较强,购房选择中包含一定程度的投资考虑。购房意愿调查结果显示,国内引进人才大多倾向于购买住房(占比达到67.5%),租房者中仅有1/3表示没有购房计划。对当前居住满意程度从高到低的排序为:新房购房者>二手房购房者>租房者。这成为国内引进人才从租到购、实现住房自有的内在动力。在购房动机方面,高达四成的受访者表示购买住房有一定程度的投资考虑,投资住房对象聚焦于"学区房""地铁房"和"公园房"。

(2)应届毕业生

调研结果显示,应届毕业生具有以下几方面住房需求特征:

第一,短期内住房租金承受能力较弱,租赁方式以合租为主。应届大学毕业生初始收入较低,通常难以在短期内购买住房,短期内以租赁住房需求为主。调查显示,应届毕业生能够承受的住房租金显著低于当前上海整套住房的平均租金。在此情况下,多数毕业生倾向于租赁单一房间而非整套住房,以降低住房租赁支出。

第二,不同学历的住房需求呈现层次变化,出行便利性为主要因素。职住平衡在不同学历毕业生住房选择中的重要性差别明显,高学历毕业生对出行时间敏感性更高。从各类配套生活设施来看,不同学历应届毕业生的住房需求也表现出一定的层次变化特征,本科毕业生对日常生活服务设施有较强的需求,硕士毕业生关注大型超市、购物中心等商业设施以及轨道交通设施,博士毕业生重视基础教育设施和公园绿地的邻近性。从潜在购房类型来看,硕士毕业生和博士毕业生倾向于购买二手房,且后者对建成年代更为关注。

第三,本地与外地生源之间住房需求、潜在购房意愿存在一定差别。不同来源地应届毕业生在住房需求方面也有所差别。其中,上海本地生源的住房选择偏好于居住空间的舒适度,外地生源对基础教育和轨道交通等配套设施以及楼盘品牌等特征更加重视。潜在购房计划方面,外地生源的应届毕业生多数倾向于在3年以上的时间购买住房。相比之下,上海本地应届毕业生计划购房时间有所分化,计划1年内和5年以上购买住房的占比均较大。

（3）外籍就业者

调研结果显示，外籍就业者具有以下几方面住房需求特征：

第一，以租赁需求为主，住房面积与出行便利性是重要考虑因素。调研中绝大多数外籍就业者以租赁住房的形式在上海居住，住房自有率处于较低水平。该群体的平均租住面积超过$100m^2$，远高于上海市当前居民租住面积的平均值，表现出对居住空间的较强需求。在当前住房区位选择中首要考虑因素是交通出行的便利性，较大比例的外籍就业者倾向于居住在靠近就业地的区位，且主要采用自驾车和地铁的通勤出行方式，平均通勤时间约为24.9min。

第二，注重社区生活品质，不排斥与国内居民混合式居住模式。相对于国内就业者和应届大学毕业生，外籍就业者的住房选择会更多关注社区生活品质相关的特征，相比之下对医疗卫生设施、休闲场所、体育场馆等邻里设施的需求强度相对较低。消费能力越高的外籍就业者对市中心邻近性、小区景观等特征越重视。此外，多数外籍就业者表示并不在意是否与中国居民混居同一社区，这将有助于社区层面的中外文化交流和社会融合。

第三，住房价格对外籍就业者购房意愿与长期居留意愿有较大影响。尽管外籍就业者在上海的收入水平高于国内就业者，但住房价格仍成为影响其住房选择和购买意愿的主要因素。考虑到住房价格因素，绝大多数外籍就业者表示不打算在上海购买住房，因此租赁住房市场仍将继续承接这一群体的住房需求。同时，外籍就业者对住房价格的关注程度与其计划在上海的居住时间呈现负相关关系，这意味着住房价格在一定程度上影响其居留意愿。

2. 基于住房租购需求的特征分析

（1）住房租购需求的总体分析

数据显示，我国历年来，租赁群体规模小于购房群体，租购比过低。近年来，我国大中城市房价租金比明显偏高，超出国际合理房价租金比300的警戒上限。中国社会科学院《房地产蓝皮书》显示，2006年我国部分大城市中心城区的房价租金比已高达270~400；2018年，大中城市的房价租金比失调现象更为严重，其中部分城市的房价租金比已超过600。

与此同时，购房需求层面分化。主要体现为，一方面，投资性需求与自住性需求分化，富裕家庭偏好超配住房资产。早在2012年，西南财经大学《中国家庭金融调查报告》的数据就显示，我国城市家庭拥有2套住房的家庭比例为13%，拥有3套住房的占比2.51%（甘犁等，2013）[①]；2017年，上述两个占比进一步上升，分别为15.44%和3.63%[②]，远高于发达国家水平。另一方面，住房市场需求的空间分异化，一、二线城市住房需求过热，三、四线城市住房需求不足。[③]

---

① 甘犁，尹志超，贾男，等. 中国家庭资产状况及住房需求分析［J］. 金融研究，2013（4）：5-18.
② 2017中国家庭金融调查报告. https://www.docin.com/p-1971542054.html.
③ 资料来源：中国指数研究院《中国房地产市场2018年总结与2019年展望》。

（2）住房租购需求微观差异性特征分析

本部分以上海为例进行租购需求差异的微观分析。实证分析所使用的数据包括住房销售交易数据和住房租赁交易数据两部分，均采集于连锁房地产中介企业——链家房地产经纪有限公司发布的线上数据，空间覆盖上海市（除崇明区）全市域范围，时间跨度为2015年～2017年2月[①]。在研究期内发生销售交易的存量房小区共有7231个，而发生租赁交易的共有10001个住房小区。住房销售样本选择存量房作为代表，主要原因在于研究期内上海住房市场已由新建商品住宅为主转向为存量房交易为主。实证分析所采用的方法是特征价格模型中的半对数模型（第4章将具体介绍该模型）。

第一，基于物理特征的住房租购需求分析结果显示，房龄与住房价格、租金均体现出显著的负相关关系。住房房龄每增加1年，住房价格和租金分别降低1.01%和0.17%，前者是后者的5.8倍。这说明购房群体更关注房龄增加导致的住房价值折减。租房群体由于不拥有产权，对年代较为相近的住房并没有表现出明显的房龄需求差异。此外，作为住房的另一重要物理特征，住房面积每增加$10m^2$，单位面积销售价格和租金分别下降0.6%和5.7%。也就是说，租房群体对面积增加的边际支付意愿显著下降。这表明，租房群体只需要满足自身基本的居住空间，并不需要过大的居住空间。在其他特征方面，一是所在楼层区域方面，租购两组样本体现出明显的差异性。购房样本中，中层价格最高，高低楼层价格略低且差异较小。租房样本中，高楼层的价格相对更高，低楼层价格相对较低。二是随着装修等级的提高，住房价格呈现出明显的阶梯性变化特征。相对于毛坯房而言，从简装、中装、精装到豪装四类装修等级的住房溢价逐步增大。三是在其他因素相同的情况下，按季度支付的租金显著高于按年度约定租金的平均水平。

第二，基于上海环线区域为主的地段特征的租购需求异质性分析的回归结果表明，总体上，无论是单位面积的住房价格还是租房租金，在自内而外的各类环线区域中表现出明显的递减特征。值得注意的是，三类环线区域在住房租金中的相对溢价均高于住房价格，但随着向外围环线区域扩展，两者的差距不断缩小。这说明，租房群体比购房群体对靠近市中心区域的需求更大。这主要与城市公共交通集中于中心区域，而租房群体日常出行更加依赖公共交通有关（谷一桢，郑思齐，2010）[②]。

第三，基于邻里特征分析显示，一是从基础教育资源来看，重点初中/小学对住房售价的影响显著而对住房租金影响并不显著，这突出反映了教育资源所具有的"租买不同权"特点。示范性高中的邻近性对住房销售价格和住房租金的影

[①] 链家网线上数据在2015年前的数据缺失较多。
[②] 谷一桢，郑思齐. 轨道交通对住宅价格和土地开发强度的影响：以北京市13号线为例[J]. 地理学报，2010（2）：213-223.

响均显著存在，住房与示范性高中的距离每缩短10%，住房价格和租金分别提高约0.2%和0.15%。前者的影响略大于后者，这可能是由于住房价格中包含着预期未来增值的因素。相比之下，重点大学周边的住房并没有明显的溢价。非重点初中/小学、一般高中属于基础性教育服务设施，在空间分布上较为分散，对周边的住房价格和租金的影响均不显著。此外，如果将优质基础教育设施邻近性区分为公办和民办两类进行比较，公办重点初中/小学在周边区域产生的溢价效应显著存在，居民对"学区房"仍然有着较强的需求和支付意愿。住房与重点初中/小学距离每缩短10%，住房价格平均增加0.36%。相比之下，民办重点初中/小学周边却没有出现类似的现象，这是由于民办学校市场化程度较高，招生范围不限于周边区域，因此传统的"学区房"溢价影响并不存在。在租金样本回归中，公办和民办重点初中/小学周边都没有显著的溢价，进一步验证了租房群体在整体上对优质教育资源在空间邻近性方面的需求较弱。二是医疗设施的租购需求差异分析结果显示，优质医疗服务设施对周边住房价格和租金产生了一定程度的影响，设施空间邻近性的影响弹性大小约为0.04。事实上，溢价效应可能存在高估，因为大型综合性医院周边的生活配套设施相对丰富，这使得难以完全剥离得到居民对医疗设施这一类独立设施的需求。三是公园绿地的租购需求差异分析结果显示，住房销售价格和租金都会随着与免费公园距离的增加而下降，周边1km以内有公园的社区住房价格和租金都会高于其他社区。相对而言，租赁样本中的上述特征更加显著，这说明租房群体对此类休闲设施有更明显的需求。

（3）住房租购需求宏观差异性特征分析

本部分实证分析的数据来源于国家信息中心的国信"宏观经济与房地产数据库"，查询获取得到2000～2015年之间35个大中城市住房市场和相关宏观经济变量的年度数据。由于上海和重庆施行房产税试点，故在研究样本中予以剔除，实际为33个城市。建立面板联立方程模型进行分析。

分析结果显示，就33个城市平均水平而言，市场增量购房自住的需求价格弹性为-1.013，购房投资需求收益率半弹性为0.967，住房供给的价格弹性为1.597。

此外，分析结果显示，在一、二线城市，市场增量购房自住需求的价格弹性为-2.159，购房投资需求收益率半弹性为1.685，需求弹性的绝对值均高于33城整体平均水平；住房供给的价格弹性为0.982，低于平均水平。三线城市基本相反，市场增量购房自住需求的价格弹性不显著，购房投资需求收益率半弹性为0.480，低于33城整体平均水平；住房供给的价格弹性为1.858，略高于33城平均水平。这与对不同地区市场的观察基本一致。

3.4.2 推进中国住房市场租购并举的主要措施

基于以上分析可以看出，要实现租购并举，需要明确需求端的租购同权，创新机制，优化保障性与市场化租赁供给。同时，基于居民家庭住房财富的差别和地区市场住房需求的差异，应继续分类分城施策进行房地产市场调控。

1. 培育住房租赁需求的主要举措

(1) 明确需求端的住房租购同权

"租购同权"属于需求端的改革,目的在于使租房群体与购房群体不因产权差异而享受不同的其他民生权利。如上所述,"租购同权"中权利差别的实质,是在公共服务供给稀缺、城市发展不充分的阶段不得已采用的权宜之计。因此,促进"租购同权"并非是对租房居民的赋予和"恩赐",而是对现行不完善的住房权利体系的"矫正"。

(2) 落实租购同权的主要措施

首先,加大城市户籍制度的改革力度。户籍制度是中国独特的社会治理制度之一。户籍制度的本质,在于户籍背后附加了许多行政的、经济的、福利的功能,人为地造成了城乡和区域间的差异和不公平。虽然在特定的历史时期,城乡二元户籍制度为我国经济发展、社会稳定做出了积极贡献,但是随着城镇化的快速发展,城乡一体化越来越成为社会发展的必然趋势,剥离粘附于户籍制度上的各项福利待遇和权利保障也成为现阶段我国社会发展的迫切需要(钟荣桂,吕萍,2017)[1]。为此,一是应放宽城市的户籍准入条件,优化超大城市落户政策。城市落户准入条件的总体准则应以公平正义、以人为本为导向,统筹考虑各类城市综合承载能力、经济社会发展需要、民意集中诉求等,据此制定具体标准,尽快实现居住地常住人口与户籍居民享受同等社会保障和公共服务。二是应全面实行居住证制度,逐步推进基本公共服务普惠化。新一轮户籍制度改革的目标是统筹居住地城乡户籍利益差异,促进农业人口转移。各地要加快推进居住证制度,为未落户的居住地常住人口提供与本地户籍人口同等的基本公共服务和社会保障,在覆盖基本公共服务基础上,逐步延伸至所有公共服务,为最终取消户籍制度创造条件(赵军洁,范毅,2019)[2]。三是应建立以常住人口为依据的各级政府财政分担机制并进行配套改革,以进一步优化公共服务。

其次,落实居民平等的居住衍生权利。资源高度紧缺的大城市解锁住房产权与受教育权的捆绑,其他城市则全面落实"租房落户"。稳步推进租房者与购房者平等享有优质公共服务。盘和林(2017)[3]指出,在"租购同权"落实过程中,一是应该妥善处理好出租人与承租人的权利关系。假如承租人的子女入学、入户等市民化权利是通过与出租人的权利分割来实现的话,必然造成两者的冲突,或者导致"赋权"无法真正落地。为此,租房落户政策应考虑社保年限及房屋所有权人意见。还要在"赋权"的同时增加公共服务能力和改善公共配套设施的供给能力。因为如果某项公共服务具有稀缺性,即使实行"租购同权",也必然会因为

---

[1] 钟荣桂,吕萍. 中国城乡住房市场融合:土地制度改革与户籍制度改革 [J]. 经济问题探索,2017(6):85-92.

[2] 赵军洁,范毅. 改革开放以来户籍制度改革的历史考察和现实观照 [J]. 经济学家,2019(3):71-80.

[3] 盘和林. 租购同权或推高学位房租售价格 [J]. 金融经济,2017(17):51.

租赁的附加价值上升而引发局部租金飞涨,从而影响居民福利[①]。

第三,促进教育等公共服务均衡发展。公共服务供给均衡是推进"租购同权"的关键(陈杰,吴义东,2019)[②]。从租购差异的实证分析中可看出,其中最为关键的是优质基础教育资源的合理配置。除了优质中小学的空间区位优化配置外,优质教育资源的配置还取决于优质教师的合理分配、流动和入学机会的平等。为此,一是应统一核定教师编制,实行统筹和动态管理。从而让优质教师真正"动"起来,促进城乡教师的交流使用,实现优质教师的正向流动,才能真正助力教育的合理配置。二是提升优质教师待遇,吸引更多优秀教师。从而提升教师队伍的水平,进而提高学校教育教学水平。三是稳步推进"公民同招",加强对民办学校的规范化管理。

2. 扩大住房租赁市场供给的主要举措

(1) 发展机构化租赁的意义

调研发现,相对于个人租赁,机构化租赁胜在"户型小",并有助于满足"归属感"。因此,应着力提高机构化租赁占比,这不仅能通过新建、改建和代理经租增加租赁住房供给数量,同时改善供给质量,是解决租房居住感受差的突破点。与个人租赁相比,机构化租赁的房屋利用率高、价格变动缓、服务体验优。

(2) 机构化租赁的主体与优化供给的措施

在住房租赁市场机构化发展的十年时间里,各类机构快速成长,形成了四类租赁住房供应的代表性机构,包括房企类长租公寓企业、集中式公寓运营商、分散式公寓运营商和集体土地公寓企业。与四类主体相对应,发展出四种有中国特色的住房租赁市场机构化供应渠道,包括国有土地新建、集体土地新建、非居住房改建和代理经租转化租赁住房。

研究显示,对于国有土地新建租赁住房的供给而言,"商品房配建"优于"集中新建",应以更高比例的"商品房配建"(如30%)代替"集中新建",增加并优化国有土地上的新建租赁住房供给。对于集体土地新建租赁住房的供给而言,要加强企业的自主选择与政府政策引导,加强对集体土地租赁住房项目的监测,严防变相转化为小产权房。对于非居住房产改建租赁住房的供给而言,要加强政策执行力,拓展融资渠道。对于代理经租模式租赁住房的供给而言,实施周期短,期初投入少,发展空间大,应大力发展。为此,要加强"合同备案"管理,提高"租赁合同备案制度"执行力度,加强租赁监管;还要推进"装配式"装修,以保证租赁住房的装修质量。

---

① "租房落户",租房"赋权"须防房租暴涨。http://guancha.gmw.cn/2017-08/02/content_25383132.htm.
② 陈杰,吴义东. 租购同权过程中住房权与公共服务获取权的可能冲突——为"住"租房还是为"权"租房 [J]. 学术月刊, 2019(2):44-56.

（3）建立健全中国特色租赁住房供应体系的措施

"十四五"时期我国应大力发展机构化租赁，使北京、上海等大城市的租赁市场中机构化出租率由目前的10%上升至30%。其发展途径包括以下四种：国有土地新建、集体土地新建、非居住房改建和代理经租模式。通过前三种渠道增加租赁住房供给总量；通过代理经租模式把部分个人租赁转化为机构租赁，提高供给质量，改善供给结构。四种渠道的协同发展，将快速提高城市住房租赁市场机构化率，如图3-10所示。

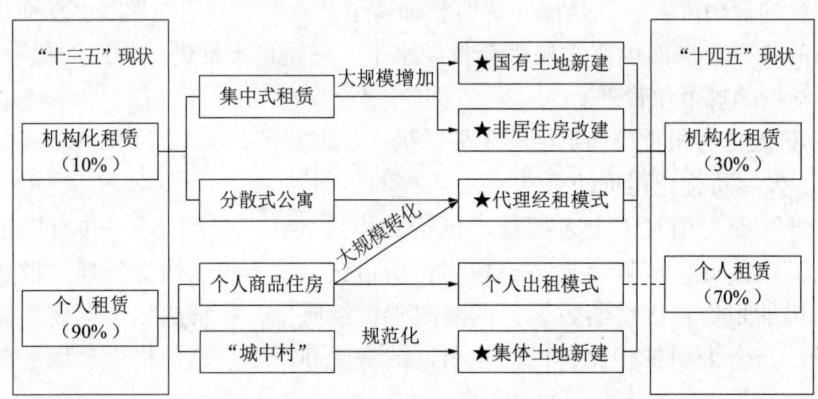

图3-10　住房租赁市场机构化发展的路径与模式

注：图中标★者，即为租赁市场机构化发展的四种途径。

从世界各国租赁市场机构化发展的实践可以看出，各国（或地区）机构化供应各有特点。我国各城市现在同时试点发展以上四类供给渠道，各城市结合资源现状、需求选择等，形成适合自身发展特征的机构化租赁模式，可考虑从以下方面发展住房租赁供给。

第一，住房总量较高的城市，以后两种模式为主。对于人均住房面积超过全国平均水平（2018年为人均建筑面积$39m^2$）的城市，租赁住房的发展应以改建和转化为重点，无需大力新建租赁住房。

第二，城中心区域土地资源紧张的城市，以在集体土地上新建为突破口。如北京等城市中心区域土地较少，但存在较多集体土地。这类城市可以鼓励农村集体经济组织，自愿选择适宜的集体土地建设租赁住房模式，新建租赁住房向社会供给，以缓解城市中心或产业园区租赁住房不足的问题。

第三，"城中村"较多的城市，以转化作为租赁住房问题的解决出路。例如，深圳租赁住房中"城中村"的比例占到50%左右；同时深圳的城中村整体品质不差，居住条件能满足城镇居民的需要，较好地融入城市。对于这一类城市，可以大力推进将"城中村"转化为规范的租赁住房。

最后，在个人租赁长期占主导地位的情况下，规范发展代理经租是重中之重。个人租赁目前占到我国大部分城市租赁住房市场的90%，要发展机构化租赁还是需要将这部分房源进行转化。

3. 加强购房市场调控的主要举措

一方面，房地产市场特别是住房市场调控应继续支持中低收入家庭购房自住需求，限制奢侈性自住与投资性购房需求。另一方面，房地产市场调控要继续因城施策。在市场供不应求、房价可能大幅上涨区域，如一、二线城市，在供给端，增加和优化供给体系，限制开发商利润，控制住房成本；在需求端，加重投资和投机的税收负担，收紧信贷政策，甚或结合行政管制手段，减少住房投机的利润空间，抑制过热需求。在市场存在高库存、住房有价无市或价格可能大幅下跌区域，如部分三、四线城市，在供给端，适当控制土地供给节奏，给予开发商信息对称，减少盲目开发；在需求端，实施较为宽松的财税、货币政策鼓励居民购房，也可适度支持住房投资需求，对居民投资住房出租的，给予税收减免；另外还可考虑将库存的商品住房转化为保障房，增强地区住房福利水平。

本 章 小 结

住房需求是指在一定时期内人们愿意并有能力购买或承租住房的数量。根据家庭住房需求的周期特点，可以将家庭住房消费历程划分为租、借住阶段、首次置业期、住房进阶期以及原有住房出售或出租期共4个阶段。根据不同的分类方式，住房需求可分为消费性和投资性需求、购买与租赁需求、首套住房和二套住房需求、新房和旧房需求。

住房需求受到房地产价格、居民收入水平和消费结构、国民经济发展水平与城市化水平、国家有关政策、金融市场发达程度、消费者对未来的预期、城市人口数量和家庭结构、生活方式的变化等影响。

住房供给是由市场向住房投资者和住房消费者提供其所需要的住房存量与住房服务流量的过程。住房价格、各类成本要素和技术进步是影响住房供给的主要因素。

四象限模型是分析房地产市场的一种简单而有效的工具，它主要是建立在房地产资产市场和房地产使用（空间）市场的划分基础上，通过定性与定量的分析，研究两个市场各自的变化以及两个市场的关联。

思考与练习题

1. 描述住房市场需求的不同分类及其分类依据。
2. 简要阐述住房市场需求的主要影响因素有哪些，又如何产生影响？
3. 简要阐述住房供给的主要影响因素以及各因素之间的内在联系。
4. 运用四象限模型分析不同因素（收入、长期利率、开发成本等）变化对房地产市场的影响。

主要参考文献

[1] 白小斐. 考虑资金时间价值的住房支付能力评价方法［J］. 四川水泥，2017：194.

[2] 陈星. 从住房市场的特点看政府对住房市场的干预和作用［J］. 社会学研究，1998（6）：113–123.

[3] 程承坪，张旭. 非对称性利率政策对中国房价影响的实证分析［J］. 经济与管理研究，2011（9）：42–51.

[4] 崔裴，胡金星，周申龙. 房地产租赁市场与房地产租买选择机制——基于发达国家住房市场的实证分析［J］. 华东师范大学学报（哲学社会科学版），2014（1）：121–127.

[5] 董藩，丁宏，陶斐斐. 房地产经济学［M］. 北京：清华大学出版社，2012.

[6] 顾海峰，张元姣. 货币政策与房地产价格调控：理论与中国经验［J］. 经济研究，2014（s1）：29–43.

[7]（美）阿瑟·奥沙利文. 城市经济学（第四版）［M］. 北京：中信出版社，2003.

[8]（美）丹尼斯 J. 麦肯泽，理查德 M. 贝茨. 不动产经济学［M］. 5版. 孟繁瑜，译. 北京：中国人民大学出版社，2009.

[9] 孙玉环. 家庭生命周期变动对住房市场需求的影响研究［J］. 预测，2009，28（3）：16–20.

[10] 吴翔华，魏端，李强. 我国典型城市居民住房租买选择差异研究［J］. 调研世界，2016（5）：3–6.

[11] 王松涛. 中国住房市场政府干预的原理与效果评价［J］. 统计研究，2011，28（1）：27–35.

[12] 王媛，贾生华. 不确定性、实物期权与政府土地供应决策：来自杭州的证据［J］. 世界经济，2012（3）：125–145.

[13] 温海珍，曾辉，张凌. 房地产经济学［M］. 杭州：浙江大学出版社，2014.

[14] 谢文蕙，邓卫. 城市经济学［M］. 北京：清华大学出版社，1996.

[15] 闫妍，成思危. 我国商品住宅参比成本研究［J］. 中国软科学，2008（6）：115–123.

[16] 杨帆. 中国房地产开发企业新建住房供给决策机制研究［D］. 北京：清华大学，2014.

[17] 朱洁. 房地产市场住宅需求细分研究［D］. 成都：西南财经大学，2008.

[18] 邹至庄，牛霖琳. 中国城镇居民住房的需求与供给［J］. 金融研究，2010（1）：1–11.

[19] Bourne L S. The geography of housing [M]. Halsted Press, 1981.

[20] Carr R I. Cost-estimating principles [J]. Journal of Construction Engineering and Management, 1989, 115(4): 545–551.

[21] Fair R C. Disequilibrium in housing models [J]. The Journal of Finance, 1972, 27(2): 207–221.

[22] Glaeser E L, Gyourko J, Saiz A. Housing supply and housing bubbles [J]. Journal of urban Economics, 2008, 64(2): 198–217.

[23] Grimes A, Aitken A. Housing supply, land costs and price adjustment [J]. Real Estate Economics, 2010, 38(2): 325–353.

[24] Mayer C J, Somerville C T. Residential construction: Using the urban growth model to estimate

housing supply [J]. Journal of urban economics, 2000, 48(1): 85–109.

[25] Owusu-Ansah A. Modelling the supply of new residential construction in Aberdeen, UK [J]. International Journal of Housing Markets and Analysis, 2014, 7(3): 346–362.

[26] Smith L B. A model of the Canadian housing and mortgage markets [J]. Journal of Political Economy, 1969, 77(5): 795–816.

[27] Wigren R. Factor prices, quality and efficiency: An analysis of construction cost increases in Sweden[C]//International Housing Research Conference Housing and European Integration, Helsingør, Denemarken. 1996: 26–31.

住房价格

【本章要点及学习目标】

（1）掌握住房特征价格的概念及基本模型；
（2）理解垄断竞争下的住房价格；
（3）理解住房的均衡价格。

住房价格受到多种因素的影响，市场环境也是因素之一。那么如何将住房的属性与住房价格相联系？厂商行为又如何影响住房价格？如何用动态模型分析住房短期均衡价格与长期均衡价格？本章将结合这些问题对住房价格进行介绍。

4.1 住房特征价格

4.1.1 住房价格的概念与分类

住房价格是以货币表现住房的交换价值。在住房市场上，供给和需求共同决定住房价格。因此，住房价格的形成，是住房效用（因拥有、使用住房而得到的满足程度）、住房供给的相对稀缺性、住房的有效需求等共同作用的结果。

房地产价格本质上是一种产权价格，它的大小是由房地产产权的收益能力决定的，并受供求关系的影响[1]。因此，按照权益的不同，住房价格可分为销售价格和租赁价格。住房的销售价格即售价，是住房的所有权价格，一般由投资成本、相关税费及利润等构成；住房的租赁价格即租金，是住房的使用权价格，是承租人为得到住房的使用权而按照契约规定定期支付给出租人的费用。

4.1.2 住房特征价格的概念

住房特征是指住房本身所具有的属性。住房的多样性和异质性显示了每套住房因其包含了一系列各不相同的属性而存在差异。

住房特征一般分为三大类：建筑特征、邻里特征、区位特征[2]。各类住房特征的主要构成及对住房价格的影响见表4-1。

住房特征对住房价格的影响　　　　　　　　　　　　　　　　表4-1

住房特征	主要构成	对住房价格的影响
建筑特征	住房的建筑面积	正面影响
	住房的房龄	负面影响为主
	建筑结构	正面影响为主
	建筑设施	正面影响
	其他（如楼层、朝向、房型等）	正面影响为主

---

[1] 简德三，张学文，杭祥. 房地产经济学 [M]. 上海：上海财经大学出版社，2012：175.
[2] 温海珍，贾生华. 基于特征价格的房地产评估新方法 [J]. 外国经济与管理，2004（6）：31-40.

续表

住房特征	主要构成	对住房价格的影响
邻里特征	主要居住者的社会阶层、职业状况等	正面影响为主
	公共服务设施如学校、医院、商店等的完善程度	正面影响
	优美的自然环境、远离噪声污染等	正面影响
区位特征	交通的通达性、便利性	正面影响
	距CBD的远近	负面影响为主

经济学所指特征价格（Hedonic Price）中的"特征"，是指消费商品或服务而得到的效用或满足。在消费住房时，获得的效用是由住房特征决定的。住房特征价格是住房所具有的系列特征的综合反映和表现，是住房各特征的隐含价值之和。一般而言，住房特征的隐含价格服从边际效用递减规律，即随着某一住房特征（如建筑面积）的增加，住房总价增加但边际价格递减。

4.1.3 住房特征价格模型

1. 函数形式

住房特征价格模型将住房价格表述为住房特征的函数：

$$P = f(C_1, C_2, \cdots, C_n) \tag{4-1}$$

式（4-1）中，P 是住房价格；C_n 是住房特征。

（1）线性形式

$$P = \alpha_0 + \sum \alpha_i C_i + \varepsilon \tag{4-2}$$

式（4-2）中，P 是住房价格；α_0 是常数项；C_i 是住房特征；ε 是误差项。线性函数比较简单，但无法体现边际效用递减规律，易产生较大的误差。

（2）对数形式

$$\ln P = \alpha_0 + \alpha_1 \ln C_1 + \alpha_2 \ln C_2 + \cdots + \alpha_n \ln C_n + \varepsilon \tag{4-3}$$

式（4-3）中，α_n 表示住宅价格 P 对住宅特征 C_n 的弹性。

（3）半对数形式

$$\ln P = \alpha_0 + \alpha_1 C_1 + \alpha_2 C_2 + \cdots + \alpha_n C_n + \varepsilon \tag{4-4}$$

半对数形式可以避免对数形式函数中自变量取值为0时无意义的情况。

住房特征价格模型是以完全竞争市场、商品异质性、市场隐含性为假设条件的。在存在市场分割、垄断等情况下，需对传统的住房特征价格模型进行修正。此外，扩展的住房特征价格模型中，引入了城市人口特征、经济特征、社会特征等变量。

2. 上海市区二手住房特征价格分析[①]

在上海10个市中心区中选取2013年共40个不同价位住宅小区的1000个样本进行研究，选取了11个住房特征价格变量作为自变量，因变量是一套住房的成交总价。若选取半对数形式的特征价格模型进行上海市区二手住房价格分析，因变量和自变量的描述性统计见表4-2，特征价格模型回归结果为：

ln（2013年上海市区二手住房价格）＝-14.974＋0.008×建筑面积-0.044×房龄＋0.176×小区环境＋0.011×轨道交通可达性＋0.153×其他公共交通可达性＋0.187×文体设施＋0.051×教育配套＋0.117×生活配套-0.032×到人民广场的距离＋0.041×自然景观＋0.007×商业便利性。

故2013年上海市区二手住房价格的平均值约为335万元。

因变量和自变量的描述性统计　　　　　　表4-2

变量	最小值	最大值	平均值	标准差
ln（住房价格）	13.84	16.21	15.0231	0.53588
建筑面积	33.75	302.05	109.7715	46.61693
房龄	3.00	21.00	10.2264	4.44711
小区环境	1.00	3.00	2.5377	0.69247
轨道交通可达性	0.00	2.00	1.4811	0.62077
其他公共交通可达性	1.00	2.00	1.8774	0.32958
文体设施	1.00	5.00	3.2453	1.14485
教育配套	1.00	5.00	2.9151	1.06116
生活配套	1.00	4.00	3.7075	0.61670
到人民广场的距离	0.90	14.80	6.6236	3.49188
自然景观	0.00	2.00	0.3491	0.63309
商业便利性	0.00	2.00	1.2170	0.86194

[①] 周沁，郭江涛，高晓晖．市场细分下上海市二手房特征价格分析 [J]．经济师，2017（10）：52-54．

4.2 厂商行为与定价

4.2.1 厂商行为概念与市场环境特点

厂商行为是指不同市场条件下，开发商基于一定的约束条件而进行住房开发量、价格和利润的决定。

厂商通常会面临技术约束和市场约束。技术约束常由生产函数表示，如式（4-5）所示。生产函数是指把投入和产出联系在一起的技术规律性[①]。市场约束指厂商的销量并不是由开发商自身所决定，而要受到市场环境、消费者购买能力和意愿的约束。

$$Q = F(K, L) \qquad (4-5)$$

式（4-5）中，Q 表示产量，K、L 分别指资本和劳动力的投入量。

厂商面临的市场环境根据市场的结构、市场组成的特点和市场的竞争程度等，通常被分为四种情况：完全竞争市场、垄断竞争市场、寡头垄断市场和完全垄断市场。表 4-3 分析了各种市场环境的特点。

市场环境的分类及特点　　　　表 4-3

特点＼分类	完全竞争市场	完全垄断市场	垄断竞争市场	寡头垄断市场
厂商数量	大量	唯一	较多	几个
产品差异性	同质性	唯一产品 替代品为零	具有一定的差异性	同质化产品 或具有差异性
进入壁垒 （资源流动性）	无壁垒 （很容易）	封锁 （困难）	一定壁垒 （比较容易）	较大壁垒 （比较困难）
对价格控制的能力 （信息完全性）	没有 （完全信息）	很大控制力 （不完全信息）	略有控制力 （不完全信息）	较大控制力 （不完全信息）

不同的市场环境下，开发商对住房价格的影响力是不同的。为此，开发商必须根据自身目标、市场环境以及市场定位，制定合理的定价策略。

4.2.2 垄断竞争下的住房价格

住房市场存在住房商品因位置、设计、建设、管理等导致的差别性，以及开发企业资金、资质准入门槛等，因而开发商对住房定价具有控制能力。为此，开发商会在市场上以 P^* 价格销售 Q^* 数量的住房，从而实现超额利润。

[①] （美）保罗 A. 萨缪尔森，威廉 D. 诺德豪斯. 经济学 [M]. 北京：华夏出版社，1999.

垄断定价并获利的前提是开发商的边际成本低于平均成本,同时小于市场价格,如图4-1所示。住房的开发成本由地价、建设成本等决定并受容积率影响。为此,能以合理价格获得土地,以较低成本进行开发,并有较大价格控制力的房地产企业,往往能获得超额利润。

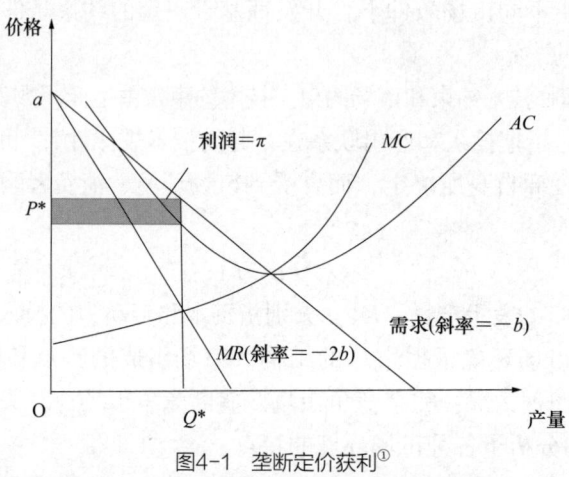

图4-1 垄断定价获利[①]

垄断定价的策略通常具有以下两种:

(1)逐步上升的定价策略。预期住房市场需求增加,需求曲线向右移动,开发商可采取逐步上升的定价策略,追逐超额利润。

(2)差别化定价策略。一方面,在垄断市场中,开发商了解消费者住房需求曲线,根据不同需求,确定不同价格。如针对消费者偏好,进行住房楼层、朝向等特征的差异化定价。另一方面,垄断市场中,开发商对不同子市场的各类消费者实行差异化价格,在高档商品住房市场上获得超额利润。

4.2.3 合谋定价

经济学认为,寡头厂商通过协商进行价格和产量决策的行为被称为合谋。合谋有助于行业的利润最大化。合谋厂商则称为卡特尔。

由于位置的不可移动性,住房市场的空间竞争在一定区域内往往是少数几家房地产企业的竞争,从而形成寡头垄断市场。此时,该区域内住房市场上的价格和开发数量往往由这些企业联合决定。因此,在定价过程中这些企业之间相互影响、相互制约。即使没有达成明确协议进行合谋定价,也会因企业定价时的相互影响和制约而具有一定卡特尔的特征。合谋定价在一定范围内会加强住房价格刚性。

---

① 范里安. 微观经济学观点[M]. 9版. 上海:格致出版社,2015:315.

4.3 基于存量—流量模型的住房均衡价格

4.3.1 住房市场的存量—流量模型

四象限模型将住房的消费市场和投资市场联系起来，反映了静态均衡下供给、需求、租金、价格等之间的关系。丹尼斯·迪帕斯奎尔（Denise Dipasquale）和威廉·C·惠顿（William.C. Wheaton）进一步引入时间因素，构建了住房市场的动态存量—流量模型。模型认为，短期内，住房价格能迅速进行调整，使住房需求适应现有住房存量。随着时间的推移，住房流量（住房存量的调整）会缓慢变化，进而影响价格。如果住房流量大于零，现有存量增加，在其他因素不变的情况下，住房价格下降。

例如，城市人口增加导致住房需求增加，短期内可能空置下降、租金上涨，进而价格上升，如图4-2所示。之后，可能开发量增加并超过拆除量，导致住房流量大于零，住房供给（$t+1$期的住房存量Q^{**}）增加。最终，在其他因素不变的情况下，住房市场趋于新均衡，新的均衡价格较原来有所上涨，如图4-3所示。这是一种假设均衡，在实际中基本不可能出现，因为外生变量一般不会是恒定的。

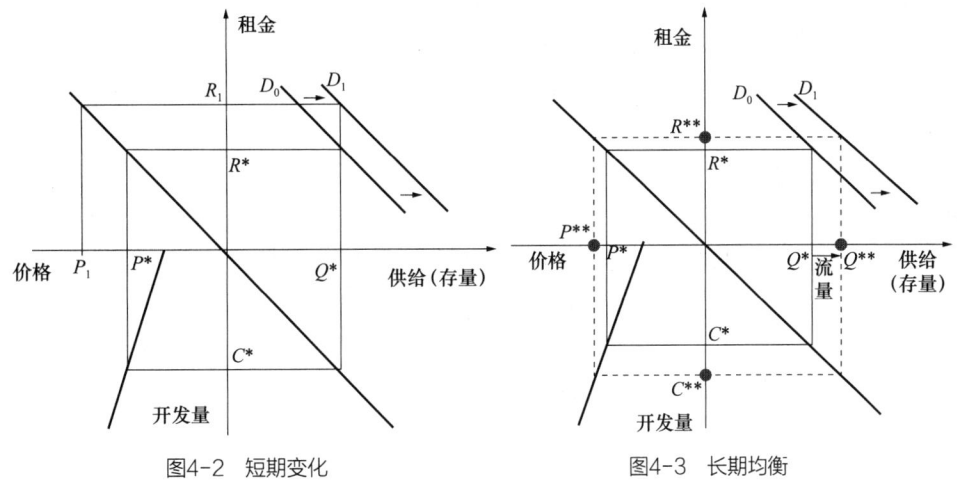

图4-2 短期变化　　　　　　图4-3 长期均衡

4.3.2 存量—流量模型中的长短期住房价格[①]

1. 当期住房价格

存量—流量模型假定：业主自用住房的当期需求是家庭数量及住房年持有成本的函数，与当前家庭数量成正比，与住房年持有成本成反比，即：

---

① Denise Dipasquale, Willam C. Wheaton. Urban Economics and Real Estate Markets[M]. Pearson Education, 2002: 245-249.

$$D_t = H_t(\alpha_0 - \alpha_1 U_t) \tag{4-6}$$

式（4-6）中，D_t是住房的当期需求；H_t是当前家庭数量；U_t是住房年持有成本，指当前拥有住房的年度成本，由当前住房价格、税后抵押贷款利率及住房价格预期增长率决定。

$$U_t = P_t(M_t - I_t) \tag{4-7}$$

式（4-7）中，P_t是当前住房价格；M_t是税后抵押贷款利率，反映当前拥有住房的资金成本；I_t是住房价格预期增长率。

存量—流量模型假定：短期内，价格会迅速调整，使住房当期需求等于其现有存量，即：

$$D_t = S_t \tag{4-8}$$

联立式（4-6）~式（4-8），得到当前住房价格：

$$P_t = \frac{\alpha_0 - \dfrac{S_t}{H_t}}{\alpha_1(M_t - I_t)} \tag{4-9}$$

因此，在其他条件不变的情况下，如果家庭数量增加，减税或降息导致税后抵押贷款利率M_t下降，住房价格预期增长，都会使当期住房价格提高。

2. 长期均衡价格

存量—流量模型假定：住房当期存量S_t与上一期存量S_{t-1}的差为上一期住房开发量C_{t-1}减去住房拆除量δS_{t-1}，即流量为：

$$S_t - S_{t-1} = C_{t-1} - \delta S_{t-1} \tag{4-10}$$

式（4-10）中，δ为拆除率。

若式（4-10）等于零，意味着流量为零，反映了存量的稳定和住房市场的长期均衡。

存量—流量模型假定：长期均衡存量是住房价格的函数，住房价格越高，将会有更多的土地用于住房开发，即：

$$ES_t = -\beta_0 + \beta_1 P_t \tag{4-11}$$

式（4-11）中，ES_t是长期均衡存量；参数β_1反映了住房价格上涨带动的土地开发速度。

Dipasquale-Wheaton动态存量—流量模型假定：住房开发量由长期均衡存量和当期存量的关系决定，即：

$$C_t = \tau(ES_t - S_t) \tag{4-12}$$

式（4-12）中，C_t是住房开发量；τ为由于实际存量和租金理论确定的长期均衡值之间的差异而导致的住房开发速度。

令$S_t - S_{t-1} = 0$，联解式（4-9）~式（4-12），可得长期均衡价格和存量：

$$P^* = \frac{\alpha_0 - \dfrac{S^*}{H_t}}{\alpha_1(M_t - I_t)} \tag{4-13}$$

$$S^* = \frac{\tau(-\beta_0 + \beta_1 P^*)}{\delta + \tau} \qquad (4-14)$$

长期而言，住房价格的增长会导致住房存量的增加，但住房价格也受到住房存量的影响。因此，成熟市场中，人口基本稳定、住房供求相对平衡、货币税收政策平稳，住房价格会更多受到供给存量的影响而相对平稳。

反之，对于人口、经济快速发展的新兴城市而言，住房供求缺口较大，住房开发市场仍处于高速增长状态，住房价格会更多受到新增供给价格的影响而快速增长，增长的价格预期会进一步推动住房价格的上涨。

本章小结

住房价格是以货币表现的住房的交换价值。在住房市场上，供给和需求共同决定住房价格。住房特征价格是住房所具有的系列特征的综合反映和表现，住房特征价格模型将住房价格表述为住房特征的函数，有线性、对数、半对数等形式。

厂商行为是指不同市场条件下，开发商基于一定的约束条件而进行住房开发量、价格和利润的决定。厂商通常会面临技术约束和市场约束。开发商在住房增量市场上具有一定价格控制能力，往往会实行差异化定价策略。垄断定价策略一般分为逐步上升的定价策略和差别化定价策略两种。由于位置的不可移动性，住房市场的空间竞争在一定区域内往往是少数几家房地产企业的竞争，从而形成了寡头垄断市场。此时，该区域内住房市场上的价格和开发数量往往由这些企业联合决定。合谋定价在一定范围内会加强住房价格刚性。

住房市场的动态存量—流量模型引入了时间因素。模型认为，短期内，住房价格能迅速进行调整，使住房需求适应现有住房存量。随着时间的推移，住房流量（住房存量的调整）会缓慢变化，进而影响价格。如果住房流量大于零，现有存量增加，在其他因素不变的情况下，住房价格将会下降。

思考与练习题

1. 简述住房特征价格的概念。
2. 简述房地产开发商垄断定价的原理。
3. 试述均衡模型下的住房价格的主要影响因素。
4. 试述房地产开发商的垄断定价策略。
5. 试用住房特征价格模型进行某区域的住房价格分析。

主要参考文献

[1] 高波. 现代房地产经济学导论［M］. 南京：南京大学出版社，2010.

[2] 简德三，张学文，杭祥. 房地产经济学［M］. 上海：上海财经大学出版社，2012.

[3]（美）保罗A.萨缪尔森，威廉D.诺德豪斯. 经济学［M］. 北京：华夏出版社，1999.

[4]（美）范里安. 微观经济学观点［M］. 9版. 上海：格致出版社，等，2015.

[5]（美）丹尼斯·迪帕斯奎尔，威廉.C.惠顿. 城市经济学与房地产市场［M］. 龙奋杰，等，译. 北京：经济科学出版社，2002.

[6] 温海珍，贾生华. 基于特征价格的房地产评估新方法［J］. 外国经济与管理，2004（6）：31-40.

[7] Denise Dipasquale, Willam C. Wheaton. Urban Economics and Real Estate Markets[M]. Pearson Education, 2002: 245-249.

写字楼市场

【本章要点及学习目标】

（1）熟悉写字楼市场的主要特点及其与其他物业市场的区别；
（2）掌握写字楼租户特征及写字楼市场需求、供给特点；
（3）理解写字楼市场中主要指标的含义及相互关系；
（4）了解写字楼市场供需分析的结构式模型。

写字楼，也被称为商业办公用楼，是为城市商务、办公等经济活动提供空间的建筑物。与居住物业不同，写字楼服务于产业部门且通常具有收益性，因而写字楼市场需求和供给特征也与住房市场有着明显的差别。那么写字楼与写字楼市场有哪些典型特征？写字楼内企业用户构成是怎样的？我国写字楼市场又有哪些特点和发展趋势？如何分析写字楼市场的需求与供给？本章将结合这些问题对写字楼这一物业类型及写字楼市场进行介绍。

5.1 写字楼特点与市场细分

5.1.1 写字楼特点

在广义上，用于办公的物业都属于写字楼的范围，而现实中一般将企业用于商务办公的物业视为写字楼。政府行政办公楼虽然功能类似，但在使用周期、经营管理等方面与一般的商用写字楼具有明显的区别，因此在本章中"写字楼"特指企业自有或租赁的办公物业。在这个意义上，我国最早的写字楼是1985年落成开业的北京国际大厦以及1987年建成的赛特大厦。伴随着市场经济的快速发展和房地产行业的日臻成熟，如今写字楼已成为我国房地产市场的重要组成部分。这类物业的典型特征体现在如下方面：

1. 区位地段好，集群规模大

写字楼通常集中分布在经济活动频繁，金融产业、信息产业、咨询服务业等高端产业相对发达的大中城市，以及这些城市的中心区域。这些城市或区域在市场潜力、高技能劳动力互动、信息传播、服务设施等方面具有显著的区位优势，因而能够吸引众多企业进驻或设立办事机构。写字楼在集群化发展的过程中，逐渐形成城市内部就业密度高的城市中心区域，促进企业间的资源共享与知识溢出。

2. 功能设计齐全，设备设施完善

现代写字楼特别是高档写字楼不仅为商务办公活动提供空间，也注重建筑风格与布局、采光通风及现代化设备等内部功能设计，提供舒适健康的办公环境来吸引企业客户。例如，近年来北京写字楼加装新风系统与HEPA系统来促进空气流通，提高空气质量。不仅如此，写字楼内通常设有集中或多种类型的餐饮设施，部分高档写字楼还会根据企业需要提供购物、健身娱乐等服务设施以及银行、商务中心和会展等配套设施，以满足企业员工就餐、商业交流等多样化需求。

3. 由专业公司进行物业维护与管理

写字楼容纳的企业和员工数量多，因而在建筑设计中以高层或超高层为主。写字楼的设备设施复杂、物业使用主体分散、日常运行管理要求高，同时楼宇需要保持良好的运行状态以维持其出租率和占有率处于合理水平，为此写字楼业主通常委托专业的物业管理公司进行管理。

4．以租赁为主的空间使用形式

大多数服务类企业不会购买写字楼内的办公空间，而是通过租赁的方式获得使用权。这是写字楼市场结构的典型特征，也是其与住房市场结构性差异的主要体现。导致写字楼市场以租赁为主的原因主要是：写字楼的市场价值普遍较高，而中小型服务类企业的购买能力不足；出于业务经营特点和资金高效利用的考虑，企业希望将资金用于主营业务拓展，而不愿意大量用于购买写字楼空间；写字楼使用的"租买不同权"的现象并不明显。此外，在高档写字楼集中的城市或区域写字楼能够实现长期增值，因而融资渠道畅通的写字楼开发商倾向于采取长期持有物业而出租给企业的方式获得租金收益。

当然，在一些大型企业总部集中的城市或区域，也会存在部分经济实力较强的企业整栋租赁或购买写字楼物业的情况，这些企业将其视作一种房地产投资策略或在黄金地段展示企业形象、提升品牌影响力的营销手段。从目前国内一线城市的情况来看，大型央企和国企、国有金融机构和其他中资机构是写字楼销售市场的买方主力，外资投资机构占比相对略少。近年来随着写字楼价格的不断推高，更多非房地产企业开始购买和投资写字楼。

5.1.2 写字楼市场细分

长期以来，我国关于写字楼的分类主要参照国际上普遍认可的做法或惯例，根据写字楼档次、所处的地段区位、楼层数量、楼宇功能、投资收益等进行类型划分。写字楼的细分能够为企业选址策略和定位提供参考依据。

1．按写字楼的档次划分

国际上较多采用的划分方法是由国际建筑业主与管理者协会（BOMA）、城市土地学会（ULI）等组织提出的，详见表5-1。该标准将写字楼的各项特征进行综合比对，然后按照档次将写字楼分为甲级写字楼、乙级写字楼和丙级写字楼三类。该标准并非将所有写字楼按照统一的指标体系进行分类，而需要结合地区或城市写字楼市场的发展状况进行动态调整。这意味着，即便同样是甲级写字楼，大城市与中小城市的标准也是不同的，两者之间一般不进行简单比较。

写字楼按档次划分标准[①]　　　　表5-1

甲级写字楼	乙级写字楼	丙级写字楼
• 位于核心地段、宣传效果好 • 建成年代近 • 交通便利、设施配套完善 • 物业管理优质 • 租金水平高 • 占有市场份额大的企业进驻	• 所在地理位置较好 • 建成年代较近 • 交通较便利、有设施配套 • 功能较齐全 • 租金略高于均值 • 进驻企业次于甲级写字楼	• 交通条件一般 • 建成年代较早 • 缺少部分设施 • 租金低于均值 • 出租率较低

---

① Building Owners and Managers Association(BOMA). Office Building Classification Guide [R/OL]. [2017-7-30]. http://bomacanada.ca/wp-content/uploads/2016/09/building_classification14ang.pdf.

(1) 甲级写字楼

在市场上档次最高的写字楼被称为甲级写字楼或A类写字楼，在一些大城市还会进一步将其细分为AAA、AA和A类写字楼。甲级写字楼大多属于地标性建筑，位于城市核心地段，有助于企业提升自身形象。此类写字楼有以下特点：所在区位优越，交通可达性好；建筑年代近，设计富有特色，功能完备先进；楼内工作环境舒适，服务设施及配套完善。甲级写字楼的日常维护和管理一般由高水平的写字楼物业管理公司负责，以保证服务全天候、专业化和智能化。正因如此，甲级写字楼租金远高于城市写字楼市场的平均水平，而入驻这些写字楼的企业也往往是在市场中占有较大份额的知名企业。

(2) 乙级写字楼

与甲级写字楼相比，乙级写字楼在区位条件和楼宇功能方面有一定的差距，具体表现在：乙级写字楼所处地理位置较好，周边有交通设施和必要的服务配套；建筑经过一段时间的使用而产生一定程度的磨损，楼宇功能良好但不够先进，物业服务质量较好。乙级写字楼的使用租金低于同区位的甲级写字楼而高于城市写字楼市场平均水平，进驻这些写字楼的企业以具有竞争实力的中小企业居多。

(3) 丙级写字楼

丙级写字楼一般是已经使用较长时间的写字楼，通常位于城市的老旧区域以及交通不够便利的区位。这些写字楼功能较为陈旧单一，除基本的办公功能外其他服务配套设施比较缺乏，楼内工作环境和物业管理水平一般。丙级写字楼的租金一般处于城市写字楼市场租金总体分布的中下水平，主要服务对象是一般中小企业和办事机构。丙级写字楼市场相对较为冷淡，出租率较低，存在大量空置现象。

对于特定写字楼而言，其属于哪一类型并非一成不变。写字楼所处区位条件是否优越、配套设施是否完善、设备功能新旧程度等都可能随着使用时间的增加而发生改变，同时写字楼档次评价的标准也会随着新兴技术的发展而发生变化，因此对写字楼进行划分需要充分结合评价时点以及所在城市的发展程度。

2. 按多层次指标体系划分

为推动写字楼市场专业化并与国际标准接轨，中国房地产业协会商业地产专业委员会等单位编制的《商务写字楼等级评价标准》CECS 368—2014于2014年由中国工程建设标准化协会审查通过并发布，构建了多层次的指标体系对商务写字楼等级进行评价，包括区位与城市设施、场地规划与室外环境、工作场所质量、室内环境与设备设施、运营与服务五个方面，具体分项见表5-2。

在这一评价体系下，我国商务写字楼分为五星（含白金五星）、四星、三星三个主要等级。根据专业人员对五大类若干指标的主观判断和打分情况，上述各项分值加总在850分以上的属于五星级写字楼（950分以上为白金五星级别），分值加总介于700~849分之间的属于四星级写字楼，分值加总介于600~699分之间的属于三星级写字楼。

商务写字楼等级评价指标体系　　　　　　　　　表 5-2

区位与城市设施（80 分）	场地规划与室外环境（120 分）	工作场所质量（200 分）
• 所在城市功能区域 • 区域内（街区）的功能特点 • 城市道路设施条件 • 城市公共交通条件 • 城际交通条件 • 城市设施环境 • 环境质量改善	• 商务写字楼规模 • 场地交通规划 • 停车与车库（场） • 绿地与景观 • 场地无障碍通行 • 外观品质 • 减少建筑环境负荷措施应用	• 入口大堂与公共空间 • 楼梯与客梯厅 • 电梯配置 • 走廊及开敞空间 • 公共辅助空间 • 工作场所 • 管理用房 • 绿色工作场所技术应用
室内环境与设备设施（300 分）	运营与服务（300 分）	
• 空调及新风系统 • 电梯系统 • 送、排风系统 • 给水/排水系统 • 电力及照明系统 • 智能化系统 • 能源及能源利用	• 总体要求 • 用地内室外环境管理 • 门厅与大堂管理 • 设备设施管理 • 绿色节能环保行动	

注：详细指标见《商务写字楼等级评价标准》。[①]

3．按单一特征或指标划分

上述两类划分方法均基于写字楼的综合评价，也可依据单一特征和指标对写字楼进行分类。

按照地段区位可分为城市主要商业中心写字楼（CBD写字楼）、次中心写字楼、功能区写字楼、市郊写字楼等。这些写字楼的集中程度、客户定位和档次具有显著差异。其中，CBD写字楼以标志性的甲级或五星级写字楼为主，聚集程度高，主要面向高端办公服务和国际合作。多中心空间结构特征明显的城市，次中心也有大规模写字楼聚集，主要为次中心区域的经济活动提供办公空间，并与主要商业中心有较为密切的业务往来和联系。功能区写字楼如商业区写字楼、工业聚集区写字楼、住宅区写字楼，大多面向功能区内的企业和居民提供商务办公服务。市郊写字楼分布相对零散、规模相对较小且租金低，进驻企业一般不需要依赖优质的地段区位和频繁的商业往来。伴随我国大中城市人口与产业郊区化趋势，写字楼的需求在空间上也会逐渐分散化，一些中高档次写字楼也会在城市郊区出现。

从功能上可将写字楼分为只具有商用办公功能的纯写字楼物业、兼具办公和居住功能的商住两用房、以写字楼为主并有一定规模购物餐饮等功能的综合型办

---

① 中国房地产业协会商业地产专业委员会．商务写字楼等级评价标准：CECS 368—2014 [S]．北京：中国计划出版社，2014．

公物业。在近年我国大中城市的房地产市场上，商住两用房因其总价低、不受限购政策约束、功能可转化等特点一度受到投资者的青睐。这类物业通常采用企业与居民分层租售的混合方式运行或将整栋作为特殊的居住物业分售给购房居民。商住两用房中办公与居住功能的混合给物业管理增加难度，也对城市住房市场供需关系产生较大影响。为此，北京、上海等主要城市已出台相应政策，对此类物业的用途加强监管和功能整改。

此外，按照楼宇层数可分为超高层写字楼、高层写字楼、多层写字楼，按照产权使用形式可分为自有使用型写字楼、整租型写字楼、混合型写字楼等。

5.2 租户特征与写字楼需求

5.2.1 写字楼租户特征

1．写字楼租户的行业分布

在写字楼市场中，租户通常由不同行业或不同类型的经济实体组成。由于这些企业、机构对写字楼类型和空间具有差异化的需求，形成不同类别写字楼中租户结构的差异以及写字楼的细分市场。

写字楼租户主要来源于金融业、专业服务业、信息技术和高科技产业、制造业以及房地产等其他行业。其中，金融业是城市写字楼市场中具有稳定需求的行业，这与企业与居民在资产与财富管理、投资贸易等方面的长期需求有关。目前在北京、上海等国内一线城市，金融业企业在写字楼企业租户中占比已超过三成，如图5-1所示，其中重视办公条件与企业形象的银行、保险、证券和基金等传统金融业企业大量聚集在甲级写字楼。

咨询、法律、会计等专业服务企业在写字楼中也占据一定比重。这些服务类企业一方面需要集聚发展并打造自身品牌形象，另一方面倾向于靠近大型客户企业的总部以获得更多的市场机会，因此对高档写字楼也有较强的支付意愿。在美国和欧洲城市，专业服务业在写字楼租户中的占比在15%~20%之间，而在我国北京、上海等城市专业服务业租户占比也保持在这一区间内。

随着信息技术的快速发展，高科技行业成为继金融业之后推动未来写字楼市场需求的关键驱动力。2015年全国重点城市科技类租户的写字楼新增需求贡献率均超过15%，其中这一比率在互联网企业总部集聚的北京高达38%[①]。行业内部企业、新兴企业之间的竞争加剧和不断整合，会对写字楼市场的需求产生影响。不仅如此，新兴科技类企业对工作环境有着更高的要求，这也带动了写字楼向智能化方向发展。

---

① 数据来源：世邦魏理仕中国区研究部. 2016 大中华区房地产市场展望［R/OL］.［2017-7-30］. https://www.cbre.com/research-and-reports/apac-research-reports.

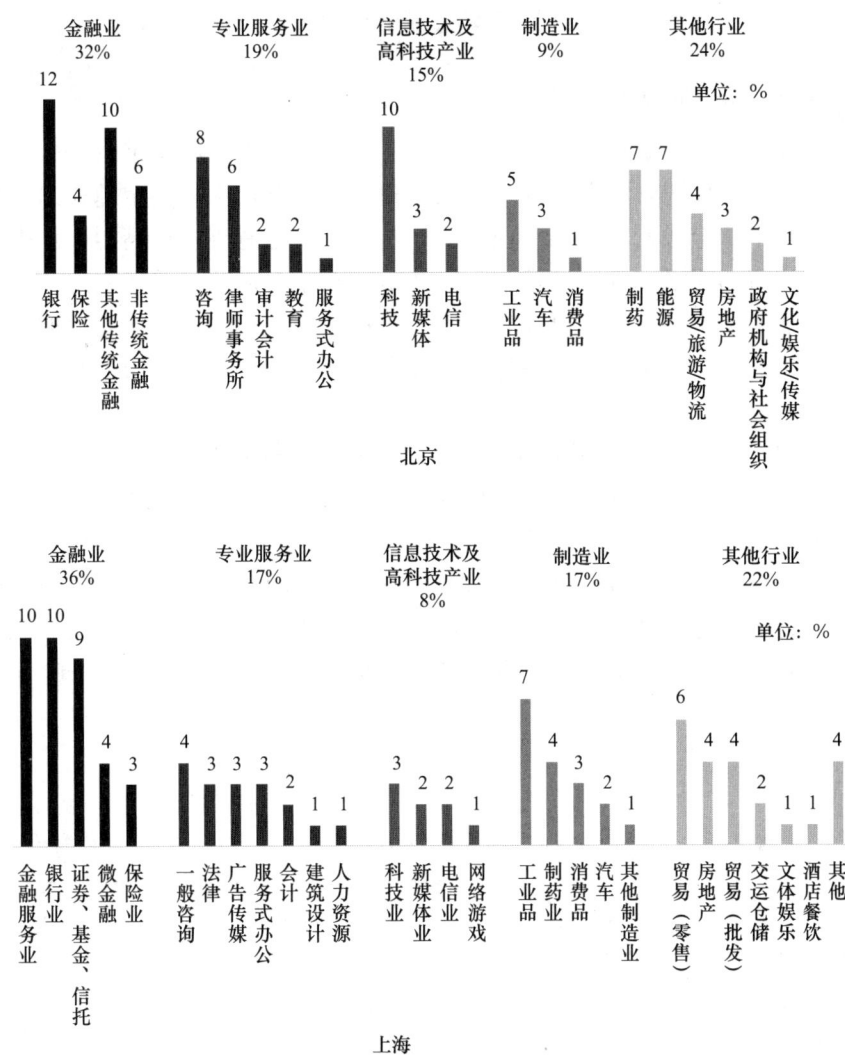

图5-1 北京与上海甲级写字楼租户行业结构[1]

在城市经济转型升级的过程中，写字楼内租户的行业结构会发生变化。近年来，第三产业的发展引发服务业企业对写字楼空间的需求增加，同时制造业企业在写字楼租户中的占比出现明显下降。以上海写字楼租赁面积来看，制造业企业占比由2005年的31.5%下降至2016年的17%。

此外，写字楼租户的业务服务范围也会对其需求产生影响。面向本地区客户服务的企业租户，如法律咨询、会计、房地产经纪等，通常对写字楼周边的交通便捷度和商业配套完善程度有着较高要求。相比之下，一些为更大地区范围内客户提供服务的企业租户，如跨国公司、互联网企业、投资银行、大型企业的地

---

[1] 数据来源：世邦魏理仕中国区研究部. 中国重点城市写字楼租户普查报告 | 2017上海/2017北京 [R/OL]. [2017-7-30]. https://www.cbre.com/research-and-reports/apac-research-reports.

区性办事机构等,更关注写字楼档次、客户吸引力以及所处地段是否具有标志性等。

2. 写字楼租户的空间分布

对不同档次写字楼的租金支付意愿、空间设施需求和区位市场潜力等方面的差别形成写字楼租户的空间分布特征。其中,在城市中心黄金地段的高档写字楼主要聚集着金融业企业和跨国企业,这些企业愿意支付最高租金水平。相比之下,城市功能区和外围区域的写字楼市场对于不需要提升影响力、对市区交通便利性要求不高的企业更具有吸引力。在一线城市中心区域交通拥堵日益加重的现状下,部分企业也开始将其总部搬迁至环境良好的次级中心区域或新兴区域。

表5-3中列出了北京市不同区域写字楼租户的分行业构成情况,体现出明显的空间分化特征。具体而言,城市经济中心区域金融街、中央商务区和东二环均聚集了大量的金融业企业,第三使馆区和望京等外围地区的写字楼中金融业和专业服务业企业租赁占比下降,而制造业企业的租赁占比有明显增加,在高校和研究机构聚集的中关村地区写字楼内最主要的租户群体为IT/高科技产业企业。类似的,上海的金融业企业也大量聚集在城市经济中心——陆家嘴金融贸易区,而制造业企业在距离市中心较远的虹桥商务区表现出较强的写字楼空间租赁需求。

北京不同区域写字楼租户结构[①] 表5-3

区域\行业占比	金融业	专业服务业	IT/高科技产业	制造业	其他行业
金融街	91%	4%	2%		3%
中央商务区	37%	21%	4%	4%	33%
东二环	40%	25%	3%		32%
东长安街	31%	27%	7%	4%	32%
第三使馆区	25%	14%	5%	15%	41%
奥林匹克公园&望京	21%	6%	16%	24%	33%
中关村	13%	4%	40%		42%

考虑到市中心高档写字楼的成本较高但市场潜力巨大,一些企业会采取跨区域租赁的策略降低综合租金成本。例如,企业在郊区写字楼内租赁较大空间用于业务部门或研发部门的日常工作,而在中心区域租赁相对较小的写字楼空间,将

[①] 数据来源:仲量联行研究部. 北京办公楼市场:租户组成信息图 [OL]. [2017-7-30]. http://www.joneslanglasalle.com.cn/china/zh-cn/Research/jll-china-beijing-office-tenant-mix.pdf.

总部或与市场客户直接对接的企业销售部门放置其中。近年来，北京、上海、武汉、成都等城市均出现了企业租户搬离市中心的迹象和郊区化趋势。

深入一栋写字楼内部，不同类型企业对写字楼空间的需求也有显著差别。在北京甲级写字楼中，租赁面积在5000m²以上的大型租户仅占全部租户的4%，而这些租户使用面积达到写字楼总租赁面积的31%。因此，写字楼大型和小型租户的协调安排需要充分考虑空间利用效率。一般而言，写字楼业主会根据预期常用租户规模的中位数确定标准层面积，然后采用多种隔断形式设计出独立出租单元来面向不同规模和需求的租户。短期租户通常会被安排面向小型租户的标准层，因为该标准层在结构调整上具有灵活度。对于大型企业租户，如果租用写字楼面积略小于标准层面积，业主会采用两种方式来处理剩余面积：一是以租金优惠或宣传邻近大型企业优势等方式吸引小型企业或办事机构租赁，二是以更低的租金出租给该层的大型企业租户。如果大型企业租户的租用面积超过标准层面积，则会通过跨层出租或定制化设计来满足其需求。此外，各类租户是否具有相近档次，相互之间是否存在行业集聚与互补，这些都是写字楼业主出租考虑的问题，对于高档写字楼更是如此。

3．写字楼租户的资本结构

我国写字楼市场的快速发展在很大程度上源于对外开放政策下外资企业的进入和国际贸易活动的频繁。外资企业将驻华总部和主要办事机构设在一线和二线城市，在这些城市甲级写字楼租赁市场存量中保持着较高比重。相对于本地或内资企业，外资企业的租赁策略对长期租赁成本更为关注，通常会租赁面积较大的办公空间以争取较多的租金优惠，并采取联合办公的整合策略分担成本。在2015~2017年的上海写字楼市场上，租赁面积超过10000m²的超级租户中有七成以上是外资企业。同时，写字楼市场中外资企业和内资企业租户在行业分布方面也存在明显差别。

从图5-2中可以看出，目前内资企业租户接近或超过半数是金融业企业，而外资企业所处行业较为多元化且分布均衡。出现这一现象的原因在于，我国对外资企业从事金融业的业务有一定的限制，同时不少非金融业的外资企业在一线城市的写字楼设立代理机构。据统计，超过80%的世界500强企业租赁北京、上海甲级写字楼推进国际合作。

近年来，国内传统金融业与互联网金融等非传统金融业的企业逐渐增多，在经济转型升级的背景下专业服务业也呈现出快速成长态势，在写字楼市场形成大量的新增需求，在扩大租赁面积和新增租赁单元方面均超过外资企业。受国际金融危机后全球经济总体表现不佳的影响，外资企业则开始调整写字楼市场的租赁策略以降低成本。在城市选择策略上，外资企业新增需求主要在一线城市，2016年武汉、杭州、成都等二线城市写字楼市场外资企业新增需求占比在10%以下。而在一线城市内部，外资企业市场需求总量上保持平稳，但部分企业开始从甲级写字楼向同区域的乙级写字楼或向非核心区域的写字楼搬迁。

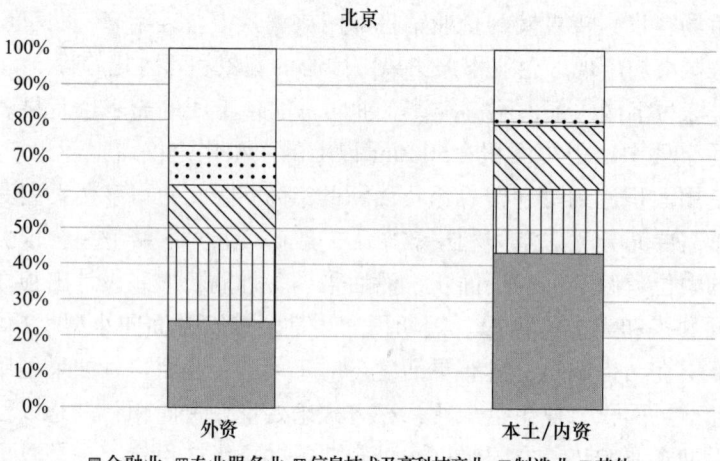

图5-2 北京、上海写字楼市场不同行业内外资租户的租赁面积占比[①]

5.2.2 写字楼需求分析的基本方法

写字楼市场需求的主要来源是企业或机构为办公职员以及管理人员（雇员）提供工作空间，简单而言需求总量就是这部分就业规模决定的。那么，对写字楼市场需求的分析最直接的方法是从现有写字楼内企业以及未来潜在进驻写字楼企业出发，估计其安排在写字楼的雇员数量，然后根据每名雇员在写字楼内部所占用面积的大小得出，即：

写字楼市场空间需求＝写字楼内雇员规模×人均空间占用面积＋其他因素

在这一简化公式中涉及的两个核心指标——写字楼内雇员数量（变化）与人

---

① 数据来源：世邦魏理仕中国区研究部. 中国重点城市写字楼租户普查报告 | 2017上海/2017北京 [R/OL]. [2017-7-30]. https://www.cbre.com/research-and-reports/apac-research-reports.

均空间占有量是怎样计算得到的呢？有哪些因素会对这两个指标的大小产生直接影响呢？具体分析思路如图5-3所示。

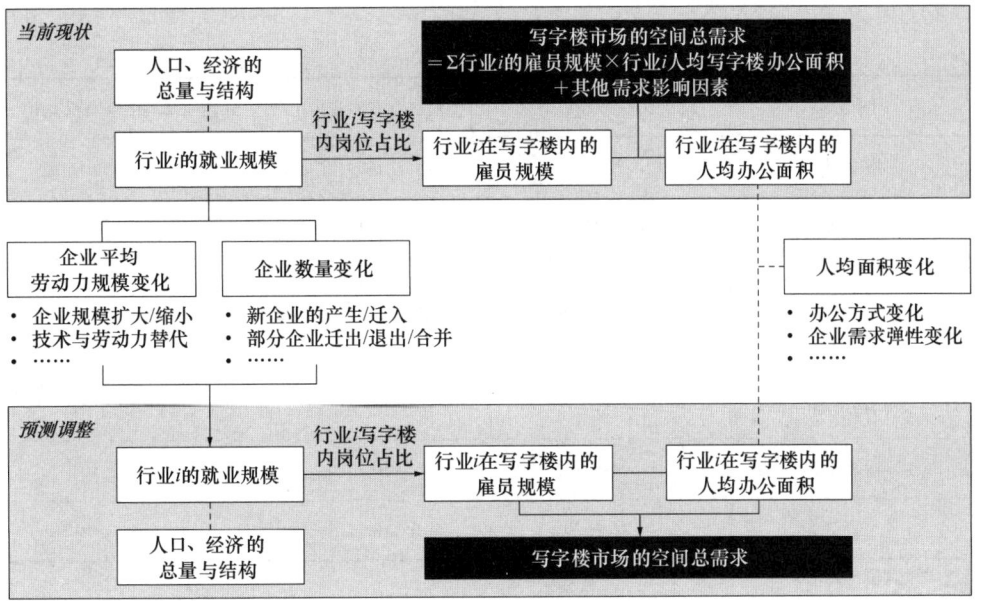

图5-3　写字楼市场需求分析的基本思路

1. 相关行业就业规模的估计

首先识别具有写字楼需求的行业，并对其就业规模进行估计。政府年度统计资料和调查数据会发布城市分行业就业的现状数据，可将该指标分解为该行业内企业的平均劳动力规模和企业数量两个部分。基于现状进行推算时，需要考虑多种因素对这两个部分各自产生的影响。例如，城市政府对创新创业项目的鼓励措施会使某些行业新兴企业的数量增加或平均劳动力规模扩大；环境管制的加强则可能会使得部分污染企业规模缩减乃至停产。宏观层面上人口、经济规模与结构变化会通过商品（或服务）市场、劳动力市场、产业转型升级等对各行业就业规模产生差异化影响，这也需在就业规模估计时加以考虑。通常认为，随着经济增长及预期向好，企业会改变（一般是扩大）其业务规模，相应调整其在写字楼从事管理和服务部门的雇员数量。

2. 各行业的写字楼雇员规模测算

不同性质的行业对写字楼的需求存在差异，表现在各行业之间写字楼岗位与整体就业规模的比值具有明显的差别。例如，金融业和专业服务业的雇员大多在写字楼内进行业务和管理工作，而制造业等劳动密集型行业的主要生产活动集中在厂房车间，对写字楼内就业岗位需要相对较少。表5-4列出了美国2000年产业分类体系调查中写字楼岗位占比的数据，一些房地产咨询公司也会开展类似的写字楼市场调查以了解相应的需求信息。这些统计得到的占比指标还需要考虑行业对写字楼需求随时间变化进行相应调整，然后再结合行业就业规模测算得到该行业在写字楼的预期雇员规模。不同行业生产或服务方式发生改变时，也会对其在写字楼的雇员规模增减产生不同程度的影响。

美国部分行业的写字楼市场需求分析　　　　　　　表5-4

行业分类	就业规模变化（人）	使用写字楼的雇员比例	人均占用写字楼面积（m²）
采掘业	-100	10%	18
制造业	-1000	12%	21
零售业	2500	20%	24
广告业	200	100%	35
房地产业	700	100%	18
金融业	500	100%	21
电子商务业	3500	100%	15

注：根据美国2000年产业分类体系（SIC）调查数据整理。

3. 人均写字楼占用面积的确定

写字楼空间需求的分析还需要确定每名雇员的写字楼占用面积。从表5-4可以看出，不同行业之间人均占用面积也存在不小的差别。例如，广告业的企业在写字楼需要留出一定的广告设计和展示的空间，使得其人均占用面积较大；而电子商务业企业主要业务可以借助互联网资讯和通信技术进行，因而对写字楼实体空间的人均占用量与其他行业相比较小。随着办公现代化与智能化水平的提高，写字楼内人均占用面积也在发生变化。近年来，联合办公模式在国内逐渐推广，这种模式将企业之间的会议室、休息室等公共空间以及打印机、传真机等设备设施共享，既能减小彼此的物理空间占用量及其产生的固定成本，又可促进企业间员工互动，典型案例如北京优客工场、无界空间、SOHO 3Q等。

5.2.3　写字楼需求分析的影响因素

将不同行业中企业的写字楼雇员规模与人均办公面积分别相乘，然后再按行业加总，可以简化得到写字楼的市场需求量。这种分析思路聚焦于某个城市独立分析不同行业各自就业特征和人均办公空间需求及其变化，更为复杂的写字楼市场需求分析还应当考虑以下几类因素的影响。

1. 行业间的竞争和集聚

每个行业都不是独立存在的，不同的细分行业之间既可能存在上下游的互补，也可能存在着某种竞争或替代。正是由于这种关系的存在，一些行业自身的发展趋势会带动相关行业就业规模发生改变。例如，近年来在一线城市住房市场调控政策不断推出的背景下，中小型房地产企业发展受阻，对写字楼空间需求量明显下降。受此影响，房地产企业的咨询业务减少，部分咨询服务类企业的雇员数量出现缩减。相对于分散化的行业发展模式，行业空间集聚化发展为服务类企业创造了更大的市场潜力，诱发相应的写字楼空间需求。例如，高新技术产业园区写字楼内大量高科技企业高度集中，会吸引不少咨询服务和策划设计类企业进驻。

2. 新兴产业的综合影响

基于现状数据进行写字楼市场需求预测时，还应将新兴产业自身发展及其对既有产业的影响加以考虑。其中后者的影响具有不确定性，需要确定新兴产业与既有产业之间的关系是替代还是互补的。例如，互联网购物行业发展使电子商务业和非传统金融业企业数量增加、规模扩大，但同时也会挤占传统零售业企业的市场空间，使其在写字楼内的岗位数量和空间需求降低。

3. 城市体系下的市场联动

各类行业在不同城市之间的空间互动，形成开放城市体系下产业分布及其演变特征。规模较大的企业从大城市向中小城市转移的过程中，会扩大中小城市自身产业的就业规模并吸引其他产业进入该城市，进而形成写字楼市场需求的增量。例如，富士康企业落地郑东新区对当地制造业发展产生了强大的带动作用，也吸引了国际知名房地产顾问公司与投资公司的先后入驻，包括绿地中心在内的写字楼成为这些企业的载体。

4. 转租与投资行为的考虑

写字楼除空间属性外也具有资本属性，可作为一种投资品在房地产市场中进行交易并获取收益。一些大型租户会在写字楼市场租赁超过其实际需求的空间，然后将超出部分的空间转租给其他中小型租户。在市场租赁活动表现得并不活跃时，虽然这部分空间已经被租户占用，但转租行为却较少发生，这会导致市场上观察到的需求量存在高估的情况。同时，一些企业会购置写字楼进行分租或自行持有，这也会对写字楼实际需求的分析造成一定干扰。

写字楼市场租金的短期波动可能受到行业需求变化的影响，也会改变租户的选址意向、租赁规模等需求。此外，政府相关政策与规划的调整、行业发展的国际化程度与趋势等也会对市场需求产生直接或间接的影响，影响方向和程度需要根据具体情况加以判断。

5.3 写字楼空间存量与潜在供给

供给与需求密切互动也形成写字楼市场的整体性变化。除需求分析外，供给相关因素分析和供给量预测也是写字楼市场研究的重要内容。写字楼需求涉及不同行业的企业主体，而供给的主体相对较少，因而供给分析相对更为直接和客观。一般认为，开发企业是写字楼市场的主要供给者，也有部分大型企业购置写字楼后向其他企业出租，但这部分市场供给较少。

写字楼市场的供给分析需要对现有物业进行持续追踪调查，调查对象主要包括：写字楼物业存量的使用情况（已被企业占用部分、可供租赁的空置部分）、待建成运营的写字楼物业、正在新建或改建的写字楼项目、计划建设或改建的写字楼项目。这些信息的获得渠道除实地调查外，还有政府或写字楼业主公开的信息资料，供给量、吸纳量、空置率、租金等指标成为写字楼市场监测和未来发展趋势判断的重点。本节将结合这些指标介绍我国写字楼市场的发展特点。

5.3.1 写字楼的存量与新增供给

与住房市场类似，写字楼市场的供给一般也分为存量和新增供给量两类。其中，存量是指目前已建成并可供企业使用的写字楼空间，是指企业已占用的写字楼空间和尚未使用的空置写字楼空间；新增供给量也称为流量，来源可以分为写字楼市场上新建成并即将在当期运营的写字楼数量，以及由其他用途的物业改为写字楼用途的部分，如商改办、酒改办。由于物业用途的管制以及不同用途物业设计的区别，将其他用途物业改建的写字楼物业在市场上数量较少，而且大多属于一般档次的写字楼。

图5-4显示了截止到2017年第二季度全国17个主要城市甲级、乙级写字楼的存量情况，上海、广州、北京和深圳等一线城市的写字楼存量面积位居前列。从存量结构来看，一线城市甲级写字楼占比相对较高，而成都、杭州、武汉、青岛等城市以乙级写字楼居多。

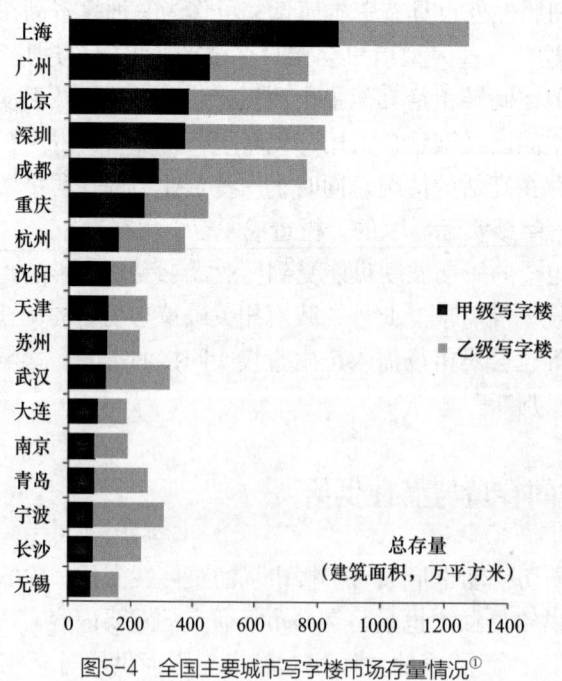

图5-4 全国主要城市写字楼市场存量情况[1]

---

[1] 图片来源：http://www.yicai.com/news/5315233.html。

自2003～2016年全国17个主要城市写字楼市场的新增供给量总体上呈现出上升态势，如图5-5所示。2015年以来写字楼面积增长尤为明显，这一特征与城市产业结构升级、新兴金融业与服务业发展需求有关。写字楼市场的供给波动与宏观经济波动具有一定的关联性，在2008年金融危机后市场新增供给出现小幅回落。但这种关联性通常表现得并不强，这是由于写字楼市场供给相对需求具有滞后性，以及写字楼与其他类型物业有一定独立性。

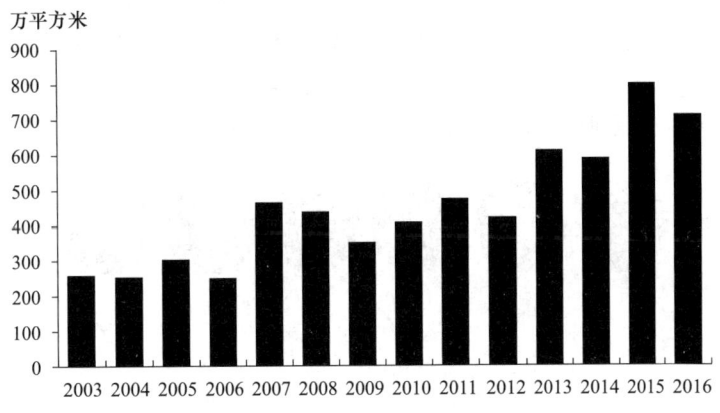

图5-5　全国主要城市写字楼市场新增供给量变化[①]

写字楼市场新增供给在城市间具有明显的区域分化特征。一线城市写字楼市场在经过快速发展阶段后供给趋于紧张，二线城市写字楼供给量则迅速增长，部分城市已出现过量供给的情况。在城市内部，随着制造业、高科技产业逐渐从城市中央商务区（CBD）向外转移，写字楼用途土地供给也不再集中于城市中心，新建写字楼项目逐渐出现在城市非核心商务区。同时，城市轨道交通和商业服务设施为郊区提供更多便利，也进一步加快写字楼市场的去中心化进程。

5.3.2　写字楼的空置与吸纳

1. 写字楼的空置

写字楼市场作为租赁为主的房地产市场，由于不同企业租约期限长短不等，因而在某个时间点既有一些租约合同到期，也有一些新的租约签订。在这个过程中，写字楼存量市场除已经被企业占用的空间（供需匹配）外，也有一定数量的写字楼空间没有被企业占用，即出现总量上供过于求的情况，这部分写字楼空间形成空置量。写字楼的空置量与存量之比是写字楼市场的空置率，该指标常见于写字楼市场研究报告，与写字楼市场出租率相对应[②]。在写字楼市场较为成熟时，写字楼项目稳定占用率（或出租率）大概为90%。相比住房市场，写字楼市场空

---

① 数据来源：世邦魏理仕中国区研究部. 二零一七年第一季度中国房地产市场报告[R/OL]. [2017-7-30]. https://www.cbre.com/research-and-reports/apac-research-reports.

② 写字楼空置率＝100%－写字楼出租率。

置率的变化和波动情况更为剧烈而明显，因而对空置情况的追踪和分析成为写字楼市场供给分析的关键内容。

针对17个主要城市写字楼市场的分析显示，2003~2016年全国整体写字楼市场的空置率变化范围在12%~20%之间[①]，如图5-6所示。这一变化主要受到写字楼市场新增供给量的影响，具有明显波动性特征。2017年第一季度17个主要城市写字楼空置面积达到1430万m^2，其中75%以上位于二线城市。具体到部分城市的甲级写字楼市场调查显示，北京、上海的甲级写字楼供给较为紧张，空置率保持在10%的水平。其他主要城市的甲级写字楼空置率较大，其中成都写字楼空置率接近35%。随着二线城市甲级写字楼新增供给量的不断增加，写字楼空置率会进一步提高，这些城市面临着吸引大型企业进驻高档写字楼的巨大"去库存"压力。

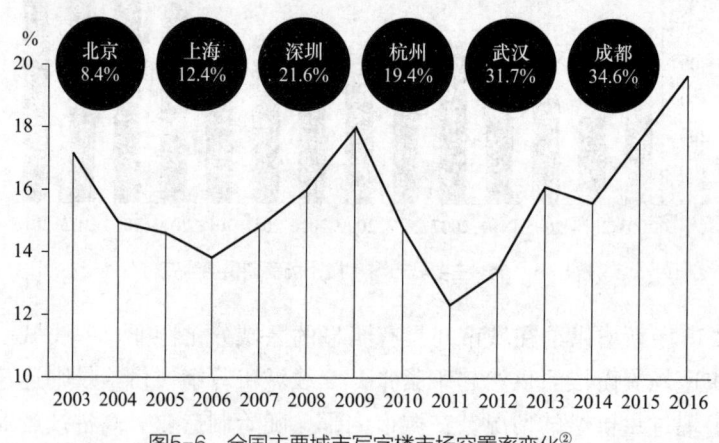

图5-6　全国主要城市写字楼市场空置率变化[②]

写字楼空置率的影响因素可归纳为以下几个方面，见表5-5。

空置率的影响因素　　　　　　　　　　　表5-5

变量	预期影响	原因
租约期限	租期短→空置率高	租户流动率高
新建写字楼数量	建成量大→空置率高	可供出租的空间迅速增加
写字楼空间设计	租户要求多→空置率高	写字楼空间替代性不足
写字楼供给弹性	供给弹性大→空置率高	写字楼投资属性增强
真实利率	利率降低→空置率高	鼓励写字楼开发投资

---

① 由于写字楼市场的调查口径和范围不同，不同房地产服务公司或咨询公司在市场研究报告中测算空置率的数值往往存在差别，但总体趋势的变化基本一致。

② 数据来源：世邦魏理仕中国区研究部. 二零一七年第一季度中国房地产市场报告[R/OL]. [2017-7-30]. https://www.cbre.com/research-and-reports/apac-research-reports.

在需求端，租约期限的缩短会加快写字楼市场租户流动性增强，导致某一时点上写字楼的空置率水平提高。在供给端，新建成运营的写字楼在空置率上要显著高于已有写字楼，这是由于前者需要在市场中经历一段"适应"时间，从开始时较低的出租率逐步提高以达到市场平均的出租率水平。在这段时间内，租户与业主之间会进行租约谈判以租赁适合的空间，因而短期内空间没有被完全消化之前也会形成较高的空置水平。如果较多的企业租户对写字楼空间有特殊的或专业化要求，那么市场上其他写字楼的替代性不足（有效供给少），也会使得这些写字楼出现大量空置的情况。写字楼市场供需互动下租金信号以及企业对租金变化的预期也会对空置率产生影响，从国际经验来看写字楼租金与空置率之间存在负相关关系。从开发投资角度来看，若写字楼受市场影响而表现出更强的投资属性，那么就会出现较高的空置水平，这在某种程度上与住房市场较为相似。

写字楼市场空置分析中对上述规律的把握，将为未来新增供给量部分的潜在使用情况预测提供支持。写字楼市场的研究报告中，除了对城市写字楼空置总量分析以外，一般还需要对不同子市场占用和空置情况进行了解，以便能够更全面地把握市场变化的规律和特点。其中，典型的子市场是按照写字楼是否位于核心区域进行细分的。图5-7显示2017年第一季度上海核心区甲级写字楼的入驻情况，其中位于陆家嘴这一中央商务区的写字楼入驻面积较高、空置率较低。

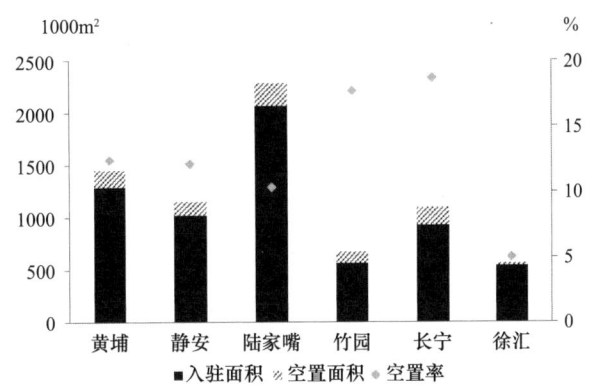

图5-7　上海核心区甲级写字楼分区域入驻及空置面积[①]

2. 写字楼的吸纳

吸纳量，用来表示写字楼市场中企业的占用空间在不同时期的变化量[②]。就写字楼租赁市场而言，吸纳量等于当期新增的写字楼租赁面积与部分企业扩租的写字楼面积之和，再将企业退租的写字楼面积扣除后得到的数值。需要注意的是，写字楼吸纳量与存量、新增供给量在概念上容易混淆，但本质含义有明显区别，

---

① 数据来源：上海高力国际研究部. 2017年第一季度上海写字楼市场概览 [R/OL]. [2017-7-30]. http://www.colliers.com/-/media/files/marketresearch/apac/china/eastchina-research/sh-office-q1-2017.pdf.

② 一般将写字楼市场的吸纳量与当期供给量（空置量与新增供给量之和）之比称吸纳率。

都是写字楼市场准确分析的重要指标。如果某一期写字楼的吸纳量出现较大幅度增长，意味着当期可能有较多的写字楼新增供给量，且伴随这部分供给有数量较多或规模较大的企业入驻，或者大型企业消化写字楼市场的存量。

吸纳量只能在一定程度反映写字楼市场供需互动关系变化，而不直接体现市场活跃程度。如果写字楼市场租约交易频繁，吸纳量也可能不会发生明显变化。从全国来看，写字楼区域子市场中吸纳量较高的仍然是金融业、专业服务业集聚的一线城市。2017年第一季度全国部分城市写字楼市场吸纳量见表5-6。

2017 年第一季度全国部分城市写字楼市场吸纳量[①] 表5-6

城市	写字楼净吸纳量（万 m²）
北京	5.70
上海	12.00
深圳	6.80
苏州	2.57
成都	4.7
武汉	4.63
杭州	1.80
南京	1.66

5.3.3　市场有效供给的影响因素

导致写字楼市场供给发生变化的原因有很多。自然灾害等不可抗力导致写字楼空间灭失、城市建设过程中拆除部分区域的现有写字楼建筑，都会导致写字楼市场供给量减少。除这些外部因素以外，写字楼业主和租户的下列行为也可能对写字楼市场有效供给量造成影响。

1．写字楼业主的开发与经营策略

与住房市场预售安排相似，写字楼开发企业也通常会在物业建成之前公布物业开发计划，作为一种试探和了解市场需求、了解潜在竞争对手的市场策略。开发计划的发布表明写字楼市场潜在新建项目增加，会吸引部分企业未来对写字楼空间的需求。这部分供给也应在写字楼市场供给估计时予以考虑。

写字楼建成运营后，业主基于利润最大化考虑，通常会对其持有物业项目的经营策略进行设计，统筹安排写字楼空间和选择企业租户以增加租金收入。在这

---

① 数据来源：高力国际研究部．2017 年第一季度北京／上海／深圳／苏州／成都／武汉／杭州／南京写字楼市场概览［R/OL］．［2017-7-30］．http://www.colliers.com/zh-cn/china/insights/researchlibrary．

个过程中，部分业主会预留部分写字楼空间等待支付意愿更强的潜在企业租户入驻。这部分写字楼空间与传统意义上的空置有所不同，在当期写字楼市场中可视为无效供给。

2. 写字楼租户的转租和迁移行为

租户行为也可能对写字楼市场的有效供给产生影响。部分企业租户出于自身发展潜在需要或其他考虑，其租用的写字楼面积会超过当前的实际需求量，这部分超出实际需求的空间在写字楼市场上形成"阴影空间"。一些企业租户会选择将这部分空间转租其他企业，将会吸纳其他企业的租赁需求。这部分"阴影空间"会对写字楼有效供给数量的估计造成影响。在写字楼市场空置率较高的情况下转租市场并不活跃，而在市场供给较为短缺时转租行为则会出现。企业在城市间的重新选址和城市内的迁移行为也会导致写字楼子市场有效供给的估计出现偏差。

此外，写字楼市场的信息不对称会导致部分写字楼出租信息无法被潜在租户获取，而使这部分写字楼空间成为无效供给。

5.4 写字楼市场运行的结构式模型[①]

在城市写字楼市场运行规律的一系列定量研究方法中，最为常见的是罗森（Rosen）和惠顿（Wheaton）等学者所采用的结构式模型。结构式模型是基于写字楼市场存量、新增供应量、实际占用量、空置率（或出租率）、吸纳率、就业增长率等指标分析市场需求、供给和租金之间相互关系以及市场波动规律。本节将主要借鉴这些研究对结构式模型进行介绍[②]。

5.4.1 写字楼市场的三个恒等关系

首先介绍写字楼市场研究中三个重要的恒等式，这些恒等式是建立结构式模型的基础。这些恒等式并不属于经济行为方程或者理论经济模型，而只是表示写字楼市场中典型变量之间确定性关系的定义方程。

1. 供给数量恒等式

写字楼供给数量恒等式用来反映写字楼市场物业供给存量与流量的关系，通常也被称为写字楼的"存量—流量"模型，见式（5-1）。该恒等式的含义是：写字楼市场当期的物业数量 S_t 是在上一期写字楼存量 S_{t-1} 的基础上，根据当期写字楼

---

① 本节内容部分援引自以下文献：
  A. 张宇. 写字楼市场的运行规律 [M] // 刘洪玉，郑思齐. 城市与房地产经济学. 北京：中国建筑工业出版社，2007：135-138.
  B. （美）丹尼斯·迪帕斯奎尔，威廉·C·惠顿. 都市区写字楼和工业物业市场的计量经济学分析 [M] // 城市经济学与房地产市场. 龙奋杰，译. 北京：经济科学出版社，2002：296-301.
  C. Pirounakis N G. Real Estate Economics: A Point-to-point Handbook[M]. Routledge, 2013: 177-180.

② 本领域国际研究中对写字楼市场供给与需求进行了更为复杂的模型分析，本章不再涉及。

物业的新增供给量NC_t以及可使用写字楼的物业减少量（δ为物业灭失率）调整得到的。实际上，这一公式不仅适用于写字楼市场，对于住宅或商业物业市场也存在着相似的恒等关系。

$$S_t=(1-\delta)S_{t-1}+NC_t \quad (5-1)$$

2. 空置率恒等式

本章第3节对写字楼市场的空置量概念进行界定，是指写字楼物业存量S_t与写字楼市场物业占有量OC_t的差值。那么，写字楼物业空置量与存量的比值即空置率V_t，具体见式（5-2）。其中，部分企业可能存在大量租赁写字楼空间并转租的行为，市场调查得到的写字楼消费或使用量OC_t与实际需求量相比可能会高估。

$$V_t=(S_t-OC_t)/S_t \quad (5-2)$$

3. 吸纳量恒等式

吸纳量是写字楼市场研究的另一重要指标，是指写字楼市场当期占用量OC_t和上一期写字楼占用量OC_{t-1}的差值。由于写字楼物业的实际流转量不一定反映物业需求的真实变化，需要对毛吸纳量和净吸纳量进行区分，在吸纳量恒等式中一般以净吸纳量AB_t为指标进行测算，见式（5-3）。

$$OC_t=OC_{t-1}+AB_t \quad (5-3)$$

净吸纳量指标测算时，实际上也考虑写字楼物业存量的变化和物业空置量的变化。如果写字楼存量保持不变且现有物业空置量减少，或写字楼市场有新增供给而空置量没有明显增加时，写字楼物业净吸纳量均为正值。

结合上述三个恒等式，根据上一期写字楼市场存量和本期新增供给量，可以预测得到当期写字楼存量。其中新增供给量的预测与住房市场的波动模型类似。进一步，对于写字楼市场需求研究得到写字楼的吸纳量，在上一期写字楼占用量的基础上调整得到本期的写字楼占用量。然后将写字楼市场总存量与总占用量的预测结果相减可以计算出当期的写字楼市场空置量。事实上，写字楼的空置情况会对租金水平产生影响，同时租金作为市场信号会对下一期写字楼市场吸纳量和新增供给量产生影响。

5.4.2 写字楼市场的需求模型

首先建立结构式模型中的净吸纳量模型或占用面积变动模型。这里需要假设在写字楼企业获得空间时，不存在租约订立、搬迁等交易成本，以OC_{it}^*表示t时期第i个企业对写字楼潜在的空间需求数量，也称为事前需求量。如本章第2节所述，企业对写字楼的空间需求量也是各个写字楼企业雇员数量E_{it}与该企业人均写字楼空间占用面积FA_{it}的乘积，见式（5-4）。

$$OC_t^*=\sum_i OC_{it}^*=\sum_i E_{it}\cdot \overline{FA_{it}} \quad (5-4)$$

企业人均写字楼空间占用面积是由当期的写字楼租金水平和企业成长性指标决定的。通常情况下，当写字楼租金增长时，企业在保持雇员规模的情况下会倾向减少人均写字楼空间占用面积。相反，当企业表现出很强的成长性（如企业写字楼内雇员规模扩大、利润增长、业务销售额提升等）时，则会倾向于增加人均写字楼空间租赁面积。如果以写字楼内雇员数量增长率G_{it}来表示企业成长性，R_t表示写字楼租金，那么人均写字楼空间占用面积与这两者的关系可以表示为式（5-5）的关系。其中，α_0表示人均写字楼空间占用面积的基数，α_1和α_2两个系数分别表示企业人均写字楼空间占用面积随着租金增长而下调以及随着雇员规模增大而提高。

$$\overline{FA_{it}} = \alpha_0 - \alpha_1 R_t + \alpha_2 G_{it} = \alpha_0 - \alpha_1 R_t + \alpha_2 \frac{E_{it} - E_{i,t-1}}{E_{it}} \quad (5-5)$$

很多写字楼企业即便潜在需求发生变化，但是由于签订的租约并未到期，不能根据潜在需求的变化而及时调整其租赁面积。那么就每个企业而言，写字楼的实际占有面积与其潜在空间需求会有所差别。当租约到期需要进行更新时，企业都会根据其潜在空间需求来调整实际占用面积。在某一特定时期，写字楼市场的整体吸纳量等于当期租约期满所有企业的写字楼占用面积调整量之和，形成写字楼空间占用量的逐期变化，而租约没有到期的企业则不能在当期调整其占用面积。假设每期都有一定比例η的租约到期，那么就有式（5-6）的关系。其中，当期租约未到期的企业i，$OC_{it} - OC_{i,t-1}$。

$$AB_t = \sum_i (OC_{it} - OC_{i,t-1}) = \eta_t \sum_i (OC_{it} - OC_{i,t-1}) \quad (5-6)$$

将上述三个公式联合可以得到式（5-7），写字楼市场的吸纳量将会逐渐调整使得空间占用量接近于企业潜在需求量，后者是由写字楼企业雇员规模变化和写字楼租金决定的。

$$AB_t = \eta_t \sum_i \left[E_{it} \cdot \left(\alpha_0 - \alpha_1 R_t + \alpha_2 \frac{E_{it} - E_{i,t-1}}{E_{it}} \right) - \eta_t OC_{i,t-1} \right] \quad (5-7)$$

需要说明的是，企业的写字楼空间潜在需求也不是一成不变的，而是处于动态变化中，会随着写字楼租金水平和企业在写字楼内雇员数量发生改变。因此，整体写字楼市场是朝着企业潜在需求量的方向，使写字楼吸纳量逐期调整企业在写字楼的空间占用量。如果将写字楼的空间占用量与市场存量进行比较，就可以计算得到写字楼市场空置率。由此可见，写字楼租金水平是通过影响人均写字楼空间占用面积，从而影响市场空置率水平。

5.4.3 写字楼市场的供给模型

写字楼市场整体供给量是由上一期的存量和当期新增（净）供给量加总得到的。由于上一期写字楼市场存量是给定的，那么供给量的预测主要是对新增供给量部分的预测。

在经典的存量—流量模型中有个假设条件是写字楼租金会迅速调整使得供给量恰好能够满足需求量。对当期写字楼预期新增供给量（NC^*_t）的预测主要依赖于当期写字楼租金的估计值。写字楼市场上的租金水平与空置率存在负向相关的关系。这一关系会受到写字楼市场交易活跃程度的影响，也会形成写字楼租金的波动变化。一般而言，写字楼市场交易活跃程度采用吸纳率与存量的比值表示。

那么，租金的预测公式可由式（5-8）表示，其中包含上一期写字楼的吸纳率与存量比值以及写字楼空置率。

$$R_t^* = \beta_0 - \beta_1 V_{t-1} + \beta_2 \frac{AB_{t-1}}{S_{t-1}} \tag{5-8}$$

从上式中可以看出，写字楼当期新增供给量直接由期望租金水平以及当前写字楼存量决定，也可以认为当期新增供应量与上一期写字楼存量的比例依赖于租金估计值，即

$$\frac{NC_t^*}{S_{t-1}} = \gamma_0 + \gamma_1 R_t^* \tag{5-9}$$

如果将式（5-8）与式（5-9）合并，则可得到式（5-10）：

$$NC_t^* = (\gamma_0 + \beta_0 \gamma_1) S_{t-1} - \beta_1 \gamma_1 V_{t-1} S_{t-1} + \beta_2 \gamma_1 AB_{t-1} \tag{5-10}$$

由此可知，写字楼市场的新增供给量预测基于对市场未来租金水平或租金增长率的预测，而租金增长率则是由上一期的写字楼吸纳率和空置率决定的。综上，写字楼市场新增供给量NC_t^*是写字楼存量S_{t-1}、空置量V_{t-1}和吸纳量AB_{t-1}的函数。需要特别指出的是，这其中暗含了一个假设——写字楼建设存在为期1期的滞后期。如果开发企业经测算认为滞后期为2期，那么在上述模型应用时对相应公式中的下标修改即可。

5.4.4 写字楼市场的运行机制

上述写字楼市场结构式模型的理论逻辑是：写字楼市场当期租金决定当期吸纳量，然后当期写字楼市场吸纳量又会对下一期的租金产生影响，并会对写字楼的供给量与需求量变化产生影响。在写字楼市场上不论是需求量还是供给量，都与写字楼空置率、租金水平密切相关。这也意味着，写字楼空置率和租金水平是将写字楼市场需求和供给联系的两个重要变量。

在写字楼企业的雇员规模与写字楼存量保持一定的情况下，基于式（5-2）、式（5-3）和式（5-10）可以形成稳定的写字楼市场占用量和与之相对应的写字楼空置水平。利用写字楼空置率以及存量和吸纳量，写字楼租金水平可以根据式（5-8）的关系进行调整以达到稳定状态。将公式中的租金和空置率相互联系起来，写字楼市场将会实现均衡。

在这种均衡状态下，写字楼的租金水平作为市场信号对于企业的写字楼空间需求具有引导作用，并且达到一个空置水平或空置率，进而形成稳定不变的写字楼租金水平，吸纳量趋向于零。在写字楼存量和写字楼企业的就业规模等达到一定条件的情况下，这些公式所构成的联立方程就会描述写字楼租金如何调整并最终使得写字楼需求与一定的写字楼存量之间达到均衡状态的。

具体而言，如果写字楼内企业的就业规模增大，那么写字楼的吸纳量就会增加。在写字楼空间存量保持不变的情况下，写字楼的空置量会显著下降。空置水平的降低会引起写字楼租金的提高。随着租金提高，写字楼的吸纳量也会有部分

程度的减少。这样在实际租金较高、吸纳量为零和空置水平较低的情况下，就会逐渐达到新的均衡状态。写字楼市场上占有量会增加，而人均写字楼占用面积会有一定程度的减少。

如果写字楼存量增加且空置率提高，这样会导致租金水平的降低。在这种情况下，写字楼市场的吸纳量增加而空置率会降低。在新的均衡状态下，写字楼市场的实际租金比较低，吸纳量为零，而空置率处于较高水平。写字楼市场新增供给带来的市场占用量增加以及较低的租金水平，会导致人均写字楼占用面积有所增加。

上述市场机制解释了写字楼租金调整如何导致写字楼需求与供给达到均衡，其特征可以概括为：对写字楼空间的租赁需求会随着写字楼租金和写字楼企业就业规模的变动而逐渐变化，写字楼空置量是持续存在的，租金会随空置量的变动而变化。写字楼市场以租赁为主的空间使用形式和租约期限特征，是形成上述市场运行规律的内在原因。

本 章 小 结

写字楼作为提供办公空间的物业，所处区位地段通常较好，集群规模大，内部功能设计齐全，配套设备设施完善，一般由专业公司进行物业维护与管理，在空间使用形式上以租赁为主。写字楼市场的细分一般依据写字楼的档次、所处的地段区位、楼层数量、楼宇功能、投资收益等，目前普遍采用BOMA国际标准或国内星级标准。对于特定写字楼，其所属类型需要根据其使用时间以及市场供给结构特征确定。

在写字楼市场需求分析中，租户特征主要关注行业分布、空间分布和资本结构。写字楼租户主要来源于金融业、专业服务业、信息技术和高科技产业、制造业以及房地产等其他行业，企业个体根据其自身特征和发展策略进行空间选址从而形成宏观的空间分布。基于这些行业的就业规模、雇员规模和人均占用面积可测算写字楼市场的需求总量和结构，还需考虑产业发展趋势、市场特征以及企业行为等因素的影响。

写字楼市场供给包括存量和新增供给量两部分，其中新增供给量是市场供给分析的主要对象。供给主体以写字楼开发企业以及购置后转租写字楼的大型企业为主。市场供给相关指标通常关注空置量和吸纳量两类，其中空置量（率）能够反映写字楼供需匹配关系，吸纳量主要体现写字楼企业空间占用的变化情况。外部因素、写字楼业主与租户行为等都会对写字楼市场有效供给量造成影响，是供给分析需要特别关注的内容。

写字楼市场整体运行规律研究需要把握写字楼供给存量与流量、写字楼空置率、写字楼净吸纳量相关的三个恒等关系。这三个恒等关系揭示了写字楼市场运行的基本机制，由此推导得到的结构式模型是写字楼市场定量研究的重要基础。

思考与练习题

1. 列举写字楼市场与住房市场的主要区别。
2. 写字楼市场需求与供给主体主要有哪些？
3. 论述写字楼存量、新增供给量、吸纳量、空置量之间的联系与区别。
4. 随着互联网的普及与信息技术的发展，试分析城市写字楼市场供给系列指标以及需求特征可能发生的变化及其原因。
5. 在新型城镇化与"一带一路"倡议等国际合作的背景下，试分析我国不同城市的写字楼市场会面临哪些机遇与挑战。
6. 表5-7列出了北京2017年主要的联合办公空间分布情况。联合办公作为近年来写字楼办公的新模式，具有哪些特点？试分析这种模式与传统办公模式相比的优势与不足。

北京主要的联合办公空间　　　　　　　　　　表5-7

公司名称	面积（m²）	地段
光华路3Q	16000	CBD
阿里云+优客工场	14000	中关村
阳光100·优客工场	8000	CBD
望京3Q I II	5100	望京
无界空间	4100	望京
WeWork	4000	CBD
联合创业办公社	4000	中关村
中关村3Q	2460	中关村
梦想加	2378	中关村

资料来源：高力国际研究报告《国际联合办公运营商进驻北京》，2018年。

主要参考文献

[1] 刘洪玉，郑思齐. 城市与房地产经济学 [M]. 北京：中国建筑工业出版社，2007.
[2]（美）丹尼斯·迪帕斯奎尔，威廉·C·惠顿. 城市经济学与房地产市场 [M]. 龙奋杰，译.

北京：经济科学出版社，2002.

[3] （美）尼尔·卡恩，约瑟夫·拉宾斯基，罗纳德·兰卡斯特，等. 房地产市场分析：方法与应用 [M]. 张红，译. 北京：中信出版社，2005.

[4] 郑华. 房地产市场分析方法 [M]. 北京：电子工业出版社，2003.

[5] Ball M, Lizieri C, MacGregor B D. The Economics of Commercial Property Markets [M]. Psychology Press, 1998.

[6] Pirounakis N G. Real Estate Economics: A Point-to-point Handbook [M]. Routledge, 2013.

[7] 世邦魏理仕中国区研究部. 中国主要城市写字楼租户普查报告和市场研究报告 [R/OL]. http://www.cbre.com.cn/EN/research/Pages/chinareports.aspx.

[8] 戴德梁行研究部. 中国主要城市分季度写字楼市场速递 [R/OL]. http://www.cushmanwakefield.com.cn/research-report/p1.html?expert=0.

[9] 高力国际研究部. 中国典型城市写字楼分季度市场概览 [R/OL]. http://www.colliers.com/zh-cn/china/insights/researchlibrary.

[10] 仲量联行研究部. 写字楼市场研究系列报告 [R/OL]. http://www.joneslanglasalle.com.cn/china/zh-cn/research/research-search.

零售商业物业市场

【本章要点及学习目标】

（1）了解零售商业物业特征与零售商业物业市场的特性；
（2）熟悉古典和新古典零售商业物业理论核心内容；
（3）掌握引力模型主要内容与模型适用条件；
（4）了解购物中心租金测算方法。

零售商业物业是商业物业的一个重要类型。作为零售业与房地产相结合的产物，零售商业物业与零售商业物业市场也具有自身的特色。零售商业物业理论有古典和新古典之分，那么相关理论包含哪些核心内容？进行零售商业物业商圈测定的引力模型又包含哪几种？对于购物中心，其业态布局又是怎样的？租金测定与定价方法又是怎样的？本章将结合这些问题对零售商业物业市场进行介绍。

6.1 零售与零售商业物业的概念

6.1.1 零售与零售业态的概念

根据美国市场学协会给出的定义，零售是指针对最终消费者的销售活动。其最基本特点就是大批量买进与小批量卖出，而且直接与产品的消费者对接，这也是零售业与其他行业的主要区别。值得注意的是，在不同层级的批发商之间会存在着将大批商品拆分成小份商品的行为，而且零售商有时提供的并不仅仅是产品，产品的售后服务、安装服务等都可以成为零售业的一部分。

"业态"一词源于日本，从字面含义简单理解就是营业的形态。零售业态是基于不同消费者的消费需求，由零售企业提供相应产品或服务、进行相应要素组合而形成的一种经营形态。其种类较多，按照经营方式、商品结构、服务功能、选址、商圈、规模、店堂设施、目标顾客和有无固定经营场所等因素，我国《零售业态分类》GB/T 18106—2021按照有无固定营业场所，将零售业态分为有店铺零售和无店铺零售两大类。有店铺零售按店铺的特点，根据其经营方式、商品结构、服务功能、选址、商圈、规模、店堂设施、目标顾客等要素，可细分为便利店、超市、折扣店、仓储会员店、百货店、购物中心、专业店、品牌专卖店、集合店、无人值守商店等10种零售业态。无店铺零售分为网络零售、电视/广播零售、邮寄零售、无人售货设备零售、直销、电话零售、流动货摊零售等7种零售业态。随着当代信息产业的发展，多种新型电子物业形态也正处于快速发展过程。

6.1.2 零售商业物业的概念与特点

被零售商用来销售商品或提供服务的物业称为零售商业物业，它是零售业与房地产相结合的产物，在房地产开发与投资领域又可称之为商业地产。如果说零售业态着重于经营类别与经营方式，那么零售商业物业的概念则更集中于物业本身。由于零售业态往往需要依靠特定的物业才能运行，因而从某种意义上来说，两者的概念在有店铺经营的零售业态部分存在着交叉。如对于一个独立的超市或购物中心，既可将其识别为一种零售业态，又可判断为一种零售物业或商服物业。

不同零售商业物业主要是根据其营业方式、商品结构等特征进行判断，每个零售商业物业针对不同的客户而设计，具有不同的特点。以便利店、品牌专卖店、百货商店等为例，其特点具体阐释如下：

1. 便利店

便利店以满足消费者的便利性需求为主要目的，其选址通常是在商业中心区、交通要道以及车站、医院、学校、娱乐场所、办公楼、加油站等公共活动区，所经营商品通常以即食食品、日用小百货为主，具有即时消费性、小容量、应急性等特点。便利店的营业时间一般超过16个小时，店内通常设有即食性食品的辅助设施并开设多项服务项目；便利店的经营方式一般是开架自选，商品的结算统一在收银处进行。从这个角度来看，便利店的经营体现了一定的信息化程度。

2. 品牌专卖店

品牌专卖店是以销售某一品牌系列商品或没有类别的商品为主的零售商店，通常具有销售量少、质优、高毛利等特点。品牌专卖店一般会集中精力销售单一类型或非常有限的商品类型，为客户提供高水平的服务。

3. 百货店

百货店是由多个部分或部门组成的大型零售机构，所经营的商品具有综合性且门类齐全，通常以服装、鞋类、箱包、化妆品、家庭用品、家用电器为主。每个商家都专门销售一种特定的产品组合，消费者需分别在不同区域购买所需要的不同类型产品。百货店在一定程度上与大型超市较为类似，但区别于超市的自选销售与统一结算形式，百货店一般采用柜台销售和开架面售相结合的方式，有时也结合餐饮娱乐等服务项目。

4. 超市

超市是以销售食品、日用品为主的零售机构。许多超市也有包括其他类型的家庭用品、家用电器等。超市与便利店非常相似，但一般空间更大，且有更多可供选择的产品。根据零售业态标准，常规超市的经营面积通常在6000m^2以下，除经营食品（包装或生鲜食品）和日用品外，也经营小型家用电器、CD等产品。大型超市在经营范围上要比一般超市更为广泛，且面积一般在6000m^2以上，并配有不低于营业面积40%的停车区域面积。

5. 折扣店

折扣店是通常以比其他零售店低的价格出售各种商品的商店，一般由比较高价位的零售商提供较低水平的服务。

6. 购物中心

购物中心（Shopping Center，Shopping Mall）是业态不同的商店群和功能各异的文娱、金融、会展等设施有计划地聚集在一起的全新商业聚集形式，具有规模大、综合性强、组织化程度高等特点，它通常以零售业为主体。根据不同市场的实际情况，购物中心可分为不同类型。美国购物中心包含邻里型、社区型、区域型、超区域型、主题型、时装精品型、大型量贩型、工厂直销型8种。我国则将购物中心分为都市型、区域型、社区型、奥特莱斯型4类。

6.1.3 零售商业物业市场的特点与运行机制

1. 零售商业物业市场的特点

零售商业物业市场是商业市场与房地产市场的结合，因而既兼具两个市场的特征，又有着自身的独特之处。[①]

（1）需求来源的间接性

零售商业物业市场的需求本质上是一种空间需求，但这种空间需求并非直接来源于消费者本身，而是来源于居民对零售物业所出售的商品或服务的需求。如前所述，零售业态往往需要依靠特定的物业才能运行，故而才产生了对于零售商业物业市场的需求。

（2）租金的滞后性与差异性

零售商业物业租期通常较长，因而其租金不能随市场的变化产生及时的反应，而具有一定的滞后期。与此同时，由于不同类型商铺的营业方式、商品结构等均有差异，表现在租金和租期上也有较大的差别。

（3）产权结构的多样性

零售商业物业市场中所涉及的产权既有集中式的，也有分散式的。前者是指由大业主拥有并将其出租给商铺；后者是指由小业主分别持有，并自主经营或出租。

2. 零售商业物业市场的运行机制

零售商业物业市场的运行机制与房地产市场类似，也包括动力机制、供求机制、价格机制、信贷利率机制、竞争机制等[②]。随着物联网、大数据、云计算等信息科技的发展，零售商业开始在传统业态的基础上进行创新，各种"零售+"新业态层出不穷，市场竞争更为激烈。当然，除了各机制的内在运行对于市场运营产生影响之外，销售额也成为影响市场运行的关键外部因素。对于零售商业物业市场而言，其销售额的大小主要取决于市场覆盖面的大小、商品特性、市场竞争程度等方面。

6.2 古典和新古典零售商业物业理论

6.2.1 古典零售商业竞争理论

市场通常伴随着供给者的竞争问题。按照古典竞争理论，竞争者所销售的产品在物质性能上是相同的，差异性除了体现在定价上，还存在空间差异。零售商只与其邻近的零售商展开直接竞争，并各自占有一定的市场份额。这种市场份额

---

① 刘洪玉，郑思齐. 城市与房地产经济学 [M]. 北京：中国建筑工业出版社，2007：141.
② 详见第 1 章第 3 节内容。

取决于消费者在邻近商店购物的偏好。

假设消费者与竞争商店按直线（间距为D）均匀分布，其中，单位距离的消费者密度（F）是相同的，消费者每次仅购买一个单位的商品，购买频次为v。如果仅考虑产品价格，那么消费者会选择交付价格低的零售商。然而，空间位置会产生通勤成本，故对于消费者，其所交付的价格就成了购买价格（假设为P或P_0）与通勤成本（假设单位距离内通勤成本为k，消费者购买商品所需支付的通勤成本即为k乘消费者居住地与商店之间的距离）之和。因此，可以从每个商店处延伸出交付价格的射线，与其他射线相交来确定每个商店的市场区域，如图6-1所示。[①][②]

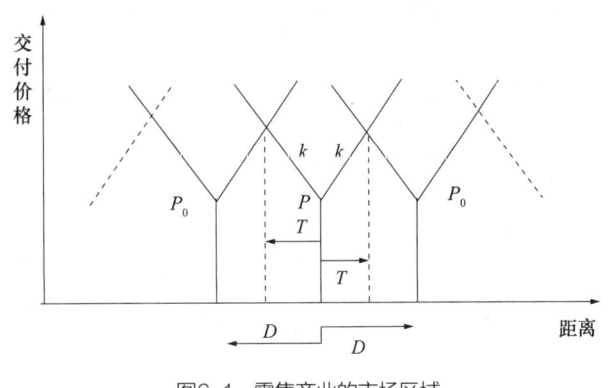

图6-1 零售商业的市场区域

1．市场区域的边界

对于价格为P的零售商，其市场区域将延伸到距离T处，使消费者交付成本与竞争对手相同。根据交付成本相等，有：

$$P+kT=P_0+k(D-T) \quad (6-1)$$

由此可以得到，

$$T=\frac{P_0-P+kD}{2k} \quad (6-2)$$

单个商店销售额S即为：

$$S=2TvF=vF\frac{P_0-P+kD}{k} \quad (6-3)$$

2．价格的确定

零售商利润（π）可由如下方程式确定：

$$\pi=(P-mc)vF\frac{P_0-P+kD}{k}-C \quad (6-4)$$

式中，mc为零售商的商品边际成本；C为零售设施的固定成本。

为实现利润最大化，可通过以下条件确定：

$$P=\frac{P_0+kD+mc}{2} \quad (6-5)$$

---

① 张红．房地产经济学［M］．2版．北京：清华大学出版社，2013：173．
② 刘洪玉，郑思齐．城市与房地产经济学［M］．北京：中国建筑工业出版社，2007：145-147．

假设市场上所有零售商都遵循这一规律，那么在均衡状态下，每个零售商的定价必然会达成一致。令$P=P_0$，从而有：

$$P=kD+mc; \quad T=\frac{D}{2}; \quad S=DvF \tag{6-6}$$

这意味着竞争性价格包含边际成本之外的加价。商店之间距离越远、通勤成本越高时，加价幅度也就越大。

3. 商店密度

商店距离增加可以获得超额利润，过度密集则可能导致亏损。从长期均衡来看，商店进入或退出，直至利润为0，即

$$(P-mc)vFD-C=0 \tag{6-7}$$

与$P=kD+mc$联立即构成古典模型的方程组。求解该方程组，可以得到：

$$D=\left(\frac{C}{kvF}\right)^{\frac{1}{2}}; \quad P=mc+\left(\frac{kC}{vF}\right)^{\frac{1}{2}} \tag{6-8}$$

由此，可得到如下结论：

（1）购买频率更高的商品商店密度更高，并带来竞争的加剧和利润的下降；

（2）当零售某一特定商品的固定成本较高时，商店密度会降低，利润会增加。

6.2.2 新古典主义零售商业理论

1. 同类零售聚集理论

同类零售聚集理论由美国学者霍特林（Hotelling，1929）提出。该理论认为，同类聚集商品通常并不是标准化产品或完全同质的产品，而始终存在着微小差异，因此单一店铺难以仅仅依靠价格竞争来实现市场垄断，同类店铺的聚集是完全可能的。此外，同类聚集也存在着额外的优势。消费者在购物活动中往往存在着比较购买行为，因此同类商品的聚集一方面可以有效降低消费者对心仪商品或服务的搜寻成本；另一方面也使得消费者成功买到合适商品的概率提高，相当于从另一个角度扩大了消费者前来购物中心的收益而吸引来更多的消费者（Webber 1972）。

同类零售聚集理论已成为购物中心管理规划的基本理论之一。在购物中心中，通常通过识别不同差异性产品来选择引入的同类店铺的数量，对于销售同质性较高的标准化产品（如日用品等）的店铺，根据不同的商场规模确定数量（此类店铺通常仅有1~2家），而对于差异性较大的同类商品（如服装）则会引入多家以实现消费者的比较购物，充分发挥同类聚集效应。

2. 需求外部性理论

商场中店铺间的外部性又称需求外部性，即由于购物中心这种特殊的店铺集聚模式，使得每家店铺产生的需求出现外溢效应。原本仅想光顾特定店铺的消费者由于被沿途其他店铺所吸引而产生额外的光顾或者消费行为，这时就产生了外部效应。同类聚集理论有效证明了购物中心这种零售聚集形式存在的合理性，由

于人们具有多目的购物与比较购物的倾向，因此促使不同类的零售店以及同类零售店相互聚集，就促进了购物中心的形成。而需求外部性理论则论证了店铺之间的相互作用，将商场内部的店铺根据其外部性大小划分为主力店（Anchor Store）和非主力店。

主力店是零售物业吸引客户流量的主要业态，规模较大、知名度较高，是具有较强客群拉动能力的商业形式，通常会吸引大量消费者到购物中心来，而这些消费者在购物过程中将会顺路光顾其他非主力店而产生额外消费，使得非主力店产生额外收益，进而提升购物中心整体的销售额。购物中心的集聚形式产生了额外的益处，作为购物中心的经营者即可针对这一情况实行外部性内在化的多种方式，从而将产生的外部性转变为对主力店的补贴，同时也可向非主力店收取更多的租金以填补让利甚至获取更多收益。

不同规模的购物中心有着不同的主力店类型。对于邻里中心，其主力店形式主要包括超市、餐馆、家具店、酒吧、银行、药店、五金商店等；对于社区中心，其主力店形式主要包括超市、折扣店、百货店、大卖场、电影院、家庭服装店等；而对于区域或超区域中心，则一般由小吃街、超级影院、娱乐中心、大型专卖店、大型折扣商店、时尚店等担任主力店的功能。

6.3　零售商业物业商圈测定的引力模型

6.3.1　商圈与克里斯塔勒中心地理论

1. 商圈的定义与划分

商圈又称商业圈或商市圈，是指某个零售物业所服务的消费者所在的地理区域范围。对商业物业来说，商圈是其进行业务活动、向消费者提供商品或服务的空间；对消费者来说，商圈是方便其进行消费行为的空间[1]。根据古典零售商业竞争理论，消费者在进行消费地点选择时通常主要衡量商品价格与通勤成本，因而对于某个特定零售物业，其商圈的覆盖范围主要受空间距离的影响。通常的划分规则是：以该商业建筑为圆心，以某一距离为半径的圆形区域作为其商圈的划分。

同一商圈内部按其距离也可划分为核心商圈、次级商圈以及边缘商圈三个层次。其中，核心商圈为物业服务的主要服务区域，与物业距离最近，消费额度与频率也较高。这一部分顾客的比重通常占全部顾客的50%～70%。核心商圈所覆盖的范围不甚相等，根据当地的交通环境不同也会有明显差别，但大体上在1～3km之间，步行耗时在15～45min之间。次级商圈处于核心商圈的外围2km左右的范围内，承载着20%～30%的顾客流量，而最边缘商圈的辐射范围一般可以达到7km左右，通常只有较大规模或极具区分度的特定专卖店等，才能具备这种

---

[1] 李其涛，程艳. 城市商圈与购物中心业态定位 [M]. 南京：江苏科学技术出版社，2013：3.

层次的影响半径。

商圈的划分明确了零售物业所针对的服务人群,因此进行商圈分析有利于明确零售物业的客群定位、盈利能力与未来规划。分析内容主要包括商圈内现有及潜在消费者的经济水平、人口统计与消费习惯,了解商圈内消费者仍未被满足的零售需求,最终确定零售物业的设施类型与营销手段。

2. 克里斯塔勒中心地理论

早在1933年,德国城市地理学家克里斯塔勒(W. Christaller)便首次提出中心地理论。该理论20世纪50年代起流行于英语国家,之后传播到其他国家,是进行城市群和城市化研究的基础理论之一。该理论的基本特征是每一点均有接受一个中心地的同等机会,一点与其他任一点均有一个统一的交通面,两点之间的相对通达性只与距离成正比,而不管方向如何[①]。

克里斯塔勒中心地理论中所涉及的重要概念有中心地(Central Place)、中心货物与服务(Central Good and Service)、中心性(Centrality)和服务范围。

中心地是提供各种货物和服务的场所,其服务对象为居住在其周围地域的居民。中心地的等级取决于其所提供的商品和服务的级别,等级的高低决定了中心地的数量(反比)、分布(反比)和服务范围(正比)。

中心货物与服务分别指在中心地生产的货物与提供的服务。通常,都要由一家以上单位承担每一种中心货物与服务。例如,一个集镇中通常有2~3家杂货店或饮食店。每个承担一种中心地职能的单位,称为一个职能单位(Functional Unit)。当然,也有一家单位提供多种中心货物与服务的场所,多见于百货公司、超级市场等大型零售商业物业。

中心性是中心地中心职能作用的大小,也可将其理解为一个地点对围绕它周围地区的相对意义的总和。

服务范围有上、下限。上限是消费者愿意到一个中心地得到货物与服务的最远距离;下限是保持一项中心地职能经营所必需的腹地的最短距离,也可称为需求门槛距离(Threshold)。

克里斯塔勒中心地理论主要用于分析消费者的单目的购物行为特征。克里斯塔勒发现,如果消费者在一次购物行为中仅仅购买单件商品,那么消费者常常会选择离其所在地最近的一家商店,这与购买标准化商品的情形较为吻合。但对于常见的大量采购以及购买差异较大的同类产品情形并不适用。

汉森(Hanson)在克里斯塔勒的单目的购物行为模型基础上提出了多目标购物模型,认为在研究消费者的购物行为时也应考虑消费者的多目的购物倾向。因为消费者在实际购物行为中为了节约多次购物产生的时间成本,常常会在一次购买行为中完成多种商品的购买,以便省掉在居住地与商店间反复通勤的时间成本。基于这种消费倾向,消费者在衡量所耗费成本之后可能会选择距离较远,但

---

① 邱玉华. 地理设计的理论与实证研究[D]. 武汉:华中师范大学,2014.

商品种类齐全的购物中心。因此，购物中心可以通过集聚更多类型的零售店而吸引到更大范围的消费者群体。

多目标购物模型推进了中心地理论的发展。此后，众多学者又分析了消费者多目的购物决策影响因素，认为影响消费者选择哪一家购物中心进行消费的这一过程，不仅受到购物路线长度以及商品种类等因素的影响，也会受到储存成本、商品特性等因素的作用。

6.3.2 引力模型

1. 雷利模型

美国学者威廉·J·雷利（W. J. Reilly）基于对美国150个城市商圈历时3年的调查，于1931年发表《零售吸引力法则》，根据牛顿万有引力理论，提出"零售引力规律"，总结了城市人口与零售引力两者之间的相互关系。他认为，确定城市商业商圈要考虑人口和距离两个变量，两个具有零售中心地职能的都市，对位于其中间的一个都市或城镇的零售交易的吸引力与两都市人口的幂次方成正比，与两都市与中间地都市或城镇距离的幂次方成反比。证实了城市人口越多、规模越大，商业就越发达。

雷利的零售引力模型[①]的数学形式表示为：

$$\frac{B_a}{B_b}=\left(\frac{P_a}{P_b}\right)^N \left(\frac{D_b}{D_a}\right)^n \tag{6-9}$$

式中，B_a、B_b分别表示前往城市a、b的消费者比重；P_a、P_b分别表示城市a、b的人口；D_a、D_b分别表示该聚集区与城市a、b之间的距离；N代表反映较大人口规模的相对吸引力的指数（雷利认为$N=1$）；n代表反映较短距离的相对吸引力的指数（雷利认为$n=2$）。B_a、B_b两者比值反映了两个城市的相对吸引力。

雷利模型是最原始、最基本的商圈测定引力模型。当零售商只能通过投资地的官方资料或数据才能判断该地的人口和地理状况时，对于该地初步的商圈吸引力的判断就可以利用雷利法则来进行。

在雷利法则中，有这样一种简单的逻辑关系：距离越近，人口越多的区域，其商业设施越齐全，消费者就越愿意前往该区域进行消费，但如果该地距离较远，会给消费者带来通勤成本，从而吸引力就会降低。这种逻辑关系并未将城市规划、交通网络建设、企业经营能力及商品特性等因素考虑在内，事实上，这些因素有可能会导致人们到距离远的地方更具便利性，呈现出商业发达程度与人口密集度不相关的状态。如果零售商只是据此去评判投资地的投资价值，就显然过于片面。而这种片面性也决定了雷利模型仅在市场竞争环境单一的情况下较为适用。

---

① William J. R. Methods for the Study of Retail Relationships[M]. Austin: Bureau of Business Research, University of Texas, 1929, 16.

2. 雷利—康弗斯模型

1949年，康弗斯（P. D. Converse）在雷利模型基础上提出了雷利—康弗斯"断裂点模型"，其基本内容是：在两个城镇（社区）之间设一个中介点，处于这个中介点的顾客，前往任何一个城镇（社区）进行商品购买是无差异的。换言之，这个点位于对顾客具有同等吸引力的两个商店位置上，据此提出如下公式：

$$D_{ab}=\frac{d}{1+\sqrt{\frac{P_b}{P_a}}} \qquad (6-10)$$

式中，D_{ab}为a城镇（社区）的商圈范围；d为城镇（社区）a到b的距离；P_a为城镇（社区）a的人口数量；P_a为城镇（社区）b的人口数量。

假设a城镇（社区）有人口10万，b城镇（社区）有人口90万，a与b之间相距20km，则a城镇（社区）的商圈半径即为：

$$D_{ab}=\frac{20}{1+\sqrt{\frac{10}{90}}}=15 \qquad (6-11)$$

雷利—康弗斯模型可以估计某个零售物业与其竞争者之间影响力相等的距离[1]。但该模型仅考虑了从某一地到另一地的直线距离，而未考虑行程；且仅考虑了从某一地到另一地的主干道而不考虑支路。因此，在具体应用时存在不足。

3. 哈夫概率模型

美国加利福尼亚大学的经济学者戴维·哈夫（D. L. Huff）于1963年提出了关于预测城市区域内商圈规模的模型——哈夫概率模型。该模型依旧将万有引力原理作为基本法则[2]，认为商圈规模的大小同时取决于两个因素，即购物场所各项设施设备等对消费者的引力与消费者前往购物场所受到的各种阻力。哈夫模型考虑了各种条件产生的概率，这是区别于其他模型的关键[3]。

哈夫认为，商业物业的营业面积、品牌实力和通勤时间成本是影响消费者前往该商业物业进行消费概率的三个主要因素。营业面积反映商品可选择性的丰富程度；品牌实力反映商品质量、促销活动和信誉等；通勤时间成本反映顾客到目的地的便利性。此外，哈夫概率模型中还将不同地区商业设备、不同性质商品的利用概率考虑在内，该模型的公式表示如下：

$$P_{ij}=\frac{\frac{S_j^{\mu}}{T_{ij}^{\mu}}}{\sum_{i=1}^{n}\frac{S_j^{\mu}}{T_{ij}^{\lambda}}} \qquad (6-12)$$

---

[1] Converse P. D. New Laws of Retail Gravitation [J]. Journal of Marketing, 1949(10): 379-384.

[2] Huff D. L. A Probability of Shopping Center Trade Areas [J]. Land Economics, 1963(2): 18-90.

[3] Huff D. L. Defining and Estimating a Trade Area [J]. Journal of Marketing, 1964(7): 34-38.

式（6-12）中，μ 表示商店规模影响消费者选择的参变量，λ 表示需要到卖场的时间影响消费者选择的参变量，通常 $\mu=1$，$\lambda=2$。哈夫认为，一个零售商业中心 j 对消费者的吸引力与这个商场规模成正比，与消费者从居住地到该商场的出行时间成反比。

在国外，哈夫模型通常用于对零售店商圈规模调查。综合考虑商场引力和距离阻力，运用哈夫模型求出从居住地去特定商业物业的出行概率，来预测商业物业的销售额、商业集聚能力，探究其变化规律，从而判断商圈结构、商业物业竞争状况等的变化趋势。但由于哈夫模型是建立在物业之间具有完全竞争关系的绝对假设上的，消费者在不同零售商业物业之间做出独立选择，而非复合选择，因而该模型也存在一定的局限性。

6.4 购物中心业态布局与租金测算

6.4.1 购物中心业态布局

购物中心业态布局既要符合城市综合体的整体定位，又要服从并服务于公司战略发展要求，满足商业物业的经营需要和消费者需求。因而其业态布局要遵循"定位优先"的基本原则，具体包含以下三个方面：首先，整体功能性定位，即购物中心要实现的基本功能。同一个购物中心在不同城市或不同区域所承载的基本功能会有较大差别，以万达广场为例，上海五角场万达广场属城市中心（副中心）型综合体，北京CBD万达广场可视为城市特定功能区域综合体，而宁波万达广场则可视为郊区型城市综合体。其次，目标客群定位，目标客群结构、消费水平和消费能力、消费偏好等的差异都会影响购物中心的业态布局与配比。最后，规模定位。这主要体现在购物中心的占用面积、空间架构等。

购物中心各种业态之间或多或少具有一定的相关性，而这种相关性是确保客流量、提升总体营业利润的重要途径。具体可从两个方面考虑，一方面要考虑不同业态的功能互补性；另一方面要考虑目标客群的一致性。购物中心业态布局可以根据不同目标客群的消费特征建立不同的消费主题区域，安排相应业态。

根据商圈性质不同，核心商圈与非核心商圈购物中心各类业态占比也会出现较大差异。当然，各业态占比也并非是一成不变的，随着地区的经济发展和居民消费需求的转变，不同商圈购物中心业态也会发生相应变化。表6-1所列为2014~2017年全国已开业购物中心[①]中核心商圈、非核心商圈购物中心业态对比情况。

---

① 统计标准：深圳、上海、广州、成都、苏州、沈阳、天津、西安、郑州、杭州、武汉、重庆12大城市，2014—2017年开业、商业面积5万~15万 m^2 的160个购物中心，业态占比均为品牌数量占比。

2014~2017年核心商圈、非核心商圈购物中心业态对比[①]　　表6-1

年份	2014年		2015年		2016年		2017年	
商圈类型	核心商圈	非核心商圈	核心商圈	非核心商圈	核心商圈	非核心商圈	核心商圈	非核心商圈
零售	54.2%	51.7%	50.3%	59.1%	51.9%	49.8%	50.8%	53.6%
餐饮	27.3%	26.8%	31.6%	23.8%	32.4%	32.8%	33.0%	23.5%
儿童亲子	9.0%	12.6%	10.8%	11.3%	8.5%	10.2%	7.3%	14.6%
生活服务	6.5%	6.6%	4.8%	3.8%	4.5%	4.6%	5.6%	6.1%
休闲娱乐	3.1%	2.3%	2.7%	2.0%	2.6%	2.6%	3.3%	2.2%

资料来源：赢商大数据中心。

6.4.2　租金测算

租金（Rent）是一个逐步演变的经济学范畴[②]，不同业态有着不同的租金标准。购物中心的租金标准，通常包含基础租金和租金边际价格两部分。前者由有效购买力决定，后者由区位、商场业态组合、租约特征和运营能力等特征变量所决定。

购物中心的租金测算通常使用营业额反推法。

其中，营业额测算一般有以下两个角度：

（1）以"产品单价"为依托，营业额＝产品平均单价×销售数量；

（2）以"客单价"为依托，营业额＝平均交易单价（客单价）×交易次数。

营业额反推法使用的前提是要了解各个业态的承租水平，或依据业态的毛利率水平，估计该类业态的承租水平。年租金即为年营业额与承租水平的乘积。

常见业态承租水平见表6-2。

业态承租水平[③]　　表6-2

业态类型	承租水平
餐饮类	快餐承租水平一般为营业额的8%～12%；大型餐饮类约占营业额的7%～8%，略低于快餐类
娱乐类（影院）	影院承租水平约占营业额的8%～12%；KTV约占3%～5%
超市	营业额的2%～3%
电器卖场	营业额的2%～3.5%
百货	营业额的12%～17%

不同城市的社会经济发展程度不同（在我国尤为突出），这就决定了承租水平除了具有业态差异之外，也会存在城市差异。2014～2016年我国一、二、三线城市典型购物中心租金水平见表6-3。

---

① 赢商网. 有案例有数据！深扒购物中心租金测算与定价最佳方法［R/OL］. http://down.winshang.com/ghshow-1363.html.

② 张廷海. 集群租金与创业研究［M］. 北京：经济科学出版社，2015：64.

③ 赢商网. 不同业态承租能力如何？各级城市租金水平有何差异？［R/OL］. http://down.winshang.com/ghshow-1400.html.

2014～2016年我国一、二、三线城市典型购物中心租金水平[①] 表6-3

城市类别	城市	代表项目	所属商圈	租金水平（元/m²·月）
一线城市	北京	西单大悦城	西单商圈	900～1300
		北京蓝色港湾	朝阳公园商圈	600～900
		北京apm	王府井商圈	600～900
		北京嘉茂（西直门）	西直门商圈	700～1200
	广州	天河城	天河商圈	1F：2000～2300；2F：1900～2100；3F：1800～1900；4F：800～900；5F：600～650；6F：200～300；7F：100～200
		正佳广场		1F：1500～2000；2F：800～1500；3F：800～1200；4F：500～800；5F：500～600；6F：300～400；7F：100～200
	上海	iapm	浦西	首层租金为1950～2400
		静安嘉里中心	南京西路	首层租金为1800～2250
		港汇广场	南京西路	首层租金为2400～3000
		来福士广场	浦西	1800～2400
		正大广场	浦东陆家嘴	首层租金为1200～1950
二线城市	武汉	江汉万达广场	江汉商圈	400～700，部分达到1000
		新民众乐园	江汉商圈	300～600，部分达到1000
		假日乐园	司门口商圈	200～300
		新天地	永清街	150～200（含物业管理、推广等费用），局部220～240
		菱角湖万达广场	唐家墩商圈	1F：100～400；2F：200～380；3F：120
	佛山	百花广场	祖庙商圈	650～800
		岭南广场	—	300～500
		东方广场	东方天地广场商圈	600～900
		顺联国际	季华路商圈	180～250
		保利水城	千灯湖商圈	120～140
		南海广场	南海达到商圈	250～350
三线城市	惠州	东园镇商业	—	东园依托惠南工业区的人气，老街店面整体人气较旺，租金价格20～150
		张板镇商业	—	张板街道租金25～40；兴业大街租金25～35
		东岭镇商业	—	东岭镇目前人气最旺的集中在东现街，租金也最高；租金20～100；商业店面面积在30～80m²
		源泰世纪城商业	—	外街单层店面，面积在20～50m²，租金70～90；内街双层店面，面积在30～50m²，租金60～100
	镇江	镇江万达广场	—	60
	昆明	新兴商业中心	—	300～800
		市中心	—	750～1000
	贵阳	核心地段底层商铺	—	1000

① 赢商网．一、二、三线典型城市商业租金水平与店铺空置率［R/OL］．http://down.winshang.com/zt/2016/kzl/．

根据表6-3数据可得：2014～2016年一线城市购物中心租金水平一般为600～900元/m^2·月，首层租金为1500～3000元/m^2·月；二线城市购物中心租金水平，中心区域租金水平为600～800元/m^2·月，次级商圈租金水平为150～350元/m^2·月；三线城市的县域商业租金为20～100元/m^2·月，强三线城市为300～800元/m^2·月，而首层租金水平为1000元/m^2·月。

购物中心的租金定价主要有租金水平类比法、保本保利定价法、投资收益分析法、项目成本定价法。租金水平类比法主要是对比当地各大零售商圈的平均租金水平，以此推测本商圈租金水平。保本保利定价法以零售商的承租能力为前提，寻求各类业态在一定成本下的损益平衡点。投资收益分析法以项目销售价格水平来推测预期租金。项目成本定价法以投资成本为基础，按静态回报率推算租金价格。

本 章 小 结

零售商业物业是零售商用来销售商品或提供服务的物业，它是零售业与房地产相结合的产物，在房地产开发与投资领域又可称之为商业地产，其概念则集中于物业本身。不同零售商业物业主要是根据其营业方式、商品结构等特征进行判断，每个零售商业物业针对不同的客户而设计，具有不同的特点。零售商业物业市场是商业市场与房地产市场的结合，因而既兼具两个市场的特征，又有着需求来源的间接性、租金的滞后性与差异性、产权结构的多样性等特性。影响该市场运营的除了各类市场机制的内在机制之外，销售额也是关键外部因素。

市场通常伴随着供给者的竞争问题。古典竞争理论认为，竞争者所销售的产品在物质性能上是相同的，差异性除了体现在定价上，还存在空间差异。新古典主义零售商业理论主要有同类零售聚集理论和需求外部性理论两种。

商圈是指某个零售物业所服务的消费者所在的地理区域范围。通常，商圈的划分规则是：以该商业建筑为圆心，以某一距离为半径的圆形区域作为其商圈的划分。同一商圈内部按其距离也可划分为核心商圈、次级商圈以及边缘商圈三个层次。商圈的划分明确了零售物业所针对的服务人群，进行商圈分析有利于明确零售物业的客群定位、盈利能力与未来规划。克里斯塔勒中心地理论认为，每一点均有接受一个中心地的同等机会，两点之间的相对通达性只与距离成正比，而不管方向如何。该理论主要用于分析消费者的单目的购物行为特征。零售商业物业商圈测定的引力模型主要有雷利模型、雷利—康弗斯模型和哈夫概率模型。

购物中心业态布局既要符合城市综合体的整体定位，又要服从并服务于公司的战略发展要求，满足商业物业的经营需要和消费者消费需求。购物中心的租金标准，通常包含基础租金和租金边际价格两部分。租金测算通常使用营业额反推法。而租金定价主要有租金水平类比法、保本保利定价法、投资收益分析法、项目成本定价法。

> **思考与练习题**
>
> 1. 简述零售商业物业市场的特性。
> 2. 古典零售商业竞争理论的实际应用。
> 3. 阐述测定零售商业物业商圈的三种引力模型的区别。
> 4. 举例说明购物中心的租金测算。

主要参考文献

［1］李其涛，程艳．城市商圈与购物中心业态定位［M］．南京：江苏科学技术出版社，2013．

［2］刘洪玉，郑思齐．城市与房地产经济学［M］．北京：中国建筑工业出版社，2007．

［3］邱玉华．地理设计的理论与实证研究［D］．武汉：华中师范大学，2014．

［4］张红．房地产经济学［M］．2版．北京：清华大学出版社，2013．

［5］张廷海．集群租金与创业研究［M］．北京：经济科学出版社，2015．

［6］Converse P. D. New Laws of Retail Gravitation [J]. Journal of Marketing, 1949(10): 379–384.

［7］Huff D. L. A Probability of Shopping Center Trade Areas [J]. Land Economics, 1963(2): 18–90.

［8］Huff D. L. Defining and Estimating a Trade Area [J]. Journal of Marketing, 1964(7): 34–38.

［9］William J. R. Methods for the Study of Retail Relationships [M]. Austin: Bureau of Business Research, University of Texas, 1929.

［10］赢商网．有案例有数据！深扒购物中心租金测算与定价最佳方法［R/OL］．http://down.winshang.com/ghshow-1363.html．

［11］赢商网．不同业态承租能力如何？各级城市租金水平有何差异？［R/OL］．http://down.winshang.com/ghshow-1400.html．

［12］赢商网．一、二、三线典型城市商业租金水平与店铺空置率［R/OL］．http://down.winshang.com/zt/2016/kzl/．

房地产投资与经济增长

【本章要点及学习目标】

(1)了解房地产投资乘数效应定义及相关理论;

(2)熟悉乘数效应的来源及房地产投资对经济的影响渠道;

(3)掌握财富效应相关理论和房地产财富对不同消费群体的影响;

(4)了解乘数效应和财富效应的相关实证模型。

房地产投资是指以房地产为对象来获取收益的投资行为，是促进经济增长、增加社会财富的重要手段。那么，房地产投资是否仅以自身等量价值促进经济增长？房价的上升是否增加了社会整体财富？房价上升是否对不同社会阶层的消费都有同样的影响？本章将结合这些问题对房地产投资的乘数效应和房地产价值的财富效应进行阐述。

7.1 房地产投资的乘数效应

7.1.1 乘数效应的概念与相关理论

1. 乘数效应的概念

首先提出乘数理论的是英国经济学家卡恩（Hahn），后由凯恩斯（Keynes）将其推广。在宏观经济学中，有广义和狭义两种乘数：广义的乘数是指均衡国民收入的变化量与引起收入变动的变化量之间的比率；狭义的乘数是指投资乘数，在一定的边际消费倾向条件下，投资的增加或减少可能导致国民收入和就业的变化或减少。因此，收入增加与减少的比率对投资的增加和减少是投资乘数。最初增加的投资注入，经过分配和再分配过程转变为居民可支配收入，其中用以消费的可支配收入又形成新的国民收入，如此循环，不断累加，形成乘数效应。

2. 乘数效应理论

（1）佩鲁增长极理论

佩鲁（Perroux）提出增长极的概念。增长极是指在一定时期内支配和促进经济空间的经济和工业部门。作为经济空间的增长极不是一个空间定位概念，而是一个或一组处于经济空间极的推进型经济部门。它具有强大的创新能力和增长能力，可以通过外部经济和产业之间的相关乘数效应驱动其他行业的增长。

（2）罗斯托的起飞理论

罗斯托（Rostow）认为，一个国家想要实现经济"起飞"，必须具备三个主要条件，分别是较高的资本积累率、建立带动经济增长的主导部门以及社会、政治及经济制度改革[①]。所谓"主导部门"是指这样的产业部门：不仅本身采用高科技，且发展迅速，并可以传播现代技术，以带动其他部门的快速发展。

7.1.2 房地产投资乘数效应的理论分析

房地产业有两个性质尤为符合增长极与主导产业的条件，一是房地产业具有

---

① 陈雪松. 房地产业与区域经济发展的关系分析 [D]. 广州：暨南大学，2009.

较大的关联效应，可以刺激其他产业的投资增长；二是房地产业是基础产业，经济发展到一定阶段后需要加快建设。这两个属性决定了房地产业在经济发展初期将占国民经济的一定比重，很有可能成为区域经济增长的增长极和主导产业，发挥与其他产业的强关联作用，以较高乘数促进经济发展。所以，房地产投资对经济发展有重要的乘数效应。

1. 房地产经济效益构成

房地产业经济效益主要由三个部分组成：直接经济效益、间接经济效益和诱导经济效益[①]。直接经济效益是指房地产投资对自身的净贡献程度。乘数效应是间接经济效益和诱发经济效益产生的。间接经济效益是指房地产投资能够通过产业或部门之间的联系，带动国民经济其他部门的产值增加。诱导经济效益是指房地产业和中间投入部门的工资收入和就业率的增加导致的最终需求的增加，这反过来又推动了GDP的增长。

上述直接经济效益、间接经济效益及诱导经济效益相加总就可以得出房地产业的总产出效益与GDP的总效益。

2. 房地产投资乘数效应的来源

（1）间接经济效益

房地产业具有产业链长、产业带动力强等特点。房地产业对相关产业的影响主要有以下三种形式：一是后向联系，是指对房地产业提供生产要素的产业的影响；二是前向关联，指对那些将房地产业的产品或服务作为其生产要素的产业产生的影响；三是环向关联，既有前向关联，又有后向关联[②]。前向关联包括食品制造及烟草加工、公共管理、社会组织及其他社会服务业；后向关联包括电力与热力的生产和供应业、交通运输设备制造业、非金属矿物制品业、租赁和商务服务业等；环向关联包括建筑业、机械工业、金属冶炼及压延加工业等。增加对房地产业的投资，在拉动房地产业发展的同时，也会对众多密切相关的行业产生有利的影响，进而对整个国民经济的发展产生数倍于投资额的影响。

（2）诱导经济效益

表7-1是2006～2019年房地产从业人员比例变动情况，可以看出，房地产业的就业人员占比逐年递增，极大地缓解了我国就业压力。房地产业对从业人员的吸收能够提高居民可支配收入，进而增加总消费规模，对经济产生乘数效应；除房地产业本身之外，投资的增加也会带动相关联产业的发展，增加这些产业的就业人数和整体工资。

---

① 郭建国，陈正伟. 重庆市交通运输投资乘数的测算及分析 [J]. 重庆工商大学学报，2012（4）.
② 丁胜兵. 房地产开发投资对GDP的贡献度研究 [D]. 西安：西安建筑科技大学，2009.

2006～2019年房地产从业人员比例变动情况　　　　　　表7-1

年份	房地产业城镇就业人员数（万人）	总城镇就业人员数（万人）	房地产从业人员比例（%）
2006	153.9	11713.2	1.31
2007	166.5	12024.4	1.38
2008	172.7	12192.5	1.42
2009	190.9	12573.0	1.52
2010	211.6	13051.5	1.62
2011	248.6	14413.3	1.72
2012	273.7	15236.4	1.80
2013	373.7	18108.4	2.06
2014	402.2	18277.8	2.20
2015	417.3	18062.5	2.31
2016	431.7	17888.1	2.41
2017	444.8	17643.8	2.52
2018	466.0	17258.2	2.70
2019	510.3	17161.8	2.97

数据来源：国家统计局。

7.1.3　房地产投资乘数效应的应用

房地产业对相关产业及国民经济具有乘数效应，并通过乘数效应极大促进了经济的发展。房地产开发投资对经济的发展具有积极的促进作用，房地产开发投资在消费和投资两个重要环节通过前向、后向、环向带动作用以及投资自身的直接影响以倍数的速度促进了GDP的增长。同时，房地产投资在投资和消费两个环节产生的税费也构成GDP的重要组成部分。

但是另一方面，房地产开发投资对经济发展也可能产生阻碍作用。如果房地产投资规模过大，就会导致供给大于需求，造成产品积压、资源浪费、后续投资萎缩、房价下跌和投资回收困难。更严重的是，这将导致国民经济严重衰退。如果投资不足，作为基础产业，将成为其他产业发展的瓶颈，并不能为相关产业带来足够的带动效应，不能使乘数效应最大化，不能为人民的生产生活提供充足场所，阻碍整体经济发展。

因此，正确把握房地产开发投资是怎样发挥对经济增长的乘数效应、房地产开发投资对经济的贡献到底有多大等问题，可以最大限度发挥房地产投资对经济发展的积极促进作用，可以为实施准确的宏观调控提供指导。

7.2 房地产价值的财富效应

7.2.1 财富效应的概念与相关理论

1. 财富效应的概念

根据《新帕尔格雷夫经济学大辞典》的解释，财富效应就是指"假设在其他条件相同的情况下，货币余额的变化，将会引起消费开支方面的变动"[①]。

随着社会的发展，财富有了更广义的解释，除了货币以外，还包括房地产以及有价证券等财产。这些财产价格的变动也会引起消费者所持财富规模的增减，从而引起消费开支的变化。这就是说，伴随着金融资产价格的涨跌，金融资产持有者所持有的财富也会增长或者减少，进而促进或者抑制消费的增长，使消费者的短期边际消费倾向受到一定程度的影响，从而促进或抑制经济增长[②]。根据资产形态，财富效应可分为基于股票的金融资产财富效应和以房地产为基础的非金融资产财富效应。

房地产业作为我国国民经济的支柱产业之一，能够带动金融、保险、社会资本等众多相关行业的发展。房地产与财富有着天生的紧密联系，具有极强的创造财富的特点。对于个人而言，房地产是重要的投资对象，也是家庭财富的主要组成部分，因房地产能把资金转化为资本，通过置业带来更多的收益，从而达到资产保值增值的目的。时至今日，以房地产为代表的资产价格波动对国民经济和居民消费的影响越来越大，国家如何制定出相应的政策来调控房地产市场，来扩大内需以拉动我国经济的发展，同时还要规避房价波动所引发的金融安全已成为社会各界共同关注的重大问题[③]。

一般说来，房地产财富效应的定义是：房地产所有者财富的变化是由于房地产价格的变化，使其投资组合的价值增加或减少，影响边际消费倾向，从而影响消费者的消费支出，最终促进或抑制经济增长的作用。房地产作为居民财富的重要组成部分，房地产价格的变化对居民整体财富规模的影响是十分显著的。这些年来，房地产价格的大幅度攀升，使社会整体财富在消费者群体中分配比例产生了变动，对居民消费和经济发展产生重大影响。

2. 财富效应理论

（1）庇古的实际余额效应理论

西方很早就开始了对财富效应的研究，其最早由庇古（Pigou）提出，其认为个人储蓄是以积累一定数量相对于其收入的财富为目的，且衡量财富的标准不是名义价值而是实际价值。庇古效应的基本原理是，除了收入之外，消费还取决于

[①] 史兴旺. 房地产财富效应的研究综述与分析[J]. 首都经济贸易大学学报, 2010（6）.

[②] 顾巧. 中国房地产财富效应研究[D]. 成都: 电子科技大学, 2009.

[③] 赵杨, 张屹山, 赵文胜. 房地产市场与居民消费、经济增长之间的关系研究——基于1994—2011年房地产市场财富效应的实证分析[J]. 经济科学, 2011（6）.

实际的财富存量。当价格水平下降时，消费者的实际财富增加，从而使总消费扩大。当名义货币供应量固定时，如果价格下跌，实际货币余额增加，消费增加，促使IS曲线向右移动，导致国民收入平衡或产出增加，存在财富效应。

（2）弗里德曼的持久收入理论

随着消费理论的不断发展，学者们越来越重视对财富效应的研究。弗里德曼（Friedman）的持久收入理论将消费与收入作为一个整体，认为消费者在某一期的收入应分为暂时性收入与持久性收入两种，某一期的消费也应具有同样的分类。其中，暂时性收入与持久性收入之间、暂时性消费与持久性消费之间均不存在固定比率，但持久性收入与持久性消费之间是存在固定比率的。将该理论引入房地产市场，那么，投资者通过投资房地产所取得的收益即属于暂时性收入，与持久性消费之间并不存在固定的比率关系。但如果房地产市场足够繁荣，并长期处于一个相对长期稳定的阶段，房地产价格就会不断上涨，房地产持有者的财富也将持续增长，故房地产投资者就会把其拥有的暂时性收入视为持久性收入，进而产生一种拥有的财富越来越多的预期，从而增加了房地产投资者的消费欲望，促使市场中的消费信心增强，导致越来越多的房地产投资者参与消费行为，社会消费越来越旺盛，经济也越来越繁荣。

这一理论为如何利用房地产财富效应促进经济增长提供了相应的转换渠道，同时也为如何正确、合理地转换房地产市场的财富效应和消费提供了理论依据。

（3）莫迪利安尼的生命周期理论

弗兰科·莫迪利安尼（Franco Modigliani）的生命周期理论认为，消费者是理性的，一个人会在更长时间范围内规划他们的消费与储蓄行为，以实现其在整个生命周期内的消费最优配置。这一理论的实质，是指消费者的现期消费不仅与其现期收入有关，还与消费者在其整个生命周期内各时期收入的期望值有关。即使消费者在生命周期的开始时期持有的资产数量与其年龄相关，但总体来说，消费者在其整个生命周期中总的消费支出现金流量值应与其在整个生命周期中各重要时期收入的现金流量值汇总之和相等。

在房地产领域，消费者可通过住房信贷平滑整个生命周期中的购房消费支出，住房信贷减少了其需要为购房而进行的储蓄，刺激消费，增加消费市场信心，进而促进经济增长。

7.2.2　房地产财富效应的运作机制

房地产资产价格上涨可以通过实现的财富效应、未实现的财富效应和流动性约束的财富效应三种机制促进消费。

1. 实现的财富效应

实现财富效应意味着房价上涨后，所有者可以通过出售现有财产来增加当前的消费水平。然而，在我国目前的特殊情况下，大多数人都不会这样做，所以房地产价格的上涨不能给房地产持有者带来真正的财富增长，只有虚拟财富的增长。从这个意义上来说，影响相对较小。这或许可以解释为什么我国一些城市或地区的房地产市场价格已经发生了变化，但当地的消费水平并没有发生明显的改变。另一方面，房地产财富效应的意义在不同年龄结构上也表现出一定的差异。大多数人买房子是为了长期居住，在很长一段时间内不出售或再融资。因此，真正的财富效应所引起的房地产市场价格的变化几乎没有或存在非常有限的影响，并不影响居民的消费习惯和消费行为。

2. 未实现的财富效应

未实现财富效应是指当房地产价格上涨时，即使人们不打算出售自己的资产或使用房地产进行再融资，房地产仍会影响消费者对未来财富的预期。消费者会认为未来的财富会增加，从而增强消费欲望。然而，根据我国的特殊国情，普通百姓在房地产价格继续上涨和保持高位的时候，不会期望未来的财富增长。相反，他们感到越来越多的经济压力，反而增加预防性储蓄，减少当前消费。

3. 流动性约束的财富效应

流动性约束的财富效应主要是指，在房地产市场机制相对健全的前提下，随着房地产价格的上涨，消费者可以通过银行或信贷机构将增值后的房地产作为抵押贷款，申请更多信贷以促进消费。但要实现这种流动性约束的财富效应，国家需要不断完善房地产市场机制、金融体系以及信用体系。因此，鉴于目前房地产金融体系的特殊情况，即使消费者预测未来的房地产会升值，其财富将继续增加，也不可能通过有效的信贷获得更多的流动性，以达到通过平滑消费来促进当期消费与经济增长的目的。

7.2.3 房地产财富效应对消费的影响

1. 高房价对消费的总体影响

住房资产是否具有财富效应，与住房拥有者拥有住房的数量和面积有很大关系。当只拥有一套房时，作为生活居住的必需品，房价上涨产生的财富效应较为有限，只能通过两种方式实现。第一种是通过住房抵押贷款获得更多资金用来增加当前消费，但由于我国目前住房抵押市场并不发达，这种消费信贷的习惯尚未形成，很少有消费者会选择这种透支消费方式。第二种是由于房价的上涨获得心理上的财富增加感以增加消费，但是这种财富增加感对消费的促进作用非常小。对于拥有多套房的消费者来说，房屋不是必需品，房价上升大大提升了其财富规模，但往往这类消费者边际消费倾向较低，房价的上涨对其消费增加的效果不显著。对于无房一族来说，房价过快上涨则基本只会产生对消费的抑制作用。因此，总体来说，房价上涨过快抑制了整体消费。

2. 高房价对消费的抑制作用

（1）房价虚高加重了居民的购房负担，挤压了其他支出

消费是收入的函数；同时，收入又是形成消费者支付能力的根本来源。在收

入等因素稳定的情况下,住房支出的增加必然会挤压其他方面的支出。租房者房租的上涨,买房者首付和月供的上升,都会降低他们用于其他消费的可支配资金额。另外,持续上涨的房价强化了人们对未来房价将会继续大幅上涨的预期,使许多计划在将来购房的家庭增加储蓄,抑制消费[①]。

(2)房价虚高加剧了财富分配不公,抑制了消费需求的增长

凯恩斯认为,边际消费倾向是递减的。随着就业和收入的增加,人们用于消费的支出部分呈减少趋势,而用于储蓄的部分则越来越大。也就是说,高收入家庭的边际消费倾向和平均消费倾向要低于低收入家庭。房地产价格的上升使拥有多套房的富高收入家庭财富增多,只拥有一套房或没有房屋的家庭财富相对减少。这加剧了分配的不平等,全社会的消费倾向变低。

7.3 房地产投资与经济增长关系的实证检验

7.3.1 数据来源及处理

本节选取房地产开发投资完成额和GDP的季度值作为研究变量,并分别使用CPI和GDP平减指数进行修正,得到两组时间序列GDP和FDC。数据的时间跨度为2000年第一季度到2017年第二季度,数据来源为Wind数据库,使用软件为EViews7.2。

首先,通过简单的绘图发现时间序列GDP和FDC均有较强的季节性,故运用X12方法进行季节性调整,得到两组新的时间序列GDP_SA和FDC_SA,如图7-1所示。可以发现,季节性现象得到消除。

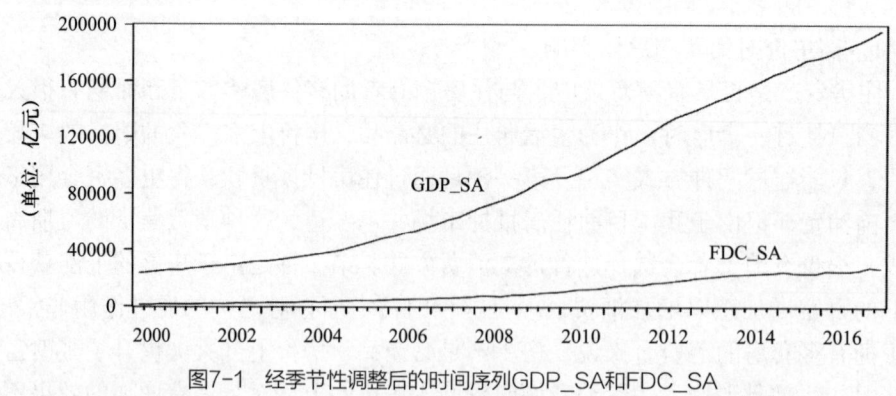

图7-1 经季节性调整后的时间序列GDP_SA和FDC_SA

7.3.2 协整检验

之后,通过对时间序列进行ADF检验,发现序列GDP_SA和FDC_SA均为二

---

① 史兴旺. 房地产财富效应的研究综述与分析 [J]. 首都经济贸易大学学报,2010(6).

阶单整，见表7-2。

时间序列 GDP_SA 和 FDC_SA 的 ADF 检验结果　　　　表 7-2

序列	t–Statistic	1% Level	Prob. *
GDP_SA	－6.7771	－3.5366	0.0000
FDC_SA	－13.7374	－3.5349	0.0000

于是，根据AIC准则确定最优滞后期为5期之后，对两个时间序列进行Johansen协整检验，见表7-3。结果表明，时间序列GDP_SA和FDC_SA之间存在一个协整关系。

时间序列 GDP_SA 和 FDC_SA 的 Johansen 协整检验结果　　　　表 7-3

Hypothesized No. of CE(s)	Eigenvalue	Trace Statistic	0.05 Critical Value	Prob. **
None *	0.2424	18.7389	15.4947	0.0156
At most 1	0.0150	0.9686	3.8415	0.3250

7.3.3　因果关系检验

进一步，对时间序列GDP_SA和FDC_SA进行Granger因果检验，结果见表7-4。发现GDP_SA是FDC_SA的格兰杰原因，而FDC_SA不是GDP_SA的格兰杰原因。这意味着，GDP对房地产开发投资完成额有着单向因果关系，GDP的波动会影响房地产投资，而无法判断房地产投资是否对GDP有影响。

时间序列 GDP_SA 和 FDC_SA 的 Granger 因果检验结果　　　　表 7-4

假设	F–Statistic	Prob.
GDP_SA不是FDC_SA的格兰杰原因	3.6381	0.0066
FDC_SA不是GDP_SA的格兰杰原因	1.7354	0.1422

7.3.4　基于VEC模型的脉冲响应和方差分解分析

根据之前所确定的最优滞后期5期，建立VEC模型，结果见表7-5。可以看出，房地产开发投资完成额受滞后4期的GDP影响较大，表明当期的房地产投资会受到一年前的GDP较大的影响。同时，当期房地产开发投资完成额也会受到自身之前的影响，其中滞后4期即一年前的影响较大。

GDP 和房地产开发投资完成额的 VEC 模型　　　　　表 7-5

被解释变量	D（FDC_SA）		D（GDP_SA）	
CointEq1	−0.3184	（−0.0841）	−0.2108	（−0.1635）
D(FDC_SA(−1))	−0.0714	（−0.1235）	0.4568	（−0.2401）
D(FDC_SA(−2))	0.179	（−0.1336）	0.2304	（−0.2597）
D(FDC_SA(−3))	0.1987	（−0.1350）	0.2820	（−0.2624）
D(FDC_SA(−4))	0.7643	（−0.1357）	0.5050	（−0.2638）
D(FDC_SA(−5))	0.2425	（−0.1661）	0.3008	（−0.3228）
D(GDP_SA(−1))	−0.1005	（−0.0720）	0.6998	（−0.1399）
D(GDP_SA(−2))	−0.0065	（−0.0833）	−0.4388	（−0.1620）
D(GDP_SA(−3))	0.0527	（−0.0858）	0.2604	（−0.1667）
D(GDP_SA(−4))	-0.1566	（−0.0845）	−0.2429	（−0.1643）
D(GDP_SA(−5))	0.0258	（−0.06841）	0.2277	（−0.1330）
C	406.1073	（−150.301）	656.2521	（−292.139）
R-squared	0.5478		0.7378	
Adj. R-squared	0.4522		0.6823	

注：括号内为 t 值。

在构建出VEC模型的基础上，再对其进行脉冲响应和方差分解分析，如图7-2、图7-3所示。从图中可以看出，房地产开发投资额面对来自房地产投资额一个标准差的冲击时，在第1期时受到的影响最大，为400；之后呈现出下降趋势，但带有波动性，大约于10期时变为0，之后转为负数，并渐渐趋于−400的平稳值。面对来自GDP的一个标准差的冲击时，先是有个小幅的负向响应，大约于3.5期转为正数，并呈现出上升趋势；约于40期趋于1000的平稳值。这表明房地产投资受GDP波动的影响较大，并且随着GDP的增加，房地产开发投资完成额也有增加趋势。

而观察方差分解图，可以发现随着时间的推移，房地产开发投资完成额的主要变动原因逐渐由其自身转变为GDP。也就是说，房地产开发投资完成额的变动原因在7期之前主要是受之前的房地产投资额影响，占到90%；之后开始较快速下降，22期时只占到20%左右，最后逐渐稳定在15%。反之，GDP对房地产投资额的影响随着时间的推移逐渐增加，渐渐占据主导地位，最终在30期之后平稳在85%。这意味着房地产开发投资完成额一开始受其之前投资额的影响较大，但随着时间的推移，GDP的影响渐渐变为主要原因。

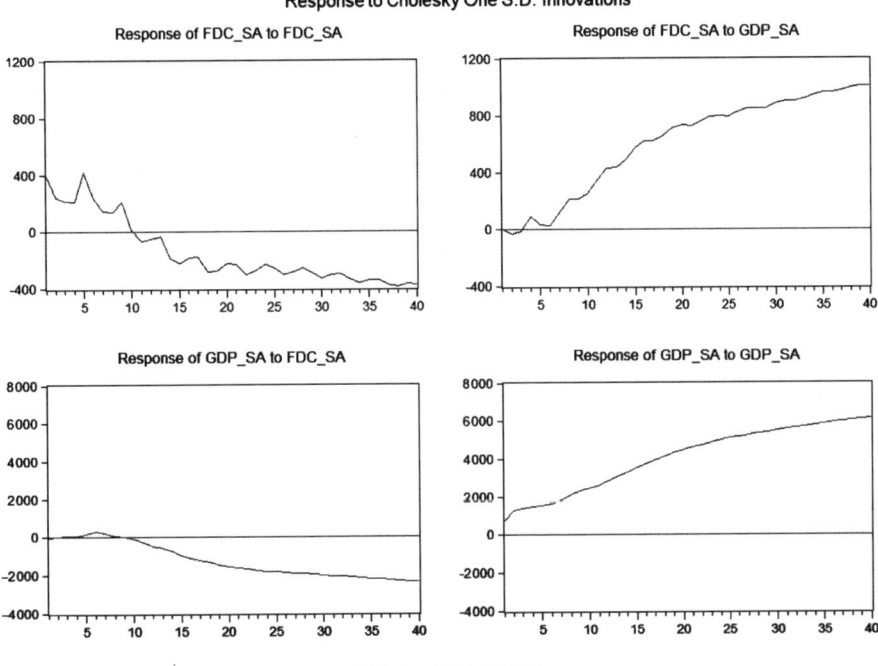

图7-2 脉冲响应图

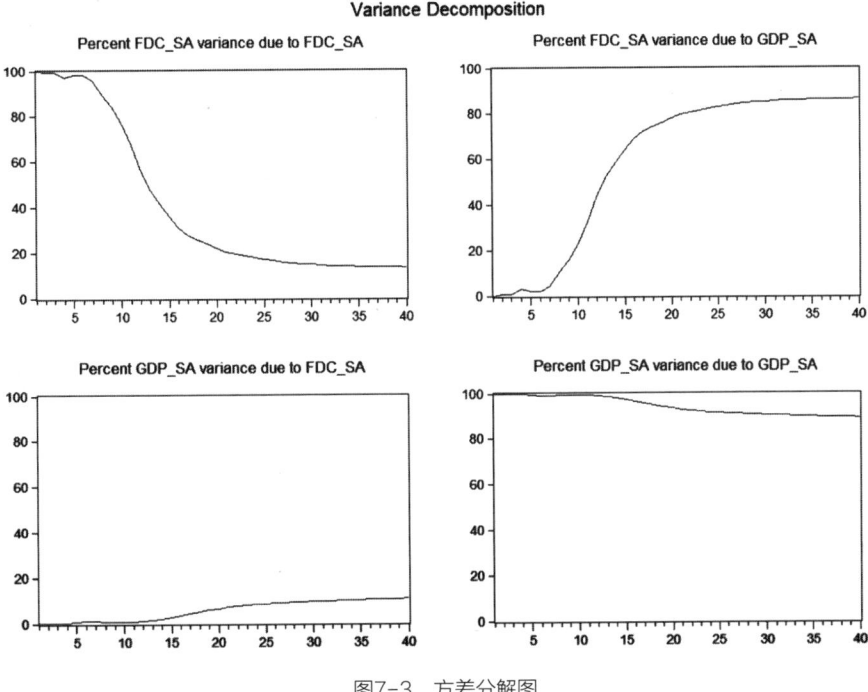

图7-3 方差分解图

由上述分析可知,GDP对房地产投资额有着较大影响,并且这一影响有一定的滞后性。

本 章 小 结

房地产投资对国民经济发展具有重要乘数效应。房地产投资从直接、间接和诱导经济效益三方面共同对经济产生影响。直接经济效益依靠房地产作为国民经济重要组成部分的本身拉动增长；间接经济效益通过带动相关部门和产业促进发展；诱导经济效益通过增加就业率来刺激居民消费对经济增长发生作用。

房地产的财富效应主要体现在房价上。当房价上升时，虽然由于大部分人不会出售自己用于家庭长期居住的房产，财富就无法得到真正的增加，但这会影响消费者对未来财富的预期，进而会刺激消费欲望。随着金融市场和资产证券化的不断发展，消费者还可以以自身不断增值的房屋做抵押平滑消费，但由于我国金融市场发展不完善及传统观念的影响，这种行为对总消费影响不大。此外，房价快速上升还会通过增加居民购房负担和加剧财富差距而抑制消费，对经济发展产生消极影响。

房地产投资通过三种经济效益影响经济，房价通过财富效应影响总消费进而促进或抑制经济发展，而房地产投资与房价又有密切关系。因此，如何妥当处理房地产投资、房价、消费与经济增长之间的关系，是值得思考的问题。

> **思考与练习题**
>
> 1. 说明房地产投资乘数效应的传导机制。
> 2. 房价变动对不同地区、不同收入群体影响相同吗？
> 3. 近些年房价的上升，对房地产投资有什么影响？如何影响经济发展和居民消费水平？

主要参考文献

［1］黄洁霞. 房地产财富效应的研究［J］. 经济研究导刊，2009（28）：140-141.

［2］史兴旺. 房地产财富效应的研究综述与分析［J］. 首都经济贸易大学学报，2010（6）.

［3］田霄燕. 中国房地产业的就业"乘数效应"分析［J］. 中国房地产金融，2003（11）：10-14.

［4］王利蕊. 房地产投资对经济包容性增长的作用［J］. 经济研究参考，2013（66）：40-41.

［5］张冲. 房价波动对居民消费的影响研究——基于消费总量与结构的双重视角［J］. 价格理论与实践，2017（4）：68-71.

［6］张红. 房地产经济学［M］. 北京：清华大学出版社，2005.

［7］张宗成，张蕾. 中国不同地区房地产市场财富效应的动态比较和变参数分析［J］. 经济与管理研究，2011（3）：49-53.

人口、货币与房地产金融创新

【本章要点及学习目标】

（1）掌握人口对住房需求的影响；
（2）理解货币流动对房地产供求的影响；
（3）理解房地产金融创新。

人口、货币均是影响房地产需求的重要因素。那么，如何厘清城市化、人口结构对住房需求的影响？货币流动性对房地产供求存在哪些影响？什么是房地产金融风险以及如何进行风险监管？本章将结合这些问题对人口、货币对房地产经济的影响进行介绍。

8.1 城市化、人口与住房需求

8.1.1 城市化与人口结构

城市是社会分工和生产力发展的产物，是人类文明发展到一定程度的标志。城市化是指随着社会经济的发展，城市的范围和数量扩大，人口向城市集聚。城市化进程表现为城市人口比重上升、第一产业人口比重下降、城市用地规模扩大、城市各类设施完善等。通常用于衡量城市化水平的人口指标为城市化率，即城市人口占总人口比重。

1979年美国地理学家罗伊·M·诺瑟姆（Ray. M. Northam）在《城市地理》中提出城市化过程曲线——诺瑟姆曲线[①]，又称为"城市化发展的S型曲线"[②]。

根据诺瑟姆曲线，城市化可大致分为初级、加速和成熟三个发展阶段[③]。初级阶段：城市化率低于30%，城市人口占较低比重，第一产业与农村人口占据社会经济结构的主导地位且人口分散分布；加速阶段：城市化率介于30%~70%之间，城市规模呈现强劲的扩张态势，城市人口增长到50%乃至70%，经济社会活动高度集中，第二、三产业增速超过农业成为社会经济结构的主导产业；成熟阶段：城市化率超过70%，城市人口增长缓慢甚至减少。

8.1.2 城市化与住房需求

从图8-1的诺瑟姆曲线可以看出，在城市化的初级阶段，城市人口增长缓慢，住房需求有限；在城市化的加速发展阶段，城市人口迅速增加，住房需求量大且增长迅猛，城市生产要素的集聚和生活方式的转换都导致相关设施包括工商业地产等得到大力发展；在城市化的成熟阶段，城市人口相对稳定甚至向农村转移，住房需求稳定，住房供给以存量为主。

以我国为例，自1978年改革开放以来，城市化进程不断加快。1996年，城镇常住人口占总人口比重超过30%。2020年年底，该比重达到63.89%，如图8-2所示。过去20多年，房地产市场发展迅猛，住房开发建设量持续增长，住房需求

---

① Ray M. Northam, Urban Geography[M]. New York: Published by John Wiley & Sons, 1979.
② 焦秀琦. 世界城市化发展的S型曲线[J]. 城市规划，1987，(2)：34-38.
③ 陈明星，叶超，周义. 城市化速度曲线及其政策启示——对诺瑟姆曲线的讨论与发展[J]. 地理研究，2011，30(8)：1499-1507.

基本得到满足，2019年城镇居民人均住房建筑面积为39.8m²[①]。随着我国城市人口增长趋缓，住房市场逐步转入存量房时代。随着新型城镇化的推行和人口迁移，各类城市住房需求差异性凸显。

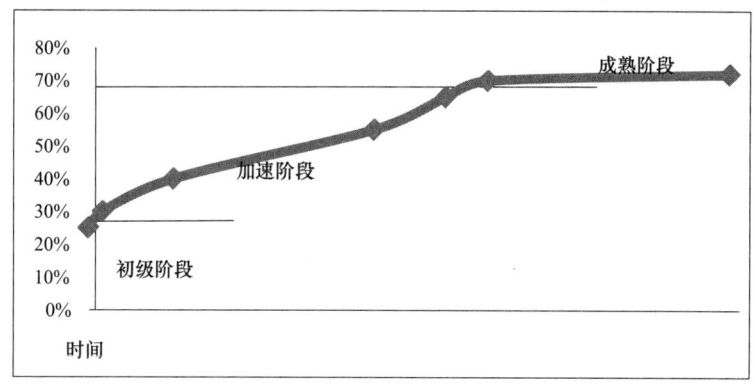

图8-1　诺瑟姆曲线

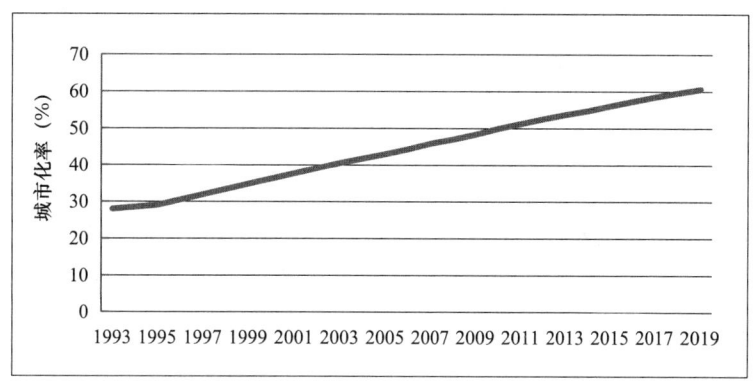

图8-2　我国城市化进展曲线[②]

8.1.3　人口结构与住房需求

人口结构是反映一定地区、一定时点人口总体内部各种不同质的规定性的数量比例关系，划分标准主要有年龄、性别、家庭、职业、收入、受教育程度、迁移原因等。其中，与住房需求关系密切的因素有家庭结构、年龄结构、空间结构等。

1．家庭结构对住房需求的影响

家庭结构对住房需求总量和住房面积、户型等居住模式都有影响。一方面，人口总量不断扩张、家庭规模小型化趋势使得家庭户数增加，带来住房需求的增加。全国人口普查数据显示，我国家庭规模小型化趋势十分明显。在20世纪50年

---

① 王蒙徽．住房和城乡建设事业发展成就显著．人民日报，2020年10月23日．
② 资料来源：中经网数据库．

代之前，家庭户平均人数基本保持在5.3人的水平。1990年缩减到4.0人，2010年缩减到3.1人，2012年进一步缩小为3.02人。家庭户构成方面，1～2人微型家庭的数量大幅增加，3～4人小型家庭户数量明显减少；5～6人中型家庭户占比下降；7人及以上大型家庭户数量继续减少[①]，如图8-3所示。2010年全国家庭户中，1人户、2人户、3人户、4人户合计占家庭户总数的83.33%，其中2人户、3人户占家庭户总数的51.23%，成为家庭户的主要类型。另一方面，家庭户代际构成中，一代户和二代户是主体，如图8-4所示。2010年一代户、二代户和三代户占家庭户的比重分别为34.18%、47.83%和17.31%。受这些变化的影响，中等面积的两居室、三居室的住房需求增多。

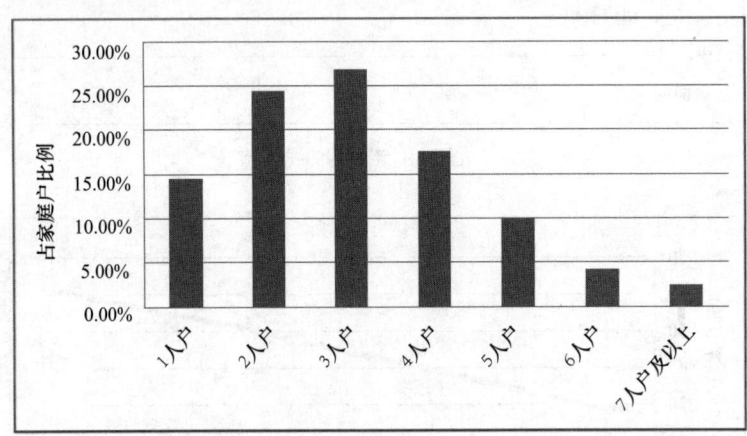

图8-3　2010年我国家庭户人数构成情况[②]

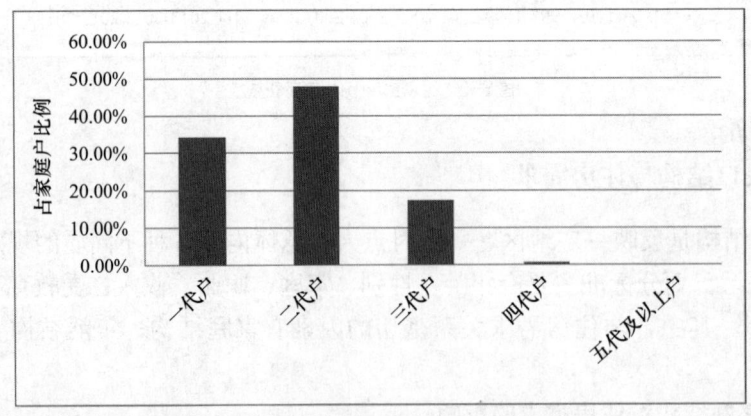

图8-4　2010年我国家庭户代际构成情况[③]

---

① 中国计生委. 中国家庭发展报告2014解读稿，中国计生委网站，2014年6月6日。
② 资料来源：国家统计局. 第六次人口普查数据。
③ 同上。

2. 年龄结构对住房需求的影响

人口年龄结构对住房需求也有较大影响。2020年末，我国0～14岁人口占比17.95%，15～64岁人口占比68.5%，65岁及以上人口占比13.5%，如图8-5所示。一方面，老年人口的持续增加可能抑制总体住房需求，催生养老地产的需求；另一方面，各年龄段人口受收入水平影响，住房需求存在差异，处于婚姻阶段的年轻人可能具有购买中小面积婚房的需求，而中年富裕人群可能会倾向于大面积享受型住房需求。

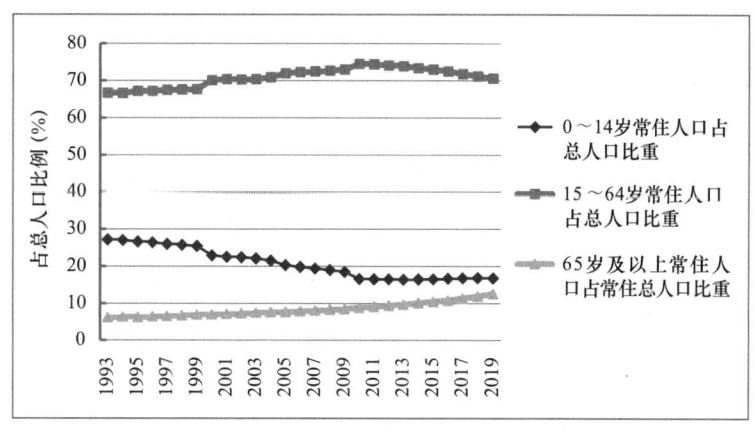

图8-5 我国人口年龄构成情况①

3. 空间结构对住房需求的影响

人口迁移流动导致了人口的空间再分布，进而对不同区域、不同城市的住房需求产生了差异化影响。在一些人口净流入的大中城市，"新市民"通常会带来旺盛的住房需求，尤其是住房租赁需求。

8.2 货币流动性与房地产供求

8.2.1 货币流动性的概念与衡量

1. 货币流动性的概念与影响因素

作为财富的一种类型，货币被认为是用于交易的资产存量，具有价值储藏、计价单位、交换媒介等职能②。货币流动性是指货币在市场上的投放量，其变化反映了宽松或者紧缩的货币环境。

货币流动性取决于货币供给与需求的共同影响。相关理论及影响因素见表8-1。

---

① 资料来源：中经网数据库。
② N.格里高利.曼昆.宏观经济学［M］.7版.北京：中国人民大学出版社，2011：73.

货币流动性的相关理论和主要影响因素　　　　　　　表 8-1

相关理论		主要内容	主要影响因素
货币供给	货币供给外生论	货币供给不是由经济因素而是由货币当局的货币政策决定的	基础货币 货币乘数 以及影响基础货币和货币乘数的因素
	货币供给内生论	货币供给是由经济体系中的多种因素和微观主体的经济行为共同决定的	
货币需求	传统货币数量论中的费雪方程式	货币数量决定物价水平。在其他条件不变的情况下,货币数量增加,物价随之正比上涨	物价水平 货币流通速度 交易量
	凯恩斯的流动性偏好理论	货币总需求由货币的交易动机、预防动机、投机动机共同决定,与收入水平同向变动,与利率水平反向变动。当利率降低到一定水平后,会出现流动性陷阱(即货币增加达不到刺激经济的目的)	收入 利率 货币流通速度及相关影响因素
	弗雷德曼的货币需求理论	货币是一种资产,是债券、股票、商品等的替代品,货币需求是个人拥有的财富及其他资产相对于货币预期回报率的函数	价格水平 股票、债券的预期名义收益率 通货膨胀率 实际人均国民收入 影响货币需求偏好的其他因素

2. 货币流动性的衡量

在宏观层面上,货币流动性可以被理解为不同统计口径的货币和资金总量。我国现阶段是将货币供应量划分为三个层次:M0、M1、M2。三个层次的货币流动性依次递减,见表8-2。

基于供给的货币流动性的统计口径[①]　　　　　　　表 8-2

层次	内容	流动性
M0流通中的现金	银行体系以外流通的现金	强
M1狭义货币供应量	M0+企事业单位活期存款	较强
M2广义货币供应量	M1+企事业单位定期存款等+居民储蓄存款	弱

货币流动性在一定程度上可以反映资产价格和宏观经济状况。货币数量理论认为,当货币流动性增加时,一般商品和资产的价格上升,反之则下降。凯恩斯的货币理论认为,利率由货币供求关系决定,货币流动性主要以利率为通道对宏观经济产生影响。当货币供给增加时,利率趋于下降,投资需求上升,从而就业上升,产出和收入增加,拉动经济增长。

---

① 胡庆康. 现代货币银行学教程[M]. 5版. 上海:复旦大学出版社,2017:339.

8.2.2 货币流动性对房地产供求的影响

房地产开发、消费需要长期资金的大量投入，故和金融关系密切，易受到货币流动性的影响。货币流动性对房地产供求的影响主要体现在以下三个方面：货币供应量和信贷、利率、国际资本流动。

1．货币供应量和信贷

一般而言，货币供应量增加，金融机构发放的房地产开发信贷和消费信贷增长，更多资金投入到房地产开发和消费领域，房地产供给和需求增加。反之亦然。

我国历年来的货币供应量如图8-6所示。货币供应量持续增加，房地产信贷增长，房地产供求两旺，如图8-7、图8-8所示。

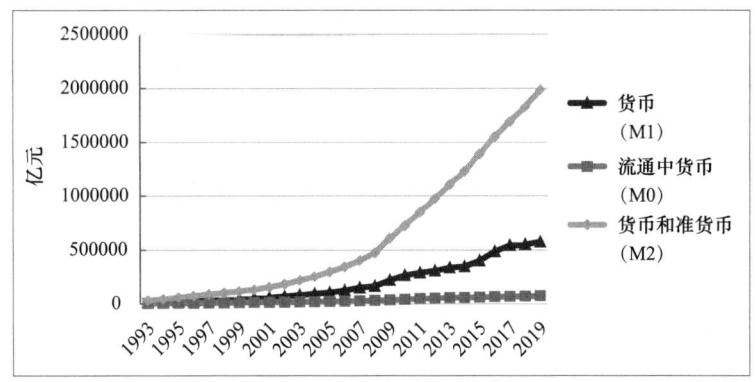

图8-6　我国货币供应量情况①

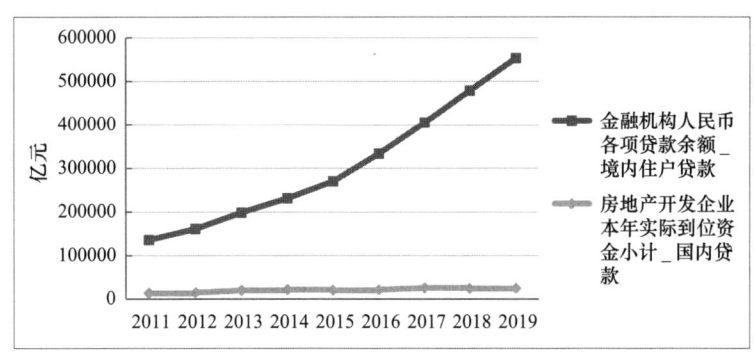

图8-7　房地产资金中的国内贷款和金融机构住户贷款②

在货币供应持续增加的情况下，可能会出现"流动性过剩"，即货币供给大于货币需求，此时市场上多余资金需要寻找投资机会，而兼具投资属性的房地产会面临需求过热的可能。

---

① 资料来源：中经网数据库。

② 同上。

我国货币供给和信贷投放是受宏观调控的,货币流动性的增减会通过信贷配置对资产市场产生影响。若国家紧缩房地产开发信贷或严格限制房地产消费信贷,在货币流动性增加的情况下,房地产供求也可能受限。

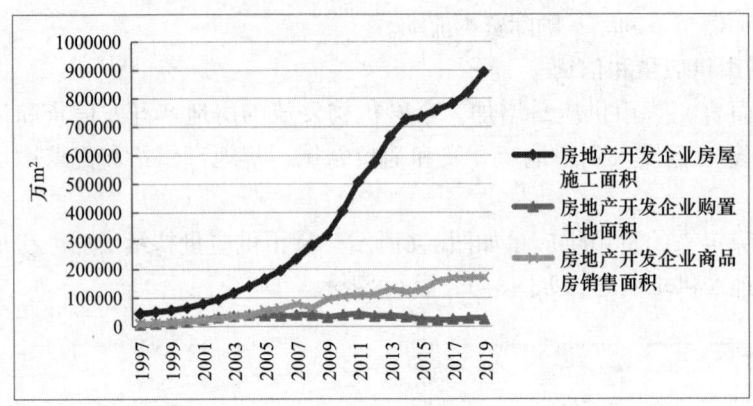

图8-8 房地产开发与销售面积[①]

2. 利率

利率的下降,降低了房地产开发的资金成本,刺激供给增加。从长期均衡来看,长期利率下降,引致了房地产价格上升和供给增加。同时,利率下降,降低了房地产投资和消费的持有成本,会刺激房地产需求增加。

由于我国仍处于利率市场化进程中,利率对房地产供需和价格的影响较为有限[②]。

3. 国际资本流动

国际资本流动是指资本在不同国家或地区间的流动,包括资本流入和资本流出。国际资本流动对房地产供求的影响主要体现在两个方面:一是国际资本流入,央行买入外汇、投放本币,继而增加本国市场的流动性,由此推动了房地产需求和供给的增加[③];二是当本币持续升值时,往往会给市场参与者带来强烈的升值预期。在这种情况下投资本国市场,不仅会获得投资收益,还可能存在额外的货币升值利益,因而刺激国际资本流入本国市场,进而导致房地产需求增加,在短期房地产供给相对有限的情况下,房地产价格上涨。当预期房地产价格到顶或预期本币贬值时,国际资本会流出,进而导致短期内房地产需求减少、价格下降。

例如,2003年在美元兑人民币汇率8.27时,某国际投资者预期人民币会升值,汇入上海13万美元购买住房1套,建筑面积174m^2,单价6178元/m^2。在2008

---

① 资料来源:中经网数据库。
② 顾海峰,张元姣. 货币政策与房地产价格调控:理论与中国经验[J]. 经济研究,2014(S1):29-42.
③ 李欣欣,刘海龙. 渐进开放环境下国际资本流动的影响渠道研究——以中国房地产市场为例[J]. 上海交通大学学报(哲学社会科学版),2015(23):75-85.

年，该投资者以单价9828元/m²、总价约171万元人民币抛出该套房产，并以当时汇率6.94兑换为24.6万美元汇出中国。该投资年均收益高达17.8%（相关税费忽略不计）。

8.3 房地产金融创新

8.3.1 房地产金融创新的概念

房地产金融是指在房地产开发、流通和消费过程中，通过货币流通和信用渠道所进行的筹资、融资及相关金融服务的一系列金融活动的总称[①]。

金融创新是金融深化的必然趋势，也是经济发展到一定程度的客观要求[②]。金融创新的概念可以从三个视角进行定义：一是基于金融工具视角：金融创新是将具有不同性质的金融工具重新整合，从而创造出新的金融工具[③]；二是基于商业银行视角：我国银监会在2006年发布的《商业银行金融创新指引》中将其定义为"商业银行为适应经济发展的要求，通过引入新技术、采用新方法、开辟新市场、构建新组织，在战略决策、制度安排、机构设置、人员准备、管理模式、业务流程和金融产品等方面开展的各种新活动，最终体现为银行风险管理能力的不断提高，以及为客户提供的服务产品和服务方式的不断创新"；三是基于金融体系和金融市场视角：金融创新实质上是在金融领域内重新建立一个生产函数，这个新的生产函数是金融体系中各种金融要素的重组[④]。

房地产金融创新是金融创新的重要组成部分，是房地产金融领域对各种要素的重新整合和创新性变革而产生的金融产品、服务方式、组织结构、市场制度等，见表8-3。

房地产金融创新的主要内容　　　　　表8-3

主要内容	举例
房地产金融产品创新	资产证券化、房地产信托投资基金、房地产众筹
房地产金融组织创新	政策性住房金融机构
房地产金融制度创新	住房信贷担保制度
房地产金融市场创新	房地产抵押初级市场、二级市场及市场体系的构建
房地产金融监管创新	房地产预警体系的构建与完善

[①] 曹建元. 房地产金融[M]. 上海：复旦大学出版社，2016：5.
[②] 胡庆康. 现代货币银行学教程[M]. 5版. 上海：复旦大学出版社，2017：268.
[③] 十国集团中央银行研究小组. 国际金融与业务创新[M]. 上海：上海译文出版社，2003：54-62.
[④] 陈岱孙，厉以宁. 国际金融学说史[M]. 北京：中国金融出版社，1991：1125.

8.3.2 房地产金融创新的基本理论

金融创新的基本理论主要集中探讨金融创新的动因,具体见表8-4。

房地产金融创新的基本理论 表8-4

基本理论	主要内容
技术推进理论	新技术革命的出现,为金融创新提供了物质上和技术上的保证。金融创新是对科技进步的积极吸收
规避管制理论	金融创新主要是由于金融机构为了获取利润而规避政府的管制所引致的
约束诱导理论	金融创新是金融机构为回避或者摆脱其内外部的制约而采取的自卫行为
财富增长理论	财富的增长是产生金融创新需求的主要因素,即社会财富的增长会直接导致人们对新的金融产品和服务的需求,促发了金融机构的创新以满足不断增长的金融需求
交易成本理论	金融创新的主要动因是利用新技术降低交易成本
制度改革理论	金融创新是一种与经济制度相互影响、互为因果的制度改革,金融体系的任何因制度改革而引起的变动都可以被视为金融创新

8.3.3 房地产金融创新的经济效应

房地产金融创新的正面经济效应主要包括三个方面:一是促进资金流通并提高了房地产金融机构的运营效率。房地产金融创新增加了房地产投资工具和业务种类、拓宽了房地产投资渠道和经营范围,满足了各种类型投资者/客户的多样化需求,促进了资金的高效流通,提高了房地产金融机构的运营效率。二是增加社会福利并促进房地产业发展和经济增长。房地产金融创新推动了住房消费、增加了社会福利[1]。同时,房地产金融创新带动了金融机构资本扩展能力和现代化管理能力,推动了房地产金融业产值的快速增长,加大了对房地产开发消费等的支持,并对金融业和国民经济增长产生了积极影响。三是拓宽了房地产金融市场的深度与广度,推动了制度改革与创新。随着房地产金融创新,交易规模扩张,市场突破时空限制,房地产金融市场的深度和广度增加。面对新环境、新市场、新产品,房地产金融监管也只能因时而变,实施制度改革,建立新制度。

房地产金融创新的负面经济效应主要体现在两方面:一是房地产金融创新降低了金融体系的稳定性和安全性,可能引发金融风险。从美国次贷危机爆发的整个过程来看,房地产金融创新带来了美国房地产信贷市场和金融市场的繁荣,但也导致了巨大的金融风险和流动性危机,威胁着美国甚至全球的金融安全。金融创新是一把"双刃剑"[2]。二是房地产金融创新增大了金融主体面临的风险。但不

---

[1] Takashi Yamashita. House price appreciation, liquidity constraints, and second mortgages[J]. Journal of Urban Economics, 2007, 62(3): 424-440.

[2] 何德旭,范力. 切实保障金融创新中的金融安全[J]. 上海金融, 2008(2): 5-9.

同经济主体所处的位置不同,房地产金融创新给其带来的风险也就不同。因此,对于房地产金融创新的风险分散作用需要辩证地理解①。

8.3.4 房地产金融创新的风险与监管

房地产金融创新增大了金融主体面临的风险,甚至引发金融风险。我国房地产金融主体面临的风险主要表现在以下两方面:一是房地产企业的融资风险,由于融资渠道、融资产品的相对有限,我国房地产信贷是开发资金的重要来源之一,如图8-9所示。房地产企业在经营中可能因利率上升、信贷收缩等因素而面临融资风险。二是商业银行的信贷风险,我国房地产企业开发贷款和居民住房消费信贷在商业银行贷款余额中占有较高比例,如果房地产价格短期内迅速下跌或长期持续下跌,银行可能因抵押资产价值受损、不良贷款增加、信用受损等承受较大风险。此外,房地产金融创新产品设计不合理、因信息不对称而导致企业道德风险严重、相关政策法规缺位、中介及监管缺失等②,加剧了房地产金融创新可能引致的风险。如果系统性房地产金融风险爆发,可能会引发金融危机,因此要加强风险的防范与房地产金融监管。

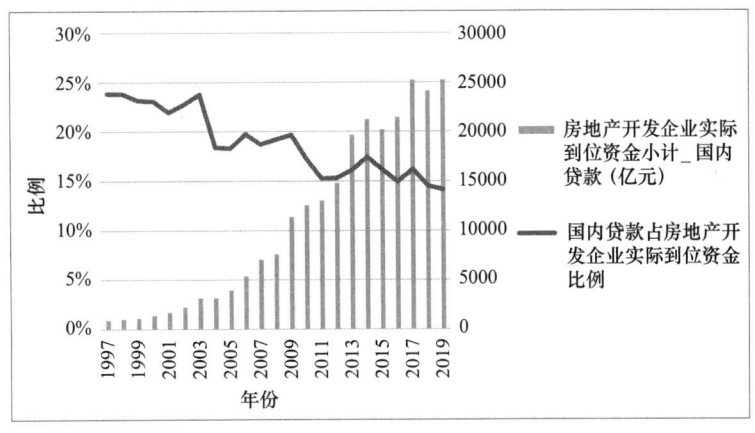

图8-9 我国房地产企业开发贷款占比情况③

一方面,我们应通过房地产金融创新的多元化、多层次、多角度深化来分散风险;另一方面,我们应通过建立房地产金融创新风险预警体系、房地产金融风险监控体系等加强监管、防范风险。

房地产金融创新的深化、金融监管理论的演进、国际金融监管的改革以及潜在的房地产金融风险等,都对房地产金融监管提出了更高要求。为此,应强化房

---

① Douglas W Elmendorf. Financial Innovation and Housing: Implications for Monetary Policy [R]. The Brookings Institution, 2008-04-21.
② 郭连强,刘力臻,祝国平. 我国房地产金融创新面临的突出问题与对策 [J]. 经济纵横,2015(3): 103-108.
③ 资料来源:中经网数据库。

地产金融监管，实现微观审慎监管与宏观审慎政策上的协调统一，健全信息披露制度，构筑金融监管的网络信息系统，逐步走向以透明度、智能化和动态化为主的监管，完善金融监管协调机制，加强房地产金融监管和其他调控政策的配合。

本 章 小 结

城市是社会分工和生产力发展的产物，是人类文明发展到一定程度的标志。根据诺瑟姆曲线，城市化可大致分为初级、加速和成熟三个发展阶段。在城市化的不同阶段，城市人口对住房的需求存在差异。人口结构是反映一定地区、一定时点人口总体内部各种不同质的规定性的数量比例关系，划分标准主要有年龄、性别、家庭、职业、收入、受教育程度、迁移原因等。其中，与住房需求关系密切的因素有家庭结构、年龄结构、空间结构等。

货币流动性是指货币在市场上的投放量，其变化反映了宽松或者紧缩的货币环境。货币流动性取决于货币供给与需求的共同影响。在宏观层面上，货币流动性可以被理解为不同统计口径的货币和资金总量，在一定程度上可以反映资产价格和宏观经济状况。货币流动性主要通过货币供应量及信贷、利率、国际资本流动等影响房地产供求及价格。

房地产金融是指在房地产开发、流通和消费过程中，通过货币流通和信用渠道所进行的筹资、融资及相关金融服务的一系列金融活动的总称。房地产金融创新是金融深化的必然趋势，也是经济发展到一定程度的客观要求。作为双刃剑，房地产金融创新可能引发金融风险，因此需加强房地产金融监管。

思考与练习题

1. 简述诺瑟姆曲线的含义。
2. 简述货币供应量对房地产供求的影响。
3. 简述房地产金融创新的含义和主要内容。
4. 试分析我国新型城镇化策略对住房需求的影响。
5. 试结合均衡模型分析利率对房地产供求及价格的影响。

主要参考文献

[1] 曹建元. 房地产金融 [M]. 上海：复旦大学出版社，2016.
[2] 陈岱孙，厉以宁. 国际金融学说史 [M]. 北京：中国金融出版社，1991.
[3] 陈明星，叶超，周义. 城市化速度曲线及其政策启示——对诺瑟姆曲线的讨论与发展 [J]. 地理研究，2011，30（8）：1499-1507.

［4］高波. 现代房地产经济学［M］. 南京：南京大学出版社，2013.

［5］顾海峰，张元姣. 货币政策与房地产价格调控：理论与中国经验［J］. 经济研究，2014（S1）：29-42.

［6］郭连强，刘力臻，祝国平. 我国房地产金融创新面临的突出问题与对策［J］. 经济纵横，2015（3）：103-108.

［7］何德旭，范力. 切实保障金融创新中的金融安全［J］. 上海金融，2008（2）：5-9.

［8］胡庆康. 现代货币银行学教程［M］. 5版. 上海：复旦大学出版社，2017.

［9］焦秀琦. 世界城市化发展的S型曲线［J］. 城市规划，1987（2）：34-38.

［10］李欣欣，刘海龙. 渐进开放环境下国际资本流动的影响渠道研究——以中国房地产市场为例［J］. 上海交通大学学报（哲学社会科学版），2015（23）：75-85.

［11］N. 格里高利·曼昆. 宏观经济学［M］. 7版. 北京：中国人民大学出版社，2011.

［12］Ray M. Northam, Urban Geography [M]. New York: Published by John Wiley & Sons, 1979.

［13］Takashi Yamashita. House price appreciation, liquidity constraints, and second mortgages [J]. Journal of Urban Economics, 2007,62 (3):424-440.

［14］Douglas W Elmendorf. Financial Innovation and Housing: Implications for Monetary Policy [R]. The Brookings Institution, 2008-04-21.

房地产经济周期与房地产泡沫

【本章要点及学习目标】

(1) 理解我国房地产经济周期的内涵与运行机制；
(2) 熟悉房地产经济周期的衡量指标及阶段划分；
(3) 掌握房地产泡沫的内涵及成因。

与宏观经济类似，房地产经济也同样表现出一种周期性的波动，房地产市场在过热的时候就会出现房地产泡沫。那么，房地产经济周期在运行时所包含的内在机制是什么？用来衡量房地产经济周期的主要指标有哪些？我国房地产经济周期经历了哪几个阶段？什么是房地产泡沫？导致房地产泡沫生成的原因有哪些？本章将结合这些问题对房地产经济周期及房地产泡沫进行介绍。

9.1　房地产经济周期的理论解释

9.1.1　房地产经济周期的内涵

经济在不断运行过程之中，经常会呈现出一种周期性波动的情形，波峰与波谷、扩张与收缩、不断更迭。同样地，房地产经济作为我国宏观经济的重要组成部分，也具有周期性特征，在市场运行过程中出现高峰期和低谷期。所以，房地产行业周期性波动的实质是房地产行业在其发展过程中不断扩展和收缩的更迭。

房地产市场的发展经验显示，房地产经济周期波动受社会经济多重因素的影响，如市场预期、经济发展、宏观政策、人口增长和流动以及传统文化等因素。房地产经济的周期性波动在房地产市场运行的各个方面都会表现出来，如土地供应、房地产投资、价格、供应结构、行业利润、销售量、就业等。

从具体指标来看，通常认为房地产经济的一个标准周期为一个完整的正弦曲线，能够分成四个阶段：

第一阶段，繁荣（膨胀）：正弦曲线的波峰。其主要特征为房地产市场整体呈现出一个蓬勃发展的状态，交易数量大幅上升，房地产市场的投资性需求和投机性需求都相当活跃；房价不断上涨，并且渐渐到达峰值；房地产行业利润很高，进一步促进房地产投资急剧增加。

第二阶段，衰退（收缩）：正弦曲线的下滑部分。其主要特征为房地产市场逐渐下行，交易数量大幅下降；尽管房价仍然居于一个上升阶段，但涨幅较为缓慢，有时候出现下跌迹象；推出新楼盘的速度下降以及数量减少，各大房企等待房地产市场的回暖，一部分楼盘开始出现折价销售的现象，以加快资金回笼。

第三阶段，萧条（停滞）：正弦曲线的波谷。其主要特征为房地产市场低迷，市场交易数量锐减，推出新楼盘的数量大幅度减少，房价持续走低，一部分房地产开发商所面临的资金压力上升，竞争力不强的开发商甚至会破产。

第四阶段，复苏与增长（调整与恢复）：正弦曲线的上升部分。其主要特征为房地产市场开始复苏并逐渐进入繁荣阶段，交易量开始慢慢上升；房价也慢慢开始上涨，持续走高；房地产投资量逐渐上升。

依据不同的角度，可以将房地产经济周期划分为多种类型。根据波动的时间长度，可以划分为短期波动、中期波动以及长期波动。短期波动持续时间通常为40个月，中期波动持续时间为10年左右，长期波动持续时间通常在15～25年之间。根据波动的剧烈程度，可以把房地产经济周期划分为剧烈的房地产周期、适度的房地产周期以及温和的房地产周期。参照房地产景气指数波谷与波峰间的波动幅度，一般将景气指数幅度在0.7~1.0之间的定为剧烈的房地产周期，将景气指数幅度在0.4~0.6之间的定为适度的房地产周期，将景气指数幅度在0~0.3之间的定为温和的房地产周期[①]。

9.1.2 房地产经济周期波动的运行机制

1. 房地产经济周期波动的传导机制[②]

房地产经济运行，既受外部冲击的影响，产业内部相关因素也起到一定的作用，从而产生房地产经济周期波动的冲击—传导机制。

（1）外部冲击阶段

诸如经济体制变迁、宏观政策变动等，源于房地产经济系统外部变量的作用，对房地产经济系统造成外部冲击。

（2）初步响应与内部传导阶段

房地产系统对外部冲击产生一个初始响应，并利用房地产经济系统内部传导机制将外部冲击转化成支撑房地产系统运行的一种重要动力因素。房地产系统振幅大小由房地产经济系统对外部冲击的敏感度高低决定。房地产系统的振幅越大，意味着房地产系统对外部冲击的敏感度越大；反之，则说明房地产经济系统对外部冲击的敏感度越小。我们可以将房地产业内部的传导机制概括为以下四个方面：①供求与价格机制。收入上升或者预期比较乐观，使得房地产需求上涨→短期内房地产供给大体上保持不变→供不应求的非均衡状态→房价上涨→房地产供应量增加→需求得到满足从而价格上涨得以控制→房价逐渐回落→房地产供求再次得以平衡。②利益驱动机制。企业会趁有利可图的时候扩大投资，增加供应量；在无利可图的时候，就会缩小投资量，供应量也随之减少。③乘数—加速机制。房地产投资增加，房地产产出通过乘数作用来提升，而在加速数的作用下，所增加的产出又会进一步引发投资。如此循环往复，形成乘数—加速数机制。反之，投资或产出的骤降也会通过相似方式产生相反的效应。④房地产增长制约机制。房地产行业的扩张会受到土地资源、资金、人力资源等众多生产要素条件的制约，客观上存在着一个扩张上限；同样地，房地产行业的收缩也同样存在着一个收缩下限。

（3）内部传导与振荡衰减阶段

因为房地产系统有内部运行阻力，所以当外部冲击由内部传导机制向房地产系统的各种领域全方位传导时，必然引起初始响应曲线衰减。也就是随着内部传导过程的持续进行，外部冲击对房地产系统所影响的程度大小会逐渐衰减，通常表现为房地产经济波动的波动振幅、波动强度与波动长度等指标逐渐趋向于正常

[①] 徐会军. 中国转轨时期的房地产周期研究［M］. 北京：中国经济出版社，2012.

[②] 谭刚. 房地产周期波动：理论、实证与政策分析［M］. 北京：经济管理出版社，2001.

或者稳定的状态。

（4）进入稳定状态阶段

房地产经济系统在其对外部冲击作出初始的响应，并且通过内部传导机制作用而表现出振荡衰减后，就会重新进入稳定状态。房地产经济系统在达到稳定状态前所需的时间，是衡量其特征的重要指标之一。其所需的时间越长，说明房地产经济系统抵御外部冲击的能力越弱，其内部特征也越差。反之，所需的时间越短，说明房地产经济系统抵御外部冲击的能力越强，其内部的特征性也越好。

总而言之，在房地产经济系统受到外部冲击并出现波动之后，在内部传导机制的作用下，会在经历上述四个阶段后重新回到稳定的状态，由此也就完成了一次完整的波动。当外部冲击接连不断或者重复叠加时，房地产经济系统就会在冲击—传导机制作用下进入一个连续不断的循环波动之中，由此便形成了房地产的周期波动。

2. 影响房地产经济周期波动的内外部因素

如上文所描述，房地产经济系统受到外部冲击，并且通过内部传导机制影响着房地产行业的运行。因此，房地产经济周期受到内外部因素的共同影响。

（1）影响房地产经济周期波动的外部因素

外部因素对于房地产经济运行的冲击通常分为供给结构和需求结构两个方面。

从供给结构方面看，影响房地产市场供给结构的外部因素主要有利润机制、竞争机制、市场预期和政策导向等。在利润机制方面，资本的逐利性决定了当各个物业利润不一样的时候，开发商会改变土地的用途，去投资利润较高的物业形态，结果就导致房地产市场供给结构中，利润率更高的物业比重有所上升，而利润率较低的物业比重有所下降。在竞争机制方面，市场的竞争机制决定了房地产开发商在做决策时是理性并且慎重的，并且适时调整开发物业的方向，使市场供给结构能够发生合理的变化，以确保在市场中保持竞争优势。在市场预期方面，房地产开发商做出投资决策时会受预期的影响。如果开发商预估某类物业市场的发展前景比较良好，就会向该类物业转移或者增加对其的开发，从而使得该类物业供给增加。反之，就会使得该类物业供给减少。在政策导向方面，政府会通过经济、行政手段等调控政策来干预房地产市场，从而使房地产市场的供求结构发生一些变化，以达到引导房地产市场趋势走向政策的目的[①]。

从需求结构方面看，宏观经济波动、经济结构调整、人口与收入状况、物业相对价格、政策环境等外部因素都会对房地产市场的需求结构产生影响。在宏观经济波动方面，经济波动会影响房地产市场的需求结构。一般来说，宏观经济对物业需求所造成的影响程度大小与需求弹性相关，一般需求弹性小的物业受宏观经济波动影响较小，需求弹性大的物业受宏观经济波动影响较大。在结构调整方面，一国或地区的房地产需求结构与当地的经济结构有密切的联系，房地产的需

---

① 王轶. 我国房地产周期波动的分析研究 [D]. 武汉：武汉理工大学, 2006.

求结构变化也可能受到经济结构调整的影响。例如，加工业和高新技术产业发达的地区，工业厂房的需求较旺盛；而第三产业发达的地区，写字楼和商业厂房的需求更旺盛。在人口和收入方面，影响房地产需求量的重要因素也包括人口和收入。如果一个国家正处于人口红利时期，又或者其家庭规模向小型化发展，则该国的住房需求就会上升。同时，家庭收入提高后，居民的购房意愿和购房支付能力会随之增加，对住房档次的要求也会相应提高。在物业价格方面，不同物业类别间的相对价格会影响到房地产市场的需求结构，当某类物业相对价格下降时，该类物业的需求量将上升；相反，需求量则下降。在政策环境方面，当政策大力鼓励或支持某一类物业发展的时候，则从市场上获取该类物业资源的成本更低，市场需求量上升；反之，市场需求量下降。[①]

（2）影响房地产经济周期波动的内部因素

房地产需求、房地产行业利润与供给、乘数—加速原理等内部因素会对房地产经济周期波动产生影响。

房地产需求是房地产业变动的原动力，需求变动引起房地产市场供求关系变化和市场繁荣程度的周期性波动。具体过程为：经济增长和收入增加引起物业需求上升→带动房地产业发展→经济繁荣则会对物业需求产生刺激→物业供过于求→形成物业积压进一步使得物业市场进入调整期→逐步消化存量物业，市场步入恢复期→物业供求关系恢复平衡→新的经济增长使物业供不应求→新的一轮房地产市场周期运动又开始了。

在供给方面，房地产利润率的变化引起房地产投资的变化，进一步引起房地产供给的变化，最终导致房地产经济的周期波动。当房地产行业的利润率增加时，房地产投资将会进入扩张期，房地产供给量就会增加，房地产市场供求平衡的状态将会被打破，从而引起房地产价格下降、需求上升，而需求上升又会促使房地产市场逐步走向平衡。反之，房地产业利润率下降则会引起房地产投资萎缩和供给下降。

在房地产领域，乘数—加速原理体现的是房地产内生变量发生变化，通过内部传导机制引起房地产周期波动。根据经济学理论，所谓乘数原理，是指投资的增加将会使人们的就业和收入以投资增加量的若干倍增加，反之亦然。所谓加速原理，就是指国民收入增长也会引致投资的加速增长，反之亦然。类似地，乘数、加速原理同样适用于房地产业的运行。房地产业具有关联性强的特点，涉及建材、建筑、金融等诸多领域。因此，房地产销售量的变化通常会引起房地产投资更大幅度的变动，并进一步引起房地产业周期波动。

9.1.3 经济周期与房地产经济周期的关系

房地产业是宏观经济的重要组成部分之一，房地产周期和经济周期存在高度相关性，两者相互影响、互动发展。

---

① 徐会军. 中国转轨时期的房地产周期研究 [M]. 北京：中国经济出版社，2012.

1. 经济周期对房地产周期的影响

宏观经济周期波动对于房地产经济周期而言具有决定性与基础性的影响作用。宏观经济处于上升阶段时,会带动房地产经济趋向繁荣;相反,宏观经济处于下行阶段时,会对房地产经济产生一定的负面效应。

首先,宏观经济会通过改变房地产的投资量,引起房地产经济周期性的波动。房地产投资是固定资产投资的一个重要组成部分,它会受宏观环境改变的直接影响。宏观经济繁荣时,社会固定资产投资,特别是房地产投资的需求随之增长,整个房地产市场因此逐步走向繁荣;相反,宏观经济萧条时,房地产投资需求也会相应减少,房地产市场开始下行。因此,宏观经济繁荣与萧条的交替变化会引起房地产经济的周期波动[1]。

再者,宏观经济的变化经由居民收入以及住房需求影响着房地产经济的周期波动。宏观经济上行通常带来居民收入增长和就业增加,增强居民的购房能力和购房意愿,推动住房需求上升和房地产市场上行;宏观经济下行则抑制住房需求,进而导致房地产市场下行。

2. 房地产周期对经济周期的影响

房地产具有投资属性和消费属性的双重特征,且房地产业具有产业链长、关联度高的特点,房地产业的发展通常对相关产业产生直接影响,进而影响宏观经济波动。因此,房地产经济周期对经济周期产生显著影响。

首先,房地产行业可以说是国民经济的先导产业,房地产周期对经济周期具有带动作用。房地产业与建材、建筑、家电、金融等行业具有高度关联性,房地产业的发展能够带动相关产业发展,进而对宏观经济产生促进作用。因此,房地产经济转好时,能够带动其产业链的发展,从而促进整个经济的发展,这就体现出房地产周期对经济周期的先导性作用。房地产周期与经济周期的这种关系,在宏观经济萧条时期尤其明显。如2008年金融危机后,宏观经济增速放缓,为带动经济增长,我国大力支持房地产市场发展。2009年,房地产投资和消费大幅增长,有效带动了宏观经济增长。

其次,房地产行业是国民经济的支柱产业,房地产周期能够显著影响经济周期,于是房地产业也就成为政府宏观调控的重要行业。房地产投资和消费直接影响全社会投资量和消费量,并且通过带动相关产业影响宏观经济走势。因此,房地产周期与经济周期通常表现出内在一致性。鉴于此,政府也会通过房地产市场来调节宏观经济走势。当宏观经济下行时,政府会放松对房地产市场的管制,利于房地产市场发展的政策纷纷出台,从而促进房地产的投资和消费,推动经济增长;而经济过热时,政府会适当管制房地产市场,加强对房地产投资和消费的控制,防止经济过热[2]。

---

[1] 付战兵. 房地产经济周期波动研究 [D]. 成都:四川大学,2003.

[2] 同上。

9.2 房地产经济周期的衡量

9.2.1 房地产经济周期的测度方法与衡量指标

1. 房地产经济周期的测度方法

选择合适的衡量指标是划分房地产经济周期的基础。房地产经济周期的测度,主要有单项指标法和综合指标法两种。

单项指标法主要是利用某一项或多项指标的增长率或绝对值对房地产经济周期进行考察,可选择的指标体系主要有房价、新建住房面积、房屋建筑面积、住房竣工面积、房地产销售面积、房地产销售面积增长率等。综合指标法则是利用赋权法等对多项指标进行综合评价,考虑不同经济指标的变动,从整体上考察各项房地产经济活动相互作用和影响下的房地产周期波动情况。

2. 房地产经济周期的衡量指标

何国钊等(1996)较早对我国房地产周期进行了研究,选择了八个指标:商品房价格、城镇住宅投资、城镇住宅竣工面积、城镇新建住宅面积、住宅建筑面积、房屋竣工面积、房地产买卖成交面积和房地产业从业人员,并用环比增长率考察房地产周期波动[1]。

随着学者们对房地产经济周期的不断深入研究,房地产经济周期的衡量指标体系逐渐完善。佟克克(2006)把房地产市场发展比较成熟的北京、上海、广州等35个大中城市作为考察对象,从制度和经济变量两个层面出发,搭建了一套系统的衡量我国房地产周期的指标体系。该体系一共有七大类指标,涉及房地产投资、建造、交易、制度等各个方面,具体指标见表9-1[2]。

我国房地产周期衡量指标体系　　　　　　　　　表9-1

指标类型	指标名称
房地产制度类	住房制度改革、土地供给制度、金融汇率制度
房地产业总量类	房地产业增加值
房地产投资类	房地产开发投资、房地产企业实现利润
房地产生产类	土地购置面积、土地开发面积、商品施工面积、商品房竣工面积
房地产交易类	商品房销售面积、商品房空置面积
房地产金融类	个人住房存贷款总额、房地产开发企业贷款、房地产企业自有资金
房地产价格类	商品房销售价格、房屋销售价格指数、土地交易价格指数

---

[1] 何国钊,曹振良,李晟. 中国房地产周期研究 [J]. 经济研究,1996(12):51-56.
[2] 佟克克. 中国房地产周期波动理论和对策研究 [D]. 北京:北京交通大学,2006.

9.2.2 我国住房制度改革后房地产经济周期的划分

1. 主要衡量指标

1998年以前，我国实行福利分房制度，房地产市场变化主要受到行政干预的影响。而住房制度改革以后，住房市场化程度显著提高，房地产周期波动主要是由市场供求关系引起，并受调控政策的影响。因此，对1998年以后房地产周期的划分更具有现实意义。

参考目前有关房地产周期划分的常用指标，本章主要从土地供应、房地产投资、房地产供应、房地产销售、房地产价格等角度对我国住房制度改革以后房地产经济周期进行划分，选择的指标见表9-2。

我国住房制度改革后房地产经济周期衡量指标　　　　表9-2

指标类型	指标名称
土地供应类	房地产开发购置土地面积、购置土地面积增长率
房地产投资类	房地产开发投资完成额、房地产开发投资完成额增长率
房地产供应类	房屋建筑施工面积、施工面积增长率、房屋建筑竣工面积、竣工面积增长率
房地产销售类	商品房销售面积、销售面积增长率、住宅销售面积、住宅销售面积增长率、商品房销售额、商品房销售额增长率、住宅销售额、住宅销售额增长率
房地产价格类	商品房平均销售价格、商品房销售价格增长率、住宅平均销售价格、住宅销售价格增长率

2. 住房制度改革后的三大房地产经济周期

根据上述指标变化，1998年住房制度改革以后，我国房地产经济周期大致可划分为三个时期：一是1998～2005年的逐步繁荣期，二是2006～2008年的短期调整期，三是2009年至今的增速放缓期。

（1）逐步繁荣期（1998～2005年）

1998年以后，我国房地产市场化程度慢慢提高，住房需求不断释放，房地产市场得以快速发展，逐步走向繁荣。商品房销售面积从1998年的12185.3万m^2上升到2005年的55486.22万m^2，住宅销售面积也从10827.1万m^2上升到49587.8万m^2，销售面积增长率基本保持在20%以上。房地产销售金额同样呈现持续上升的态势，其中商品房销售金额从1998年的2513.3亿元上升到2005年的17576.1亿元，住宅销售额则从2006.87亿元上升到14563.8亿元，见表9-3。

房地产销售价格持续上升，尤其是2004年以后开始大幅增长。2003年以前，我国房地产销售价格逐年上升，但增长相对平缓，商品房销售价格年增长率保持在3%左右，住宅销售价格年增长率大致在3%～5%之间。而2004年以后，房地产销售价格大幅增长，商品房和住宅销售价格年增长率均超过10%，见表9-4。该时期房地产市场变化与国家政策导向密切相关。2003年8月，国务院发布《关于促进房地产市场持续健康发展的通知》，提出房地产行业已经成为我国国民经济的支柱型产业，保持房地产行业的持续健康发展对我国国民经济具有重要意义。这为房地产市场发展创造了良好的政策环境，这也就有了房地产市场此后的高速增长和快速繁荣[①]。

1998~2005 年我国房地产销售情况　　　　　　　　表 9-3

年份	销售面积（万 m²）		销售面积增长率（%）		销售金额（亿元）		销售金额增长率（%）	
	商品房	住宅	商品房	住宅	商品房	住宅	商品房	住宅
1998	12185.30	10827.1	35.24	37.67	2513.30	2006.87	39.67	42.58
1999	14556.53	12997.9	19.46	20.05	2987.87	2413.73	18.88	20.27
2000	18637.13	16570.3	28.03	27.48	3935.44	3228.60	31.71	33.76
2001	22411.90	19938.8	20.25	20.33	4862.75	4021.15	23.56	24.55
2002	26808.29	23702.3	19.62	18.88	6032.34	4957.85	24.05	23.29
2003	33717.63	29778.9	25.77	25.64	7955.66	6543.45	31.88	31.98
2004	38231.64	33819.9	13.39	13.57	10375.70	8619.37	30.42	31.73
2005	55486.22	49587.8	45.13	46.62	17576.10	14563.80	69.40	68.97

数据来源：国家统计局。

1998~2005 年我国房地产价格走势　　　　　　　　表 9-4

年份	销售价格（元）		销售价格增长率（%）	
	商品房	住宅	商品房	住宅
1998	2063.00	1854	3.30	3.58
1999	2053.00	1857	-0.48	0.16
2000	2112.00	1948	2.87	4.90
2001	2170.00	2017	2.75	3.54
2002	2250.00	2092	3.69	3.72
2003	2359.00	2197	4.84	5.02
2004	2778.00	2608	17.76	18.71
2005	3167.66	2937	14.03	12.61

数据来源：国家统计局。

---

① 任焰，贾文娟. 建筑行业包工制：农村劳动力使用与城市空间生产的制度逻辑 [J]. 开放时代，2010（12）：5-23.

得益于房地产销售端的良好表现，我国房地产供给端指标在1998~2005年均表现出较强的增长势头。例如，房地产企业购置土地面积除了在2005年出现负增长外，其他年份均保持10%以上的增长速度，甚至在2000~2002年超过30%。不过，受到土地供应政策、房地产市场变化、房地产企业投资策略等多重因素的影响，购置土地面积增长率通常表现出较大的波动性。房地产投资总体呈现持续稳定增长的态势，房地产开发投资额增长率不断提高，从1998年的13.71%上升到2003年以后的30%左右，房地产开发投资额绝对量也从1998年的3614.23亿元提高到2005年的15909.25亿元，见表9-5。同样，房屋建筑施工和竣工面积增长态势明显，年增长率均保持在20%左右。

1998~2005年我国房地产供给端指标　　　　表9-5

年份	房地产开发企业购置土地面积（万m²）	购置土地面积增长率（%）	房地产开发企业投资完成额（亿元）	房地产投资完成额增长率（%）	房屋建筑施工面积（万m²）	施工面积增长率（%）	房屋建筑竣工面积（万m²）	竣工面积增长率（%）
1998	10109.32	52.21	3614.23	13.71	50770.14	12.86	17566.60	11.04
1999	11958.90	18.30	4103.20	13.53	56857.63	11.99	21410.83	21.88
2000	16905.24	41.36	4984.05	21.47	65896.92	15.90	25104.86	17.25
2001	23408.99	38.47	6344.11	27.29	79411.68	20.51	29867.36	18.97
2002	31356.78	33.95	7790.92	22.81	94104.01	18.50	34975.75	17.10
2003	35696.48	13.84	10153.80	30.33	117525.99	24.89	41464.06	18.55
2004	39784.66	11.45	13158.25	29.59	140451.39	19.51	42464.87	2.41
2005	38253.73	-3.85	15909.25	20.91	166053.26	18.23	53417.04	25.79

数据来源：国家统计局。

房地产市场在这一时期的高速增长得益于我国宏观经济的快速发展、城市化进程的不断推进、住房制度改革释放的住房需求等。第一，我国国民经济保持快速增长，年经济增长率平均保持在10%左右，并呈逐年提高的态势，为房地产市场的发展创造了坚实的经济基础。第二，随着经济的快速增长，城镇化率逐渐提高，农村人口不断向城市转移带来了大量的新增住房需求。根据国家统计局的数据，我国城镇化率从1998年的30.4%上升到2005年的42.99%。第三，住房制度改革加快了房地产市场化水平，并确定了房地产支柱产业的地位，为房地产业的发展创造了良好的外部条件。

（2）短期调整期（2006~2008年）

2006~2008年，我国房地产市场经历了短暂的调整期。房地产市场调整的主要原因在于内外部条件的变化，分别是房地产政策的主动调控和次贷危机的外部冲击。首先，连续多年的快速发展使得房地产市场出现过热的现象，房地产价格增长过快,我国在2005~2006年连续出台多项调控政策,调整供给结构、抑制投机性需求、稳定住房价格。其次,2008年美国次贷危机对我国宏观经济增长带来负面冲击,并打击了国内房地产市场信心,增加了国内房地产市场发展的不确定性,导致房地产市场增速放缓,甚至多项指标出现明显的负增长。

在销售端,销售面积和销售金额在2006年、2007年仍高速增长,尤其是在2007年,商品房和住宅销售面积增长率均超过25%,销售额增长率则超过40%,表现出市场过热的特征,见表9-6。这说明在调控政策趋紧的情况下,房地产市场依然保持较快的增长速度,这也反映了当时房地产调控的必要性。房地产价格也表现出类似的增长态势,2006年商品房和住宅平均价格增长率均超过6%,2007年分别为14.77%和16.86%。而2008年美国次贷危机对我国房地产市场带来较大冲击,立即逆转了房地产市场的增长走势,销售面积和销售金额出现大幅下跌,下降幅度超过15%,见表9-7。同时,房地产销售价格也出现罕见的下降。

2006~2008年我国房地产销售情况　　　　表9-6

年份	销售面积(万m²)		销售面积增长率(%)		销售金额(亿元)		销售金额增长率(%)	
	商品房	住宅	商品房	住宅	商品房	住宅	商品房	住宅
2006	61857.07	55423	11.48	11.77	20826	17287.8	18.49	18.70
2007	77354.72	70135.9	25.05	26.55	29889.1	25565.8	43.52	47.88
2008	65969.83	59280.4	-14.72	-15.48	25068.2	21196	-16.13	-17.09

数据来源:国家统计局。

2006~2008年我国房地产价格走势　　　　表9-7

年份	销售价格(元)		销售价格增长率(%)	
	商品房	住宅	商品房	住宅
2006	3366.79	3119.25	6.29	6.21
2007	3863.90	3645.18	14.77	16.86
2008	3800.00	3576.00	-1.65	-1.90

数据来源:国家统计局。

在供给端,土地购置对政策和市场变化较为敏感,2006年和2008年房地产企业购置土地面积均出现负增长。由于存在投资惯性,房地产开发投资、施工面积和竣工面积仍保持较快的增长速度。其中,房地产投资完成额增长率超过20%;施工面积增长率也维持在20%左右;竣工面积增长率逐步提高,2008年已上升到9.8%,见表9-8。

2006~2008年我国房地产供给端指标　　　　　　　　表9-8

年份	房地产开发企业购置土地面积（万m²）	购置土地面积增长率（%）	房地产开发企业投资完成额（亿元）	房地产投资完成额增长率（%）	房屋建筑施工面积（万m²）	施工面积增长率（%）	房屋建筑竣工面积（万m²）	竣工面积增长率（%）
2006	36573.57	-4.39	19422.92	22.09	194786.42	17.30	55830.92	4.52
2007	40245.85	10.04	25288.84	30.20	236318.24	21.32	60606.68	8.55
2008	39353.43	-2.22	31203.19	23.39	283266.20	19.87	66544.80	9.80

数据来源：国家统计局。

（3）增速放缓期（2009年至今）

2009年至今，房地产市场出现较大幅度的波动，整体呈现繁荣—回落—回暖的特征。2009~2010年，房地产市场空前繁荣，表现出供需两旺的局面，房地产开发、销售、价格均同比大幅增长。这主要是由于金融危机后，为刺激经济增长，国务院出台"四万亿"投资政策，促进基础设施建设和房地产开发投资，并出台多项利好融资政策，直接推动了房地产市场繁荣。2011~2014年，我国房地产市场增速有所放缓，与历史数据比较，供给和销售的各项增长指标整体下降。主要是因为1998年住房制度改革以后，房地产投资稳定增长，大量新增住房供应进入市场缓解了供求矛盾，因此房地产业各项指标增速有所回落。此外，金融危机后的刺激政策使得房地产市场出现过热的迹象，中央和地方政府及时出台调控措施，客观上促进了房地产市场降温。而2015年以后，各项指标显示，我国房地产市场出现回暖现象，这主要得益于一线城市和部分重点城市房地产市场首先复苏，带动市场整体回暖。

在销售方面，2009年房屋销售面积和销售金额出现大幅增长，商品房和住宅销售面积增长率均超过40%，销售金额增长率则高达80%，房屋销售价格增长率也超过20%。2011~2014年，房地产销售整体出现回落，除了2013年以外，其他年份商品房和住宅销售面积增长率均低于10%，销售金额增速也显著低于前期。同样地，房地产销售结构也趋向平稳。2015年以后，销售状况有所回升，尤其是2016年房屋销售面积增长率超过20%，销售金额增长率超过30%，销售回暖迹象明显。但之后几年，销售状况又出现回落。见表9-9、表9-10。

2009～2019年我国房地产销售情况　　　　　　　　表9-9

年份	销售面积（万m²）		销售面积增长率（%）		销售金额（亿元）		销售金额增长率（%）	
	商品房	住宅	商品房	住宅	商品房	住宅	商品房	住宅
2009	94755.0	86184.9	43.63	45.39	44355.2	38432.9	76.94	81.32
2010	104764.7	93376.6	10.56	8.34	52721.2	44120.7	18.86	14.80

续表

年份	销售面积（万 m²）		销售面积增长率（%）		销售金额（亿元）		销售金额增长率（%）	
	商品房	住宅	商品房	住宅	商品房	住宅	商品房	住宅
2011	109366.8	96528.4	4.39	3.38	58588.9	48198.3	11.13	9.24
2012	111303.7	98467.5	1.77	2.01	64455.8	53467.2	10.01	10.93
2013	130550.6	115722.7	17.29	17.52	81428.3	67694.9	26.33	26.61
2014	120648.5	105187.8	−7.58	−9.10	76292.4	62411.0	−6.31	−7.81
2015	128495.0	112412.3	6.50	6.87	87280.9	72769.8	14.40	16.60
2016	157348.5	137539.9	22.46	22.35	117627.1	99064.2	34.77	36.13
2017	169407.8	144788.8	7.66	5.27	133701.3	110239.5	13.67	11.28
2018	171464.6	147759.6	1.21	2.05	149614.4	126374.1	11.90	14.64
2019	171557.9	150144.3	0.05	1.61	159725.1	139440.0	6.76	10.34

数据来源：国家统计局。

2009～2018年我国房地产价格走势　　　　表9-10

年份	销售价格（元）		销售价格增长率（%）	
	商品房	住宅	商品房	住宅
2009	4681.00	4459.00	23.18	24.69
2010	5032.00	4725.00	7.50	5.97
2011	5357.10	4993.17	6.46	5.68
2012	5790.99	5429.93	8.10	8.75
2013	6237.00	5850.00	7.70	7.74
2014	6324.00	5933.00	1.39	1.42
2015	6793.00	6473.00	7.42	9.10
2016	7476.00	7203.00	10.05	11.28
2017	7892.00	7614.00	5.56	5.71
2018	8736.90	8544.11	10.71	12.22

数据来源：国家统计局。

在供给方面，房地产企业购置土地速度放缓，2009年至今，除了2010年、2011年、2013年、2017年、2018年外，其他年份土地购置面积均出现负增长。房地产开发投资额、房屋施工面积、房屋竣工面积增长速度总体呈现下降趋势，见表9-11。

2009～2019年我国房地产供给端指标　　　表9-11

年份	房地产开发企业购置土地面积（万m²）	购置土地面积增长率（%）	房地产开发企业投资完成额（亿元）	房地产投资完成额增长率（%）	房屋建筑施工面积（万m²）	施工面积增长率（%）	房屋建筑竣工面积（万m²）	竣工面积增长率（%）
2009	31909.45	−18.92	36241.81	16.15	320368.20	13.10	72677.40	9.22
2010	39953.10	25.21	48259.40	33.16	405356.40	26.53	78743.90	8.35
2011	44327.44	10.95	61796.89	28.05	506775.48	25.02	92619.94	17.62
2012	35666.80	−19.54	71803.79	16.19	573417.52	13.15	99424.96	7.35
2013	38814.38	8.82	86013.38	19.79	665571.89	16.07	101434.99	2.02
2014	33383.03	−13.99	95035.61	10.49	726482.34	9.15	107459.05	5.94
2015	22810.79	−31.67	95978.85	0.99	735693.37	1.27	100039.10	−6.90
2016	22025.25	−3.44	102580.61	6.88	758974.80	3.16	106127.71	6.09
2017	25508.29	15.81	109798.53	7.04	781483.73	2.97	101486.41	−4.37
2018	29141.57	14.24	120164.75	9.44	822299.56	5.22	94421.15	−6.96
2019	25822.29	−11.39	132194.26	10.01	893820.89	8.70	95941.53	1.61

数据来源：国家统计局。

9.3 房地产泡沫的实证检测

9.3.1 房地产泡沫的概念与特征

经济学中，泡沫的核心要义是资产价格偏离其基础价值。根据经济学理论，资产的基础价值等于该项资产预期未来收入流的贴现之和，当资产的市场价格持续且明显高于资产价值时，便形成资产泡沫。市场不确定性、信息不对称、投机因素干扰等多种原因都会导致投资者高估资产价值，进而使资产价格高于其真实价值。

房地产泡沫是以房地产为载体的特殊形式的泡沫经济，是指投资者将大量资金集中投资到与房地产相关的经济活动中，造成价格飞涨，脱离其实际使用价值，形成市场的虚假繁荣。当房价上涨到无法支撑的程度，就会迅速跌落，泡沫破灭。房地产泡沫经常出现在房地产周期的上升阶段，而最繁荣的阶段通常对应房地产周期的顶峰。因此，可以将房地产泡沫作为特殊的周期[①]。

房地产泡沫有以下几点特征：①房地产泡沫表现为房地产价格出现非平稳性向上偏移，而受到经济环境、市场预期、调控政策等因素的影响，泡沫在膨胀到一定程度时可能发生价格回调，甚至持续下跌，直至房地产泡沫破灭。②房地产

---

① 梁云芳. 新时期我国房地产周期波动研究 [M]. 北京：科学出版社，2012.

泡沫具有较强的波动性和不确定性，表现为房地产价格上升、高涨再到崩溃的过程。③因存在房地产财富效应，房地产泡沫的出现会使居民财富增加，但泡沫带来的财富增加具有不确定性，泡沫破灭会导致财富大幅缩水。④房地产泡沫会加剧宏观经济波动。温和的房地产泡沫有助于带动宏观经济增长，但持续膨胀后的泡沫破灭也会导致与房地产业关联的相关产业的萧条，对宏观经济带来负面冲击。因此，房地产泡沫产生、膨胀和破灭的过程会加剧宏观经济的波动。

9.3.2 房地产泡沫形成的原因[①]

房地产泡沫的产生是由宏观经济和市场发展等多重因素造成的。具体可从土地供给、金融支持、调控政策、逆向选择和道德风险、社会心理因素等方面进行分析。

1. 土地供给刚性

由于房地产开发投资的载体——土地，是一种不可再生的稀缺资源。土地供应的有限性决定了房地产价格具有不断提高的倾向，是导致房地产泡沫产生的基础。

2. 金融过度支持

房地产具有消费属性和投资属性双重特征。在房地产市场运行过程中，房地产具有开发周期长、投资量大的特点，需要大量的外部资金支持。由于房地产的增值性，金融机构通常将房地产贷款作为优质资产，大量资金流入房地产市场，推高了房价，严重时会引发房地产泡沫。

3. 调控政策因素

房地产行业对国民经济的发展具有重要的促进作用，也是政府财政收入的重要来源。尤其是在宏观经济萧条的情况下，政府会通过放松房地产融资、引导住房消费等方式刺激房地产市场发展，这会带来房地产市场繁荣，并改变市场预期，可能会导致房地产价格快速、持续上涨，并最终导致房地产泡沫产生。

4. 逆向选择和道德风险

房地产市场存在信息不对称，会产生银行的逆向选择问题，间接推动房地产泡沫的形成。信誉差，有可能给银行造成不利影响的部分风险偏好投资者获得房地产贷款，增加了银行的信用风险。尤其是在房地产价格不断攀升、所抵押资产不断升值时，这种道德风险更难觉察，资金的大量流入以及不安全性，推动了泡沫的产生。

5. 社会心理因素

投资者的投机心理和房价继续上升的预期，使投资者在明知资产价格已高于基准价格的情况下，仍然盲目相信在未来的一段时间内，价格还会上升。因此购进此项资产，导致价格的持续上升乃至泡沫产生。

[①] A. 中国人民银行营业管理部课题组. 房地产价格与房地产泡沫问题——国别研究与实证方法［M］. 北京：中国社会科学出版社，2007.
B. 周京奎. 金融支持过度与房地产泡沫［M］. 北京：北京大学出版社，2005.

9.3.3 我国房地产泡沫的测度[①]

房地产泡沫的测度方法有统计法、指标法、理论价格法等多种方法。其中，我们通常使用指标法来衡量房地产泡沫，也就是通过各种与房地产泡沫相关的指标或指标的加权综合来考察房地产泡沫的大小。国际上通用的指标有房价上升幅度与GDP增幅之比、房价收入比、房地产贷款增速与金融机构贷款增速之比等。

根据房地产泡沫的生成机制，并借鉴国际经验，可设计三个指标来衡量我国房地产市场泡沫的程度，分别是房地产价格增长率/GDP增长率、房价收入比、房地产贷款增长率/金融机构贷款总额增长率。

1. 房地产价格增长率/GDP增长率

房地产价格增长率/GDP增长率是一个能反映泡沫扩张程度的指标，可以用来反映房地产泡沫化趋势。该指标的数值越大，表明房地产泡沫化程度越高。学者们普遍认为，当房地产价格增长率/GDP增长率达到2以上时，房地产市场孕育着泡沫[②]。

数据统计显示，1998~2015年，我国房地产价格增长率/GDP增长率有六个月份超过1，其中2009年为2.47，主要是由于金融危机后我国推出"四万亿"投资政策，大力推动了房地产市场发展，导致市场出现泡沫倾向。而2010年以后，随着政策收紧和供求矛盾的缓解，市场逐渐趋向理性，如图9-1所示。

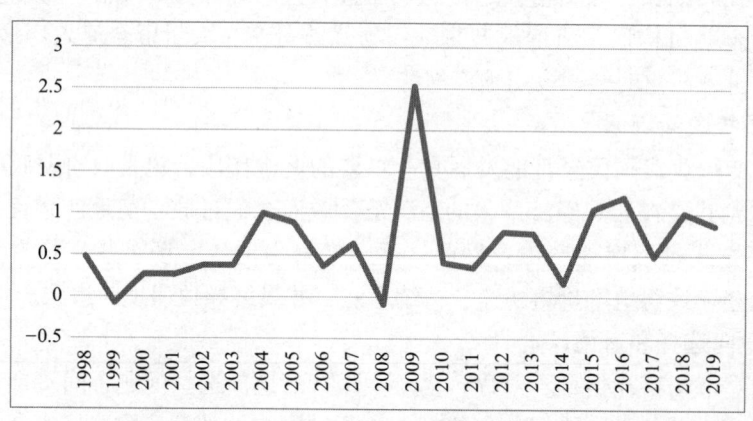

图9-1　1998~2019年我国房地产价格增长率与GDP增长率之比[③]

2. 房价收入比

房价收入比是指住房价格与城市居民家庭收入之比。它反映一个家庭的购房能力，是衡量特定地区房地产泡沫水平的重要指标。国际上通用的房价收入比的计算公式，是以住房套价的中值，除以家庭年收入的中值。考虑到我国数据的可获得性，可通过住房的平均交易价格和人均可支配收入计算房价收入比。

---

① 李智. 房地产泡沫：效应、测度及预警 [D]. 南京：南京大学，2010.

② 周京奎. 金融支持过度与房地产泡沫：理论与实证研究 [M]. 北京：北京大学出版社，2005.

③ 数据来源：国家统计局。

国际上普遍认为房价收入比在3～6倍之间比较合理，超过6则认为存在泡沫风险。但利用房价收入比来衡量房地产泡沫水平也有局限性，即忽略了未来收入增长因素。居民购房通常使用按揭贷款，未来收入将逐步偿还现有贷款，随着收入的增长，还贷压力也将逐渐下降，而房价收入比通常难以包含未来收入上涨因素，从而高估购房压力。

根据国家统计局发布的数据，2016年我国城镇居民人均住房建筑面积为$36.6m^2$，而将家庭考虑为3口之家。由此，房价收入比的计算公式为：

$$房价收入比 = (房地产平均交易价格 \times 110) / (人均可支配收入 \times 3) \quad (9\text{-}1)$$

1998～2018年我国房价收入比　　　　表9-12

年份	房地产开发企业商品房平均销售价格（元）	城镇居民人均可支配收入（元）	房价收入比
1998	2063	5425.05	13.94
1999	2053	5854.02	12.86
2000	2112	6279.98	12.33
2001	2170	6859.58	11.60
2002	2250	7702.8	10.71
2003	2359	8472.2	10.21
2004	2778	9421.61	10.81
2005	3167.66	10493.03	11.07
2006	3366.79	11759.45	10.50
2007	3863.9	13785.79	10.28
2008	3800	15780.76	8.83
2009	4681	17174.65	9.99
2010	5032	19109.44	9.66
2011	5357.1	21809.78	9.01
2012	5790.99	24564.72	8.64
2013	6237	26467	8.64
2014	6324	28843.85	8.04
2015	6793	31194.83	7.98
2016	7476	33616	8.15
2017	7892	36396	7.95
2018	8736.9	39251	8.16

数据来源：国家统计局。

表9-12显示，1998年以来，我国房价收入比均大于7，说明快速上涨的房价导致我国居民存在较大的购房压力。但是，收入的持续增加也会逐渐降低居民的还贷压力。因此，仅从房价收入比角度不能说明全国房地产市场存在泡沫。从变化趋势看，我国房价收入比总体上不断下降，这与居民收入的快速上涨密不可分。

3. 房地产贷款与金融机构贷款增速之比

房地产贷款与金融机构贷款增速之比，是衡量房地产泡沫的相对指标。房地产贷款增速如果显著高于金融机构贷款总额的增速，则说明银行信贷在房地产行业过度的集中，房地产开发投资必然大幅增长。同时，个人住房信贷的大幅增加，也会放大居民的购房需求。其比率越大，说明房地产泡沫程度越高。

1998～2019年我国房地产贷款与金融机构贷款增速对比　　　表9-13

年份	房地产贷款（亿元）	金融机构人民币各项贷款余额（亿元）	房地产贷款增长率/金融机构贷款增长率
1998	1053.17	86524.13	1.01
1999	1111.57	93734.28	0.67
2000	1385.08	99371.07	4.09
2001	1692.20	112314.70	1.70
2002	2220.34	131293.93	1.85
2003	3138.27	158996.23	1.96
2004	3158.41	178197.78	0.05
2005	3918.08	194690.39	2.60
2006	5356.98	225347.20	2.33
2007	7015.64	261690.88	1.92
2008	7605.69	303394.64	0.53
2009	11364.51	399684.82	1.56
2010	12563.70	479195.55	0.53
2011	13056.80	547946.69	0.27
2012	14778.39	629909.64	0.88
2013	19672.66	718961.46	2.34
2014	21242.61	816770.01	0.59
2015	20214.38	939540.16	−0.32
2016	21512.40	1066040.06	0.48
2017	25241.76	1201320.99	1.37

续表

年份	房地产贷款（亿元）	金融机构人民币各项贷款余额（亿元）	房地产贷款增长率/金融机构贷款增长率
2018	24132.14	1362967.00	−0.33
2019	25228.77	1531123.20	0.37

数据来源：国家统计局。

表9-13显示，1998年以来，我国房地产贷款增长率与金融机构贷款增长率之比总体上呈下降趋势。2007年以前，我国房地产贷款增长率明显高于金融机构贷款增长率，两者之比大致在2左右，说明大量信贷资金流向房地产行业，加大了房地产泡沫风险。而2008年以后，受金融危机的影响以及住房供求矛盾的缓解，房地产市场降温，房地产贷款与金融机构贷款增速的比值也相应下降。

本 章 小 结

房地产经济周期波动受社会经济多重因素的影响，如经济发展、宏观政策、人口增长和流动、市场预期、传统习俗等。房地产经济的周期性波动表现在房地产市场运行的各个方面，如土地供应、房地产投资、供应结构、销售量、价格、行业利润以及就业等。一般认为，房地产标准周期是一个完整的正弦曲线，可以将它分为繁荣、衰退、萧条、复苏与增长四个阶段。

自1998年住房制度改革以来，我国房地产经济周期波动，外部冲击起到决定性作用，而房地产行业内部传导机制也在发挥影响，这就是房地产经济周期波动的冲击—传导机制，分为外部冲击阶段、初步响应与内部传导阶段、内部传导与振荡衰减阶段、进入稳定状态阶段[①]。

房地产经济周期的分析，主要有单项指标法和综合指标法。单项指标法主要是利用某一项或多项指标的绝对值或增长率对房地产经济周期进行衡量，所选择的指标主要有房价、房屋建筑面积、住房竣工面积、新建住房面积、房地产销售面积、房地产销售面积增长率等。综合指标法则是利用赋权法等对多项指标进行综合评价，考虑不同经济指标的变动，从整体上反映在各项房地产经济活动交叉作用、相互影响下的房地产波动状况。1998年住房制度改革以后，我国房地产经济周期大致可划分为三个时期，一是1998~2005年的逐步繁荣期，二是2006~2008年的短期调整期，三是2009年至今的增速放缓期。

房地产泡沫的产生是由宏观经济和市场发展等多重因素造成的。具体来看，可以从土地供给、金融支持、调控政策、逆向选择和道德风险、社会心理因素等方面进行分析。房地产泡沫的测度有统计法、指标法、理论价格法等多种方法。一般使用指标法来衡量房地产泡沫，也就是通过各种与房地产泡沫相关的指标或指标的加

---

① 王文群. 试论我国房地产周期波动与当前宏观调控政策取向［J］. 江西社会科学，2005（12）：89-93.

权综合来反映房地产泡沫的程度。国际上通用的指标有房价上升幅度与GDP增幅之比、房价收入比、房地产贷款增速与金融机构贷款增速之比等。

> **思考与练习题**
>
> 1. 影响房地产经济周期性波动的因素有哪些?
> 2. 宏观经济周期如何引起房地产经济周期波动?
> 3. 说明房地产经济周期的主要衡量指标。
> 4. 论述住房制度改革后,我国经历的几次房地产经济周期及其成因。
> 5. 论述房地产泡沫生成的主要原因。

主要参考文献

[1] 顾建发. 上海房地产周期波动分析 [M]. 上海:上海三联书店,2008.

[2] 何国钊,曹振良,李晟. 中国房地产周期研究 [J]. 经济研究,1996(12):51-56.

[3] 李智. 房地产泡沫:效应、测度及预警 [D]. 南京:南京大学,2008.

[4] 梁云芳. 新时期我国房地产周期波动研究 [M]. 北京:科学出版社,2012.

[5] 佟克克. 中国房地产周期波动理论和对策研究 [D]. 北京:北京交通大学,2006.

[6] 徐会军. 中国转轨时期的房地产周期研究 [M]. 北京:中国经济出版社,2012.

[7] 中国人民银行营业管理部课题组. 房地产价格与房地产泡沫问题——国别研究与实证方法 [M]. 北京:中国社会科学出版社,2007.

[8] 周京奎. 金融支持过度与房地产泡沫 [M]. 北京:北京大学出版社,2005.

[9] 任泽平,夏磊,熊柴. 房地产周期 [M]. 北京:人民出版社,2017.

[10] [美] 霍默. 霍伊特. 房地产百年周期史——1830~1933年芝加哥城市发展与土地价值 [M]. 贾祖国,译. 北京:经济科学出版社,2011.

[11] Case K E, Shiller R J. Is there a bubble in the housing market? Brookings Papers on Economic Activity [J]. 2003.

[12] Dokko Y, Edelstein R H, Lacayo A J et al. Real estate income and value cycles: a model of market dynamics [J]. Journal of Real Estate Research, 1999.

[13] Lee S G. Housing investment dynamics, period of production, and adjustment costs [J]. Journal of Housing Economics, 1999.

房地产市场调控与预警

【本章要点及学习目标】

（1）理解房地产市场失灵的概念及表现；
（2）掌握房地产市场调控的目标与手段；
（3）了解房地产市场预警的指标体系构成；
（4）掌握房地产市场预警的方法。

房地产市场并不总是有效。那么，什么是房地产市场失灵？房地产市场失灵的表现与特点有哪些？如何进行房地产市场调控？我国房地产市场调控的发展历程是怎样的？如何对房地产市场进行预警？本章将结合这些问题对房地产市场调控与预警进行介绍。

10.1 房地产市场失灵

10.1.1 房地产市场失灵的概念

古典经济学派与现代新自由主义学派均认为，在理性人假设和完全竞争的条件下，通过市场自动有效地配置资源，市场便可自动趋于稳定。然而在现实经济中，完全竞争只是一种理性状态，市场和价格的资源配置作用经常无法有效地发挥，即所谓"市场失灵"。因此，为促进房地产市场的可持续健康发展，必须借助政府这一凌驾于市场之上的力量，通过调控来弥补房地产市场的失灵。

如第1章所讲，房地产市场存在着供给的相对垄断性、外部性、信息不对称等问题，这些问题都影响了市场对资源配置的有效性，形成市场失灵。因此，从传统经济学理论上说，依赖政府的宏观调控克服房地产市场失灵是十分必要的。

10.1.2 房地产市场失灵的表现与特点

许多学者发现并分析了一些房地产市场失灵的行为特征及规律，包括房地产市场的非均衡性、房地产价格波动的剧烈性、房地产市场周期等。

1. 房地产市场的非均衡性

在凯恩斯的国家干预主义中，最早体现了非均衡理论的思想。非均衡学派认为，市场的不完善与信息的不完备，使得价格具有非完全弹性。因而非均衡是一种常态，市场中的经济调节方式除价格外，也应有数量。而数量约束是非均衡理论的主要研究问题[①]。

随着我国房地产市场的快速发展，非均衡问题越来越受到重视。其中，季朗超[②]对我国房地产市场的非均衡现状、原因和调节机制等进行了全面阐述，并认为市场运行的非均衡特征是政府实施干预的基础，使房地产市场从非均衡运行状态向均衡运行状态发展是政府实施干预的本质。伍虹和贺卫[③]基于上海数据分析发现：上海房地产市场需求缺乏价格弹性，而对未来房价的预期使得投资需求的比重明显上升；同时，供给的响应相对较慢，加之囤积土地现象的存在，加剧了住房市场非均衡的程度。

---

① 王松涛. 中国住房市场政府干预的原理与效果评价[M]. 北京：清华大学出版社，2009：50-51.
② 季朗超. 非均衡的房地产市场[M]. 北京：经济管理出版社，2005.
③ 伍虹，贺卫. 对上海市住房市场非均衡性的实证分析[J]. 山东经济，2006 (3)：36-42.

2. 房地产价格的剧烈波动性

世界各地房地产市场的实践均证实了价格具有剧烈的波动性特征[①]。国内外众多学者研究了房地产价格，特别是住房价格剧烈波动的原因，主要有：

（1）房地产的投资属性是价格波动的微观基础

土地是房地产的重要组成部分。土地资源的有限性使得土地供给和土地价格均缺乏弹性；同时，人类对土地的需求随人口不断增长而增长。这就衍生出了土地的投资属性，进而决定了房地产的投资属性。这个属性，诱发了开发商、居民等市场主体大量囤积土地和住房，待其增值。中国人民银行2004年调查结果也表明[②]，我国商品住房的投资需求增长迅速。

（2）房地产价格的"预期"形成机制是价格波动的基本动力

具有投资属性商品价格的形成机制总会涉及未来预期收益，因而较容易形成价格泡沫。国内外一些学者研究了"预期"对价格形成的影响，均发现了类似的结论。一些学者[③]借助房地产上市公司的价格数据，运用"事件研究法"（Event Study）对房地产宏观调控政策的影响进行分析，得出如下结论："信息不完全和不对称以及行为人的非理性，使我国房地产市场上普遍存在着非理性的过度乐观预期，并推动住宅价格持续快速上涨，表现出价格的正反馈机制或外推式价格预期模式。为防止这种正反馈机制不断继续、价格不断膨胀并最终崩溃，必须通过外力来改变市场主体的这种非理性的过度乐观预期。"

（3）参与主体的行为特征是价格波动的助推力量

国内一些学者从房地产市场参与主体的微观行为角度，分析其价格波动。发现以各供给方为代表的参与主体的微观行为是助推房价波动的又一力量。开发商通过夸大需求、成本等手段，诱导消费者提高对房价上涨的概率判断，从而达到高价销售的目的。学者研究认为，在现有体制下，我国房地产业存在价格合谋现象，比如地方政府与房地产商的合谋、房地产商之间的合谋以及房地产商与商业银行的合谋，这是前几年我国房地产价格持续上涨的重要原因之一。

3. 房地产市场的周期性

从长期看，与宏观经济相对应，房地产市场运行也有着一定的周期性。一般情况下，房价在快速上升之后，往往会伴随一定时期的快速下跌，这种运行规律在学术界通常被称为房价的"繁荣与崩溃"（Booms and Busts），即房地产市场周期。

（1）房地产市场周期影响宏观经济运行

博尔多（Bordo）和珍妮（Jeanne）[④]对主要经济合作与发展组织（OECD）国

---

① 详见本书第2章关于上海住房价格的数据及分析。
② 中国人民银行房地产金融分析小组. 2004年中国房地产金融报告［M］. 2005：10.
③ 姚玲珍. 房地产市场研究［M］. 北京：中国建筑工业出版社，2008：217-225.
④ Bordo M D, Jeanne O. Boom-Busts in Asset Prices, Economic Instability, and Monetary Policy [J]. Social Science Electronic Publishing, 2004.

家在1970~1998年房价的周期波动情况进行了分析,发现房价在经历繁荣与崩溃周期后,宏观经济会受到更强的负面冲击,且房价周期通常先于宏观经济周期。

在各国家财富中,住房资产占比通常超过25%;在家庭财富中,住房资产占比通常超过75%[①];在家庭消费中,住房消费占比也通常在20%以上[②]。因此,房地产市场的周期性波动会对宏观经济产生很大的影响。

同时,房地产业的产业链较长,其关联效应较大。2003年8月2日,国务院发布《关于促进房地产市场持续健康发展的通知》提到"房地产业关联度高,带动力强,已经成为国民经济的支柱产业。"房地产业作为支柱产业有回顾、前瞻和旁侧三种关联效应。回顾效应是指该产业能够对为其提供投入品的产业施加影响;前瞻效应是指该产业能够诱发新的经济活动,对其下游相关产业的发展施加影响;旁侧效应是指该产业的发展能够对全社会的发展产生影响。房地产业的三种关联效应如图10-1所示[③]。

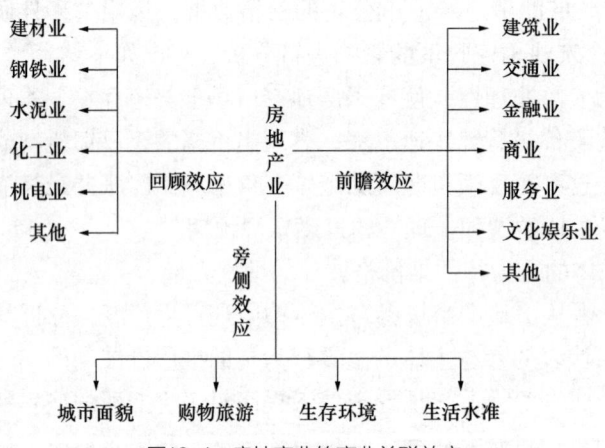

图10-1 房地产业的产业关联效应

（2）房地产泡沫引发金融及经济危机

纵观第二次世界大战之后的世界经济发展,可以发现这样一种规律:20世纪70年代以前,一般由经济危机导致金融危机和房地产危机;20世纪70年代之后,传导的方向发生了根本性转变,由房地产危机引发金融危机及经济危机。从20世纪70年代后主要金融及经济危机看,日本1991年的经济危机、东南亚国家1997年的金融危机及美国2007年的次贷危机均与房地产市场有密切关系。下面以美国2007年的次贷危机为例进行分析。

2007年4月,美国第二大次级抵押贷款公司"新世纪金融"宣布破产,拉开次贷危机序幕,在较短时间内,导致世界各国股市暴跌,全球金融市场陷入危

---

① 数据来源:沈悦. 房地产价格与宏观经济的关系研究 [M]. 北京:中国水利水电出版社,2006:32.

② 数据来源:Chetty R, Szeidl A. Consumption Commitments and Asset Prices [R]. The 2004 Meetings of the Socictty for Economic Dynamics, 2004.

③ 资料来源:李艳双. 房地产业与国民经济协调发展研究 [D]. 天津:天津大学,2003.

机，美国实体经济陷入衰退。追本溯源，此次美国次贷危机的产生，直接导火索便是房地产市场泡沫的破裂，深层次原因则是各种与次级按揭相关的金融衍生品的泛滥①。

2000年的互联网泡沫破裂、2001年"9·11事件"都对美国经济产生了沉重打击。美联储便采取低利率政策以刺激经济。房贷利率随基准利率的下调而下降。于是，众多企业、家庭开始大量贷款，以投资和购买房地产。住房价格在2000~2007年间快速上升，如图10-2所示。在住房价格持续上涨和次级贷款证券收益的推动下，美国的银行及投资银行系统产生了"危机短视症"。银行更是承担了高于其资本实力的风险，抵御危机的能力更为脆弱②。

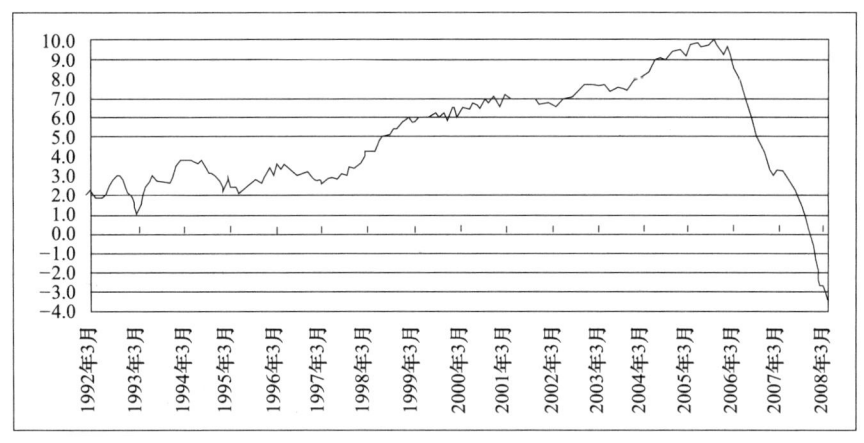

图10-2　美国HPI住房价格指数相对上年同期变动情况③

流动性推高了房价，也带来物价上涨的巨大压力。2004年6月开始，美国变更利率政策，开始收缩银根，美联储连续17次加息。利率的提高间接增加了购房成本，使很多购房者望房兴叹，大量资金开始撤出市场，引致房价下跌。一些贷款机构或亏损、或破产，由次级抵押贷款支持的次级债券也变得无任何价值，一些投资于次级债的金融机构和基金公司又陷入财务困境，直至2007年4月危机爆发。

可见，房地产市场的周期性不仅极大地影响区域宏观经济的运行状况，甚至可能导致严重的经济或金融危机。因此，为了确保区域经济的健康发展，政府应对房地产市场进行必要的调控。

世界各地房地产市场的实践表明，房地产市场在总量和结构上都经常会处于非均衡状态，价格剧烈波动现象时有发生，并由此引发的市场周期将严重影响地区经济的健康运行。因此，实践证明，政府对房地产市场的调控是十分必要的。

---

① 李延喜. 次贷危机与房地产泡沫［M］. 北京：中国经济出版社，2008：26.
② 谢经荣. 地产泡沫与金融危机：国际经验及其借鉴［M］. 北京：经济管理出版社，2002：71-72.
③ 数据来源：美国联邦房地产企业监察办公室（OFHEO）。

10.2 房地产市场调控机制

从10.1分析可见，房地产市场存在严重的失灵现象，价格为主导的"看不见的手"无法有效地发挥作用；另一方面，国内外长期实践证明，仅仅通过市场的自身调节，难以实现总量和结构上的均衡，房地产价格泡沫可能会引发金融危机。因此，政府需运用法律、经济、行政等手段对房地产市场进行干预，这被称为房地产市场调控。而政府主要关注的是影响国计民生的商品住房市场，因此房地产调控主要指针对商品住房市场的干预。

下面将基于市场宏观调控机制的一般构成，讨论我国商品住房市场宏观调控机制的演变历程。商品住房市场宏观调控由调控主体、客体与对象构成，是一个包含调控目标、手段与效果等环节的动态体系，该体系中各要素的相互作用构成商品住房市场的宏观调控机制。

10.2.1 房地产市场调控的目标

从我国房地产市场宏观调控文件中经常看到宏观调控目标的直接或间接表述。如2002年8月，建设部等部门在《关于加强商品住房市场宏观调控促进商品住房市场健康发展的若干意见》中指出："部分地区出现了房地产投资增幅过大、土地供应过量、市场结构不尽合理、价格增长过快等问题"，并逐步将"控制房地产开发投资过快增长"作为当时商品住房市场调控的第一个操作目标。2010年1月，国务院办公厅《关于促进房地产市场平稳健康发展的通知》中提出以"稳定市场预期，促进商品住房市场平稳健康发展"为目标。

从以上商品住房市场的调控目标可以看出，无论是在层次，还是在内容方面，调控目标都有所差异，这既反映了市场环境的变化趋势，也证明了市场宏观调控目标的复杂性。房地产市场宏观调控的目标应包含三个层次：核心目标、中间目标、操作目标，三者之间的联系如图10-3所示。

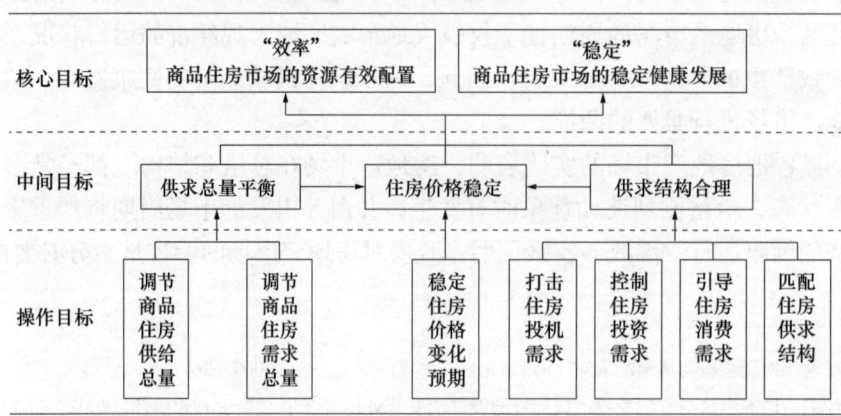

图10-3　商品住房市场宏观调控目标

1．核心目标

根据调控对象的不同，政策可分为经济政策和社会政策。经济政策和社会政策的核心目标集中体现为效率、稳定与公平[1]。经济政策更加侧重效率与稳定；社会政策则主要解决公平问题。住房政策中的"公平"问题由公共住房政策解决；而商品住房市场宏观调控政策需要保证商品住房市场的"效率"与"稳定"。

2．中间目标

商品住房市场核心目标"效率"与"稳定"的实现，需从供给、需求和价格三个方面进行。

供求关系决定短期价格水平及市场波动。稳定的商品住房市场，既可保证供求的总量平衡，又能确保供求的结构合理，两者的共同作用会通过稳定的住房价格预期来体现。

商品住房市场作为一个不完全竞争市场，仅仅通过市场机制无法实现"帕累托最优"，需要运用经济政策达到"效率"目标。商品住房市场中的调控政策通常都是以价格为基点，进而引导商品住房的供给与需求，以达到土地、资本及其他资源有效配置的"效率"目标。

3．操作目标

分别针对三个中间目标，设定具体的操作目标。以"供求总量平衡"的这一目标为例，可从供给和需求两方面入手。在不同阶段，根据土地资源状况可有三种调整方式，即仅调整需求总量、仅调整供给总量及供求总量同时调整。如若进行供求同时调整，则需注意各种调控手段之间的协调[2]。

从以上分析可以看出，在商品住房市场调控中，前两个层次的目标相对较为稳定。随着时间的推移，商品住房市场状况必然会有所变化，操作目标是针对当前住房市场存在的问题而进行的，因而其内容与作用方向也会随之改变。

10.2.2 房地产市场调控的手段

商品住房市场宏观调控的手段可划分为六个大类：产业政策、土地政策、财政政策、金融政策、行政管制和法制约束[3]。

1．产业政策

产业政策是引导产业发展方向、推动产业结构升级、促进国民经济健康可持续发展的政策。房地产产业政策主要包括住宅产业定位及发展规划、住宅产业组织政策和住宅产业结构政策等[4]。各个城市的房地产产业规划主要涉及中央对房地

---

[1] 刁田丁，兰秉洁．政策学 [M]．北京：中国统计出版社，2000：54．
[2] 上海商品住房市场调控实践中就曾出现，以稳定住房价格为中间目标的时期，在供不应求的背景下，因为减少土地供给而降低了新建住房的供给，结果导致价格的继续上涨，而与原来设定的"稳定住房价格"的中间目标相背离。
[3] 唐旭君，姚玲珍．上海商品住房市场宏观调控机制研究 [M]．上海：上海财经大学出版社，2013：34．
[4] 唐旭君，姚玲珍．上海商品住房市场宏观调控机制研究 [M]．上海：上海财经大学出版社，2013：69．

产业在国民经济发展中地位的总体规划，以及地方对房地产业发展的具体规划两个层面。

2. 土地政策

土地政策是国家根据一定时期内的政治和经济任务，在土地资源开发、利用、治理、保护和管理方面规定的行动准则，是处理土地关系中各种矛盾的重要调节手段，一般包括地权政策、土地金融政策和土地赋税政策等。通常，土地政策对房地产市场的直接调控主要包括三种方式：土地出让总量、土地出让结构、土地出让方式。其中，土地出让总量主要以新增土地供应来实现；土地出让结构体现在经济适用房用地、普通商品房用地、高档商品房用地和别墅用地各自占比的变化；土地出让方式目前主要有两次大的调整，第一次是从协议出让，到招、拍、挂出让方式；第二次是在以出价高者得的土地出让方式中，引入"限户型、限房价和竞房价、地价"的"双限双竞"出让方式。

此外，还有一些通过土地政策对商品住房市场实施间接调控的手段，包含对闲置土地的管理、土地规划条件限制等。

3. 财政政策

合理的财政政策，可以促进商品住房市场的平稳发展。财政政策可分为财政收入政策与财政支出政策。商品住房市场的调控通常采用财政收入政策，即税收政策，运用税收杠杆调节市场供需，特别是利用流转环节中的契税、增值税、所得税，以及持有环节的房产税等有效调节住房需求。而在财政支出政策方面，通常采用政府投资住房建设的形式，同时配合一些补贴政策。

4. 金融政策

金融政策主要包含信贷政策和货币政策。

商品住房市场中的信贷调控政策，根据房地产金融业务的不同可分为：房地产开发贷款、商业性个人住房贷款、公积金个人住房贷款三类。其调控内容主要包含贷款资格的限定、贷款合同条件的限制（如设定首付比下限、设定贷款利率下限等）、最高贷款金额等。

货币政策是商品住房市场调控中最特殊的一种政策。因为货币政策的调整不仅影响商品住房市场，同时会影响整个国民经济。因此，货币政策的调整有时并非完全出于对商品住房市场宏观调控的需要，但货币政策的调整一定会影响商品住房市场。

5. 行政管制

管制，是政府干预市场的活动总称。商品住房市场调控中的行政管制手段主要有四种：①交易管制（限购），即限制购房数量；②价格管制，狭义的价格管制主要指价格控制，而广义的价格管制也包含价格管理；③外资管制，由政府外汇管理部门和商务管理部门进行，针对境外资本在境内参与住房开发、投资和消费的行为进行直接或间接管理或制约；④期房政策，由政府住房交易管理部门对预售商品住房的预售期长度、预售资格、预售比率、定金比率及预售资金管理等进行调整，用以调整现房市场和期房市场之间的商品供需[①]。

6．法制约束

目前，我国房地产立法领域已经形成了以《民法典》《城市房地产管理法》《土地管理法》《城乡规划法》为基础，以《最高人民法院关于审理涉及国有土地使用权合同纠纷案件适用法律问题的解释》《最高人民法院关于审理商品房买卖合同纠纷案件适用法律若干问题的解释》两大司法解释为补充，以其他相关法律、法规及部门规章等规范性文件为辅助的商品住房市场调控法律体系的基本框架。

10.2.3 房地产市场调控机制的构成

商品住房市场宏观调控是一个复杂的系统，由调控主体与客体、调控对象、调控目标、手段与效果以及调控反馈机制四个部分组成，如图10-4所示。

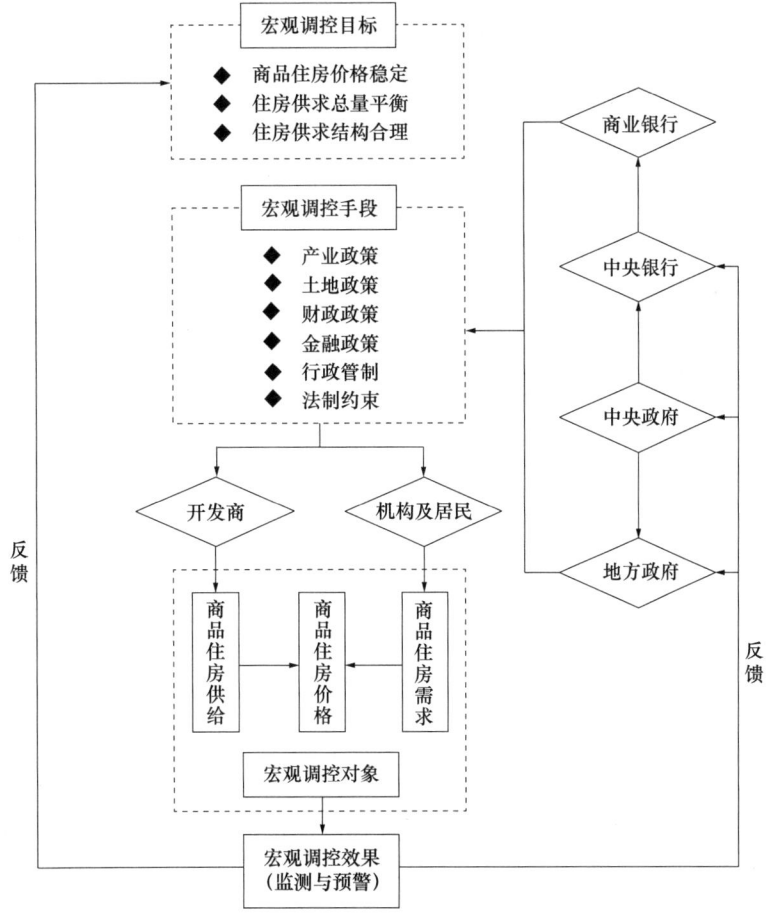

图10-4 房地产宏观调控机制构成

---

① 王松涛. 中国住房市场政府干预的原理与效果评价[M]. 北京：清华大学出版社，2009：61.

1. 调控主体与客体

商品住房市场宏观调控主体是指制定和执行各种宏观调控手段的行为主体，可分为决策主体和执行主体两类。在我国，商品住房市场宏观调控的决策主体具体包括：国务院、住房和城乡建设部、自然资源部、财政部和国家税务总局、人民银行、银监会和外汇管理局以及地方政府的相应权力机关，而执行主体主要是地方政府和商业银行。地方政府及其相关机构是执行中央和地方的各项商品住房市场调控政策的行为主体。商品住房生产和消费中对金融具有高度依赖性，这就决定了商业银行在商品住房市场调控中扮演着金融政策执行主体的角色。

商品住房市场的参与者是其宏观调控的客体，包括供给方和需求方。新建商品住房市场上的供给方主要是房地产开发商，存量商品住房市场上的供给方则主要是拥有存量住房的机构、居民家庭等；而商品住房市场的需求方主要是需要住房用于居住、生产和投资的居民家庭和机构。

2. 调控对象

宏观调控的调控对象是国民经济的总体活动[1]。商品住房市场宏观调控以该市场的经济活动作为调控对象，集中体现在供给、需求和价格三个方面。调控主体运用各种调控手段通过调控客体的行为对调控对象，即商品住房市场的供求和价格产生作用。

3. 调控目标、手段与效果

如上所述，商品住房市场调控的核心目标是保持商品住房市场的效率与稳定。这一目标始终保持不变，任何调控行为都是围绕该目标进行的。根据调控的核心目标和当期商品住房市场的状况，调控主体设定相应的操作目标，选择合适的手段实施调控。最后，实现商品住房市场的供求及价格的变化。理想的调控效果会让商品住房市场状况向调控目标方向靠近；但商品住房市场的运行复杂、宏观经济的不确定性、调控工具选择不当等都会使得最后的调控效果与原本目标相背离[2]。

4. 调控反馈机制

当市场上产生调控结果时，决策主体会将调控效果与调控目标进行对比。如若两者相符，则该轮调控结束；如若两者不符，则需根据市场状况重新设定调控目标，进行新一轮的调控，直到达到调控效果与调控目标两者基本一致的理想结果。

由此可见，商品住房市场宏观调控是一个复杂、动态的系统，涉及政府、机构（特别是金融机构）和个人多个经济行为主体。但总体而言，其运行机制是清晰的。

---

[1] 魏杰. 市场化的宏观调控体制 [M]. 西安：陕西人民出版社，1992：38.
[2] 这是我国在商品住房市场调控的初期（2003～2005年）的调控实践中时有发生的情况。

10.2.4 我国房地产市场调控的发展历程

商品住房市场的宏观调控与房地产周期息息相关，商品住房市场调控政策总是出现在房地产周期的关键阶段，强有力的调控政策会带来房地产周期的拐点，温和的调控政策通常也会影响房地产周期的发展态势。1998年之后，我国房地产市场迅速发展，到2003年市场化程度较为成熟，此后商品住房市场宏观调控经历周期性演变，具体见表10-1。

我国房地产市场调控的发展历程　　　　　　　　表10-1

调控周期	调控背景	调控目标	调控手段	调控效果
2003~2007年的紧缩型调控	房改之后，楼市快速发展，局部投资过热、房价增长过快等诸多矛盾凸显	抑制房地产开发投资过热，从而为宏观经济降温	（1）2003年"121号文"，紧缩房地产信贷；（2）2004年"8.31大限"收紧地根银根；（3）2005年"国八条"全面调控；（4）2006年"国十五条"："90/70"政策；延长营业税差别化的认定时间；（5）2007年二套房贷新政加息；推进保障房建设	住房市场趋于平稳发展；2007年开始重新注重住房保障
2008~2009年的扩张型调控	金融危机席卷全球，我国经济增速快速下滑，房地产市场持续降温	稳定商品住房市场，减少世界经济危机对国内商品住房市场的影响	从减少供给和刺激刚性需求释放两方面进行调控：（1）放松对第二套及以上住房贷款利率限制；（2）实行暂时性的营业税优惠政策	商品住房市场迅速复苏
2010~2013年的紧缩型调控	2009年房价暴涨；2010年人民币升值压力加大，通货膨胀预期居高不下	抑制房价过快增长，调节住房供应结构	恢复相对较紧的房地产信贷和税收政策；采用限购等行政干预；加快建立和完善住房保障体系；房产税出台并扩大个人住房房产税改革试点范围	短期内稳定了预期，房价增速放缓
2014~2016年1季度的扩张型调控	2014年楼市低迷，部分地区，特别是三、四线城市房地产库存积压严重，同时宏观经济增速下滑	分类调控，稳定市场预期，保持市场健康发展	2014年3月政府工作报告提出"针对不同城市情况分类调控"，允许部分楼市低迷的城市放松之前部分紧缩型政策；"9.30新政"拉开连续降息的序幕；提高二套房最低首付比例；11月去库存新政	大部分三、四线城市的库存大幅下降，一些城市还出现过度繁荣的苗头
2016年2季度至今的因城施策、分类调控	2016年1季度，部分一、二线城市房价快速上涨引发关注，同时也有非热点地区继续存在去库存压力	分类调控，重点抑制房地产价格过快上涨	2016年以来，决策层重视发展住房租赁市场、租购并举。各地限购政策升级、认房又认贷；同时，采用了对新建商品房的限价政策	市场总体趋于稳定，但限价引发新的住房市场问题

10.3　房地产市场预警

商品住房市场宏观调控建立在获知住房市场供需、价格、未来预期等基本数据的基础上。政府在获得各项市场数据并对其进行分析处理后,判断当前商品住房市场处在市场波动周期的哪一个阶段,进而决定是否采取相应的宏观调控措施以及采取何种调控手段。住房市场宏观调控应以调控技术分析系统为依据。该系统包含两个层面:市场信息获取和市场分析。前者包括获取市场供需、价格和信心指数等基本信息,后者指市场预警。

10.3.1 房地产市场预警的概念

对经济运行过程中的经济发展变化趋势进行预测,以便在失衡发生前便发出警报称之为"预警"。预警主要是为避免经济失衡所带来的不良后果。房地产市场预警是指通过定性和定量分析的手段,对房地产市场当前运行状况和未来发展趋势作出判断和预测,在市场波动时及时采取监督调控措施,促进其健康、平稳、有序地发展。房地产市场预警系统可以帮助政府了解市场运行状况、掌握最新动态、判断发展形势,起到引导和指示的作用。

10.3.2 住房市场预警的指标体系

构建住房市场预警系统首先要建立一套完备、有效的预警指标体系。在选取指标时,要考虑指标的灵敏性、时效性和可操作性。灵敏性是指所选指标与市场运行状况有较高的关联度,其变动能准确反映市场波动情况;时效性是指预警指标体系需随市场的发展作出相应调整,及时反映市场变化趋势;可操作性是指所选指标体系的数据易获取,且来源真实、可靠。

1. 商品住房市场预警指标初选

房地产预警指标可分为三类,分别反映房地产业与国民经济的协调关系、房地产市场的供求协调关系以及房地产业内部的协调关系。本章在综合考虑商品住房市场运行特征的基础上,提出以下可供选择的住房市场预警指标,见表10-2。它们分别反映商品住房市场对外、对内的协调关系,其波动反映出当前或未来商品住房市场的变化情况。例如,"商品房施工面积/竣工面积"指标反映了未来房地产市场的供求关系,二者之比通常在3.0左右,该比值越大,说明未来商品住房供应越旺盛,可能出现供过于求的现象;反之,则可能导致商品房市场供不应求。

商品住房市场预警初选指标体系 表10-2

指标类型	指标名称
房地产业与国民经济的协调关系	商品住房开发投资额/固定资产投资额
	商品住房开发投资额/实际GDP
	商品住房价格发展速度/实际GDP发展速度
	商品住房价格发展速度/收入发展速度
	商品住房贷款余额/金融业贷款余额

续表

指标类型	指标名称
房地产市场的供求协调关系	商品房空置率
	商品房销售价格指数
	商品房施工面积/竣工面积
	商品房销售面积/可售面积
房地产业内部的协调关系	商品住房开发投资额增幅
	商品住房施工面积增长率
	商品住房竣工面积增长率
	商品房销售面积增长率
	商品住房销售面积/房地产销售面积

2. 确定住房市场预警指标

上文提出了可供选择的房地产预警指标，具体应选择哪些指标作为观测对象，还需要进行进一步分析。指标是否合适，需要根据商品住房市场历史数据，运用数理统计的方法进行检验。目前常用的房地产预警指标体系构建方法有聚类分析法、K-L信息量法、主成分分析法等。本节以聚类分析法为例介绍如何选择合适的预警指标。

聚类分析法的基本思想是，将相似的事物进行分类，并选取每一类中的典型作为主要研究对象。利用聚类分析法筛选住房市场预警指标的具体步骤如下：使用统计软件对上文中提到的三类指标分别进行聚类分析，根据分析结果将每类指标分为不同的子类；针对每个子类项，分别计算每个指标与同类的其他指标的复相关系数；选取复相关系数值最大的指标作为该类的典型指标，删除其他指标。通过这一过程即可得到商品住房市场的预警指标体系，在此不做详细测算。

10.3.3 房地产市场预警的方法

预警方法是住房市场预警系统的核心，其选择直接关系到住房市场监测预警系统能否正常发挥其预测、监测、防范和调控功能。

1. 三种常用的房地产市场预警方法[①]

目前国内关于住房市场监测预警方法的研究以定量分析为主，包括景气循环法、综合模拟法、景气调查法等；定性分析主要是问卷调查法。

景气循环法，也称景气指数法或指数预警法，它以周期分析为基础，将整个经济

---

① 曹振良. 房地产经济学通论 [M]. 北京：北京大学出版社，2003.

运行过程区分为景气区间和不景气区间，依据扩散指数所提供的信号进行预警，分析预测住房经济活动所处的景气状态[①]。根据景气波动变化的过程，可将影响住房周期波动的指标分为同步、先行和滞后三类。其中，先行指标可提前反映住房市场的异常波动，当先行指标上升时，经济景气状况将转好；当先行指标下降时，经济将进入不景气时期。

综合模拟法，又叫景气警告指数法，它是指采用综合集成形式并通过模拟建立经济运行监测预警分析的一种方法。其基本思路是，根据前述灵敏性、时效性和可操作性等原则选取多个指标综合成一个或若干个总体指标，并分别用图形象地表示出来。综合模拟法采用类似交通信号灯的方法给出预警信号，具有直观生动的特点。

景气调查法以问卷调查的形式进行，其特点在于定性描述与定量分析之间的转化，即问卷提问皆以定性描述为主，被调查者只需就问题在上升、下降和不变之中作出选择，在对调查结果进行分析处理后，即可得到能够反映市场变化趋势的定量结果。

2. 综合模拟法在商品住房市场预警中的应用

本书对综合模拟法在商品住房市场预警中的作用作简要探讨。根据这一方法，住房市场预警系统实施步骤主要分为以下四步：

第一，确定监测预警指标。住房市场预警首先要确定所需监测的指标内容，所选指标要能准确预报房地产市场过冷、偏热等变化情况。上文已对商品住房市场预警指标初选和再选作过介绍，在确定预警指标后，就需对指标内容进行实时监测。

第二，确定预警区间。在住房市场预警过程中，需要设定一定的预警范围，以判断当前住房市场所处的景气状态。

第三，确定指标权重。各个指标因灵敏度不同，在住房市场预警指标体系中有着不同的作用，需根据指标的重要程度赋予其权重。确定权重的方法有主成分分析法、层次分析法等，通常还需与专家调查法相结合。

最后，确定综合预警值。在确定预警指标权重后即可计算年度/季度商品住房市场综合预警值，再对比各预警值所对应的市场状态即可以判断当前商品住房市场的运行态势。

值得注意的是，单一的住房市场预警方法存在较大的缺陷，在选择预警方法时，应考虑采用多种方法、多个模型，同时借助"软件平台""人-机交互技术"等计算机技术，实现多方法、多模型协同工作，使住房市场预警系统更加全面、可靠。

[①] 余健. 南京市房地产市场预警子系统模型及其应用研究 [D]. 南京：东南大学，2004：29.

10.4 专题：加强中国住房市场调控的总体思路与实现路径 ①

10.4.1 加强中国住房市场调控的总体思路

1. 引导供给与需求：推进住房供给侧结构性改革，重塑梯度消费观念

把党的十九大提出的"满足人民对美好生活向往"作为出发点和落脚点，将住房市场的调控目标由稳价格转变为满足人民对住房改善的需要，从当前抑制供给需求发展为激发多主体实现有效供给，以契合多元化、合理的住房需求。为此，应针对当前供需不匹配的情况，推进住房供给侧结构性改革，增加小户型住房供应，尤其是小户型租赁住房供应，适当增加靠近市中心区域的租赁住房供应（孙聪，等，2019）②。

同时，精准把握居民需求特征，逐步引导居住理念转变，重塑住房梯度消费观念。为此，居民住房消费需求的引导应以市场化手段为主、以住房保障为辅，促进梯度消费，重点解决大部分新市民的住房问题。适当放慢城市旧房的拆迁速度，充分利用城市旧房和正规小产权房，为农民工提供过渡性住宅。

2. 转变调控理念：从"价格型调控"转向"发展型调控"

当前，市场化背景下的房地产市场调控机制以供给和需求为调控对象，以土地、财税、金融等政策为主要调控手段，以稳地价为前提、稳房价为结果，历经20年的市场化调控探索，住房市场总体上趋于平稳发展。房地产市场调控机制具有一定综合性和系统性，但重短期、轻长远，分类与精准调控不足。

适应新时代背景、新常态宏观经济发展形势，住房市场调控应从价格型调控向发展型调控转变。从当前以稳地价为前提、稳房价为结果的住房政策，逐步过渡为"稳地价、稳房价、稳预期"这一根本意义上的调控。同时从"不以房地产作为短期刺激经济手段"，逐步转向房地产业"去支柱化"，摆脱政府对土地财政的高度依赖，从购房者的"房住不炒"发展为全产业链的"房住不炒"。具体而言，以行政调控手段为主逐渐转变为市场、行政协调的综合措施，调控手段要越发"适度"，政策应保持稳定性和延续性，对政策效果进行科学全面后评估与经验总结。在坚持因城施策的同时，促进住房市场调控在都市圈、城市群范围内统筹以及成功经验做法的相互借鉴。聚焦住房发展目标，并与新时代住房保障历史使命结合起来，根据居民住房诉求和政府财力，探索形成符合中国国情、治理特点以及市场特征，"行得通、真管用、有效率、可推广"且集成住房、法律、户籍、土地、财税、金融等方面的政策工具箱。

---

① 本节摘自：姚玲珍，孙聪，唐旭君. 新时代中国特色住房制度研究［M］. 北京：经济科学出版社，2021.

② 孙聪，刘霞，姚玲珍. 新时代住房供应如何契合租购群体的差异化需求？——以上海市为例［J］. 财经研究，2019（1）：75-88.

10.4.2　加强中国住房市场调控的实现路径

1．短期：行政调控不放松，为长效机制建设预留时间窗口期

住房市场调控及住房制度改革涉及面广，内容复杂，不能一蹴而就。面对住房领域供需不匹配、租售不平衡、保障不到位、配套制度不完善等结构性问题，现阶段仍需通过一系列短期的、阶段性的行政调控手段，从"满足人民对美好生活的向往"出发，按照"政府市场双到位、商品房保障房双轨并行、供给需求两侧双激活"框架，坚决落实"房住不炒"，为住房领域长效机制建设预留重要的时间窗口期。各地应坚持调控力度不减，继续以因城施策、分层分类调控的方式，努力实现精准调控。为此，应持续推进供给侧结构性改革，解决供需不匹配问题；加快补齐住房租赁短板，解决租售不平衡问题，满足新市民居住需求；加快解决中低收入群体住房困难，解决保障不到位问题；加强组织建设，推进制度建设和落实。

短期内住房领域结构性矛盾应通过行政调控手段予以化解。在各项调控政策执行过程中，也要坚持因地制宜、综合施策、长短结合、标本兼治，把"稳地价、稳房价、稳预期"的责任落到实处，制定住房发展规划，提出具体的调控措施，加强供需双向调节，强化舆论引导和预期管理，确保市场稳定。

2．中长期：建立基础性制度，强化治理能力现代化建设

住房的基础性制度应是使制度能够长期运行并发挥预期功能的制度体系和运行机制，更加重视政策稳定性、连续性和可预期性。相应的住房市场调控机制应是指有利于中国城镇化长期发展、人口合理聚集以及空间分布的机制，有利于住房市场供求、短期均衡和长期均衡不断趋近的机制，具有更强的治理能力现代化的制度。从这个意义上来讲，建立和完善住房市场长效机制是必然要求。

推进基础性住房制度，强化治理能力现代化建设，同时完善住房领域的长效机制建设，需要准确把握新常态下市场运行的新特征和新趋势，厘清主要问题和矛盾，将中央政府、地方政府、购房者、开发商和商业银行等多元利益群体纳入有序框架，综合经济、社会、法律等各领域的机制体制建设，在住房政策、土地政策和货币政策等方面进行全方位改革，提高中国住房市场的韧性，促进住房市场的可持续发展。

本 章 小 结

在现实经济中，完全竞争只是一种理性状态，市场和价格的资源配置作用经常无法有效地发挥，即所谓"市场失灵"。房地产市场由于其产品的特殊性，存在着明显的不完全竞争性、外部性、信息不对称问题。这些房地产市场失灵问题是政府对房地产市场进行宏观调控的理论依据。房地产市场失灵从外在表现来看，具有房地产市场的非均衡性、价格波动的剧烈性、市场周期等特征和规律。

房地产市场宏观调控的目标由核心目标、中间目标和操作目标三个层次构成。调控的手段可划分为六大类：产业政策、土地政策、财政政策、金融政策、行政管制和法制约束。

房地产市场调控机制由调控主体与客体、调控对象、调控目标、手段与效果以及调控反馈机制构成。

1998年之后，我国房地产市场迅速发展，到2003年市场化程度较为成熟，此后商品住房市场宏观调控经历周期性演变。具体可分为5个阶段：2003～2007年的紧缩型调控、2008～2009年的扩张型调控、2010～2013年的紧缩型调控、2014～2016年1季度的扩张型调控、2016年2季度以来的分类调控。

构建房地产市场预警系统首先要建立一套完备、有效的预警指标体系，其核心是预警方法。具体而言，定量分析包括景气循环法、综合模拟法等；定性分析主要是问卷调查法。

思考与练习题

1. 简述房地产市场失灵的表现与特点。
2. 房地产市场调控的目标有哪些？阐述目标层次与内容。
3. 我国房地产市场调控的发展历程是怎样的？
4. 房地产市场预警指标体系有哪些？
5. 房地产市场预警方法有哪些？

主要参考文献

[1] 曹振良，等. 房地产经济学通论 [M]. 北京：北京大学出版社，2003.
[2] 段际凯. 中国房地产市场持续发展研究 [D]. 上海：复旦大学，2004.
[3] 季朗超. 非均衡的房地产市场 [M]. 北京：经济管理出版社，2005.
[4] 李艳双. 房地产业与国民经济协调发展研究 [D]. 天津：天津大学，2003.
[5] 李延喜. 次贷危机与房地产泡沫 [M]. 北京：中国经济出版社，2008.
[6] 沈悦. 房地产价格与宏观经济的关系研究 [M]. 北京：中国水利水电出版社，2006.
[7] 唐旭君，姚玲珍. 上海商品住房市场宏观调控机制研究 [M]. 上海：上海财经大学出版社，2013.
[8] 王松涛. 中国住房市场政府干预的原理与效果评价 [M]. 北京：清华大学出版社，2009.
[9] 魏杰. 市场化的宏观调控体制 [M]. 西安：陕西人民出版社，1992.
[10] 伍虹，贺卫. 对上海市住房市场非均衡性的实证分析 [J]. 山东经济，2006（3）：36-42.
[11] 吴婕. 当前中国房地产市场宏观调控研究 [D]. 成都：西南财经大学，2006.

［12］谢经荣. 地产泡沫与金融危机：国际经验及其借鉴［M］. 北京：经济管理出版社，2002.
［13］姚玲珍. 房地产市场研究［M］. 北京：中国建筑工业出版社，2008.
［14］余健. 南京市房地产市场预警系统模型及其应用研究［D］. 南京：东南大学，2004.
［15］中国人民银行房地产金融分析小组. 2004年中国房地产金融报告［M］. 2005.
［16］Bordo M. D., Jeanne O. Boom-Busts in Asset Prices, Economic Instability, and Monetary Policy [J]. Socia Science Electronic Publishing, 2004.
［17］Chetty R., Szeidl A. Consumption Commitments and Asset Prices [R]. the 2004 Meetings of the Societty for Economic Dynamics, 2004.

住房保障的制度安排与经济抉择

【本章要点及学习目标】

（1）理解过滤模型及其适用条件；
（2）了解住房保障的功能定位；
（3）掌握住房保障制度安排涉及的主要内容；
（4）掌握住房保障对象的认定标准、保障标准的界定以及保障方式的优化。

住房保障是过滤机制的补充，在住房过滤模型适用性难以满足的情况下，仍然需政府保障来解决城市中低收入者的住房问题。那么住房保障如何定位？住房保障制度安排应遵循哪些原则，主要包含哪些内容？如何认定住房保障对象、界定保障标准以及优化保障方式？本章将结合这些问题对住房保障的制度安排和经济抉择进行介绍。

11.1 过滤模型与住房保障

11.1.1 过滤模型及其适用条件

1. 过滤模型

在一般均衡的住房市场中，在新建住房供给充足，房价水平合理的情况下，消费者随着自身收入的提高，将在对新住房或高质量住房偏好的驱动下购买新的住房，从而放弃现有已老化的住房，并且该住房将被下一收入层级的消费者所选择，这一过程即是"住房过滤"。住房过滤模型研究的是居民与住房的动态变化，"过滤"的原因主要在于居民收入的增加、原有住房的不断老化、新建住房的供应增加等，同时住房的耐用品属性决定了在其生命周期内可以被不同收入阶层的住房消费者传递，进而揭示了住房市场的内在规律。

斯威尼（Sweeney）提出了过滤模型的基本结构，该模型能够在住房一级市场与二级市场联动的状态下，研究不同收入阶层与不同等级住房之间的供求关系，系统地反映住房市场运行的内在规律[①]。1997年麦克唐纳（McDonald）将住房市场划分成三个子市场，即低等级、中等级和高等级，并提出了五个理论假设，形成了著名的"三市场过滤模型"。具体而言，第一个假设是所有住房依据消费质量的高低在高等级、中等级和低等级市场中分布；第二个假设是住房消费质量等级随着居民收入的增长而提升；第三个假设是不同收入水平的居民会通过住房市场被分配到相应质量的住房中，同时确定了合理的房价或租金水平；第四个假设是不同等级的市场之间没有边界限制，市场中的住房在特定条件下可以相互替代；第五个假设是优质住房随着自身的老化逐渐向低等级市场过滤，直到拆毁。

美国学者阿瑟·奥沙利文（Arthur O'Sullivan）在其《城市经济学》一书中阐述了住房消费市场的过滤模型，如图11-1所示。1980年，低收入家庭位于b点，中等收入家庭位于d点，高收入家庭位于f点。随着收入的上升，高收入家庭对住房的消费增加，由于住房的改良成本高，因而为高收入家庭建造新的住房更具效率。随后，高收入家庭搬到了1990年新建住房（g点）。因建设一套新住房的成本会高于具有相同单位服务的旧住房的市场价值，由此，中等收入家庭会选择居住于高收入家庭腾出来的、建设于1980年的房子，扣除折旧，从d点移动到e点。以

[①] Sweeney, J. I.. A Commody Hierarchy Model of the Rental Fousing Market [J]. Journal of Urban Economics, 1974: 288-323.

此类推,低收入家庭会搬进中等收入家庭迁出的1970年建成的住房里,扣除折旧,从b点到c点。

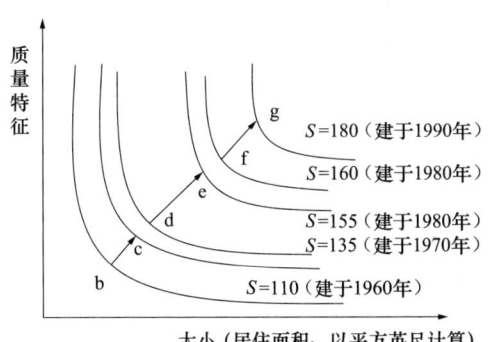

图11-1 美国住房消费市场的住宅过滤[①]

2. 过滤模型的适用条件

住房过滤模型在实际运用中具有一定的适用条件,具体如下:

(1)住房商品化

住房商品化是实现住房过滤的基础。住房商品化是将住房作为商品,遵守市场经济发展规律的要求,通过市场交易成为消费品。房屋出售和出租的价格主要由市场供求关系进行调节,这是住房市场化的主要标志。住房成为商品后,通过市场实现其价值,住房的过滤才会产生。自1998年住房制度改革以来,我国房地产市场快速发展,住房资源配置和使用效率明显优化、提高,住房商品化、市场化有效推动了我国住房资源的过滤。

(2)住房异质性

住房的异质性是住房过滤模型的前提。土地的不可移动性是住房异质性存在的重要原因,房屋所在区位的自然环境、社会环境、经济条件存在差异,以及建筑物的朝向、楼层、面积、装饰等方面的不同,进一步突出了住房的异质性。由于住房异质性的存在,促使各种相互区别的住房子市场的形成,各子市场分别对应着不同收入阶层的消费人群。不同收入阶层的消费人群各自拥有不同的支付能力与对住房的偏好需求,随着收入增加,高收入群体会追求更高质量的住房,原有住房逐渐更替为中等收入群体,依次更替,形成住房过滤。

(3)住房服务折旧性

住房服务的折旧性是住房过滤模型的另一前提。住房给居住者提供的服务与住房大小、新旧程度以及周边配套设施等居住条件有关,这种服务的质量高低是划分住房子市场的物质基础。这些服务不仅具有异质性和耐久性,同时还会随着内在和外在因素的推移而逐渐减少,形成物理性折旧或功能性折旧。使原本为高收入群体建造的高档住房由于自然损耗变成中低档房,加之更高档住房的新建供

---

① 资料来源:(美)阿瑟·奥莎利文. 城市经济学 [M]. 4版. 北京:中信出版社,2003.

应,高收入群体就搬出这些住房转而进入新建的更高档住房;过滤出来的住房由中低收入者所有。低收入居民的支付能力较低,因而对住房服务的要求不高,房屋住户的更换总是经历着由较低收入居民代替相对收入较高的居民的路径。

(4)存量住房市场的成熟

住房过滤贯穿住房生命周期的全过程,正常的过滤过程包含住房交易市场结构的多个层次,在住宅产业发展过程中发挥决定性作用。具有较高收入的消费者在新建住房市场中追求新建高档住房,而中低收入消费者则在存量房市场中实现对旧高档房的追求,这类旧高档房正是由高收入消费者淘汰下来的。因此,存量住房市场是实现过滤的一个重要环节,该市场的成熟是加速住房市场过滤、提高居民居住水平的关键。

(5)住房二级市场的完善

市场上的现存住房一般更多的是存量房,新建住房的供应量相对较少,通常存量住房的交易量要远远超出新建住房的交易量。然而,住房二级市场的不断完善,是促进存量房交易顺利进行的前提。例如,中介服务的规范、住房信息的流通、购房者权益的保护等。反之,容易阻碍住房的正常过滤,产生有房子的人卖(租)不出去、想买(租)房的人买(租)不到房子的现象。

11.1.2 住房保障与过滤机制的关系

1. 住房保障的内涵

所谓住房保障,是指由政府肩负起解决住房困难群体的责任,以确保社会成员住有所居。政府承担住房保障的责任主体,在理论、实践层面均已形成共识。但对于住房保障对象的界定,却存在较大分歧。

(1)狭义的住房保障观

狭义的住房保障观,认为应定位为救助性保障,主要解决最需要帮助的住房困难群体的居住问题,是政府对小部分人的短暂性救济,也是特定经济发展水平下弥补住房市场失灵的有效途径。

(2)广义的住房保障观

广义的住房保障观,认为应该面向全体社会成员满足其基本住房需要。依靠市场无法解决所有人,特别是中低收入家庭的住房问题,因而政府需要对住房建设及供应,尤其是低收入居民的住房提供各种方式的支持。陈淮(2009)[①]认为,完整的住房保障应包含:救助性保障、援助性保障、互助性保障以及自助性保障四个层次,各层次之间做到无缝对接与交叉覆盖,方能实现人人享有适当住房的目标。

2. 过滤模型适用性难以满足下仍需政府保障

住房的价格包含不同档次,同时消费者的收入水平也分为不同层级,原则上

---

① 陈淮.住房保障体系的认识问题探析[J].江南论坛,2009(4):49-51.

消费者的住房消费应该在与其收入水平相对应的某一个住房层面上进行。但是，低端住房市场通常面临着住房品质下降或房屋拆除等问题，居住其中的低收入家庭很难凭借自身能力去改变现有住房条件，从而造成住房梯级消费过程减缓或中止，过滤模型中的部分适用条件难以满足，此时需要政府的住房干预，通过公共住房政策来实现住房消费公平和改善住房福利。

然而，政府无论是直接投资建设保障性住房或是通过补贴开发商的方式建设，一定程度上都会影响到住房市场过滤机制的正常运行。关于政府住房保障与市场过滤机制的关系，绝大多数学者认为较高的住房商品化程度能够带来有效的住房过滤。在过滤顺畅的住房市场中，相对来说中低收入家庭的住房问题较轻。然而这并不代表可以由市场完全自行调节住房供需矛盾，由于市场可能会存在失灵的情况，因而应遵循以市场机制为主导，政府调控政策以及住房保障政策为补充的原则。换言之，在市场经济环境中，过度依赖于政府保障来解决中低收入家庭的住房问题是较为困难的，为了尽可能地满足全社会的住房需求，应建立一个完备的、商品化的住房市场。住房保障作为市场过滤机制的必要补充，应致力于对过滤机制之外的无法凭借自身能力获得住房的人群提供帮助，满足其基本居住需求，与此同时这种非市场化的干预行为不应影响过滤机制的有效运行。

3. 政府保障的实施应以过滤模型为理论基础

随着经济发展和城市化进程的加快，对住房的需求趋于高级化，新建住房因其高品质、户型合理、区位优势吸引高收入阶层购买，而腾空的住房由较低收入家庭迁入，住房消费市场形成了较长的消费链。

在市场经济中，人与人之间个人能力和获得机会的差异形成了贫富差距。进而，在住房市场中，收入较高的群体购买面积大、品质高的新住房，获得了住房所提供的较多的服务量；中等收入群体则选择购买面积较大的旧房或面积偏小的新住房，其获得的住房服务量相应有所减少；最后收入较低的群体只能居住在面积偏小的旧房，其仅能获得极少的住房服务量，并且该群体中还有相当一部分的家庭被纳入住房保障体系中。市场经济环境下的住房供应分层过滤说明，市场配置资源发挥了效率优先、兼顾公平的原则，使住房的持久性使用价值获得了充分体现，同时也最大化消费者的总效用和生产者的利润，在住房保障补贴上也实现了成本最小化。

11.1.3 住房保障的功能定位

住房保障必须以住房过滤模型为基础，根据住房市场特征，改进政府住房保障的供给方式。在住房供求基本平衡的基础上，基于住房过滤模型，住房供应可以从新建为主转为存量利用为主，鼓励分层供应和梯度消费，从而实现住房保障方式从"补砖头"向"补人头"为主转变。如果保障对象与保障标准模糊，各类保障方式难以无缝衔接，就会使部分处于住房贫困状态的居民被排斥在外，形成"悬崖效应"等。

1. 住房保障功能定位理论

在住房保障中政府承担着雏生型、社会型及全面责任型三种角色，即三类型政府角色理论。时至今日，仍可根据这一划分从总体上概括当今各国住房保障的类别。

如果政府在住房保障中的角色为雏生型，面对低收入群体的住房问题政府显得较为被动，政府难以提出系统、有力的政策；即使提出了相关政策，由于执行力度不足也很难发挥作用。这种情形大多数存在于像巴西、墨西哥、泰国等发展中国家或不发达国家。在未爆发巨大社会问题之前，大多采取项目式的临时救济措施。

假如定位为社会型，政府的角色主要是照顾那些无力自行解决住房的人群，如老年人、失业者、低收入劳动者等。这些人群在劳动力市场处于劣势地位，无法通过自由的住房市场解决居住问题。以推进社会发展和维护社会公义为目的，美国、英国与大多西欧国家，以及我国香港地区等，对低收入人群实施有针对性的住房保障政策，提供相应资源与政策扶持。而政府不介入中高收入人群的住房供应，由其自身通过市场购买获得。

若定位为全面责任型时，政府承担起满足全体居民居住需求的责任，对住房市场实行长期干预，具有代表性的国家有德国、荷兰、瑞典以及新加坡等，这些国家对住房市场进行全方位介入和控制。例如，荷兰政府主动地全面参与到住房市场，制定一系列的住房政策既保障低收入家庭的居住权利，同时又通过较全面的补贴，使不同收入的家庭可以居住于同一社区，确保这些家庭不会过于集中进而被社会排挤。

2. 我国住房保障定位的演变

在住房制度改革之初，我国政府就有意识承担起住房保障的社会责任，并把范围界定为中低收入家庭。1990年9月，建设部、全国总工会联合颁发了《解决城镇居住特别困难户住房问题的若干意见》，明确提出我国住房困难问题仍然没有得到根本解决。合理解决城镇居民住房困难问题首次被纳入政府的重要议程（朱亚鹏，2008）[1]。

1994年7月，国务院颁布《关于深化城镇住房制度改革的决定》，这是我国住房制度改革进程中具有标志性的文件。该决定提出，构建以中低收入家庭为保障对象的经济适用住房供应体系，以及构建面向高收入家庭的商品住房供应体系。

1998年7月，国务院发布《国务院关于进一步深化城镇住房制度改革加快住房建设的通知》，提出建立并完善以经济适用住房为主的多层次城镇住房供应体系，通过不同的住房供应政策来满足不同收入家庭的住房需求。具体而言，由政府或单位向最低收入家庭提供廉租住房，中低收入家庭购买价格相对较低的经济适用住房，而其他高收入家庭购买或者租赁市场价格的商品住房。可见这一时期的住房保障希望覆盖中等及以下收入家庭，以满足其合理居住需求。

---

[1] 朱亚鹏. 中国住房保障政策分析—社会政策视角 [J]. 公共行政评论，2008 (4)：84-109+199.

2003年8月，国务院下发《关于促进房地产市场持续健康发展的通知》，指出"房地产业已经成为国民经济的支柱产业"，应完善住房供应政策，优化住房供应结构，逐步实现多数家庭通过购买或承租的方式获得普通商品住房；同时，廉租住房和经济适用住房供应对象的收入线标准和保障范围，应根据当地情况合理确定。此后，经济适用住房和廉租住房开发规模大幅度下降。

2007年，我国重新提出要把解决城市低收入家庭住房困难作为住房建设和住房制度改革的重要内容。政府应加快建立以廉租住房制度为核心、多渠道解决城市低收入家庭住房困难的政策体系，从而履行好政府公共服务的重要职责。

2013年10月，中共中央政治局就"加快推进住房保障体系和供应体系建设"进行第十次集体学习，重点指出，"从我国国情看，总的方向是构建以政府为主提供基本保障、以市场为主满足多层次需求的住房供应体系"。经过二十年的探索，我国政府将住房保障的责任划定在"基本保障"，住房保障的责任范围有所减小。

根据理论与实践的结合，可见目前我国政府将住房保障的功能定位为社会型住房保障，政府的角色主要是照顾那些无力自行解决住房的人群，即低收入住房困难群体；同时强调商品房市场在满足居住需求时的重要性，采用适度的激励政策鼓励中低收入家庭购买自用住房，属于"市场经济体制下的社会型住房保障"。

11.2　住房保障的制度安排

11.2.1　制度安排与住房保障制度

1．制度安排

制度安排，从最抽象的意义上讲，是指支配经济单位之间和经济单位内部可能合作与竞争方式的一种安排[①]。

制度安排的功能与作用表现为，向制度内部成员提供一种在制度安排外部无法获得的利益，避免制度安排内部成员受到外部人员的侵害，并协调社会组织之间的利益冲突，防范组织内部成员的机会主义行为，为使内部成员形成稳定的制度预期和提供一个持续的激励机制创造条件，并在以上因素的基础上缩小组织内部和组织之间的交易费用。

进行住房保障的制度安排，也是为提高住房保障的公平性与效率性，更好地实现住房市场的资源配置。

2．住房保障制度

住房保障制度是指政府（或单位）在住房领域实施社会保障职能，是政府弥补市场失灵，借助经济、行政和法律手段，为保障全体居民基本住房需求所作出

---

① 柳新元．制度安排的实施机制与制度安排的绩效［J］．经济评论，2002（4）：48-50．

的多种制度安排[①]。建立住房保障制度,解决中低收入家庭,尤其是最低收入家庭的住房问题,是社会保障制度中不可缺少的有机组成部分。

目前,我国住房保障制度体系主要包括按照只租不售原则运行的公共租赁住房制度以及按照只售不租原则运行的限价商品住房制度与共有产权房制度。其中,限价商品住房是一次性买断全部产权,共有产权住房是产权共有的制度安排。

11.2.2 住房保障制度安排需遵循的原则

1. 政府主导与市场运作相结合

政府肩负着促进社会全面发展和保障人民基本权利的职责,是构建住房保障体制的主体。政府必须处理好市场与保障的关系,才能实现住房的商品性和福利性有机结合。

具体而言,政府应承担住房保障的主体责任,侧重于政策调节、市场监管、社会管理等职能。在住房保障制度的设计中,应利用市场机制,实现市场对资源的有效配置。随着时间的推移,许多发达国家逐渐改变了直接建房提供保障的做法,转向居民提供房租补贴,帮助居民在政府福利政策的扶持下通过市场解决住房问题。

2. 适度性与差异性相结合

适度性具有两层含义:一是住房保障应与本国、本地区的经济社会发展和政府承担能力的实际情况相适应,做到"尽力而为,量力而行",合理确定住房保障范围;二是住房保障深度的适度性,即住房保障深度既需要依据居民基本居住权的需求确定,也应杜绝居民对住房保障的过度依赖,避免住房福利病的形成。

差异性也有两层含义:一方面,按照城市家庭收入中的住房消费含量,将住房困难家庭划分为不同的保障层次,实施相应的保障方式,从而适应不同保障对象的具体需求和保障待遇。首先满足急需救助家庭的基本住房需要,并分层、分类有重点地、针对性地多渠道解决住房问题;另一方面,不同保障方式中的保障对象所享受的保障水平又有不同,随着收入增加补贴力度应逐渐减少。

3. 可持续性

住房保障和其他社会保障本质上一样,都是政府向居民提供的一项"公共产品",是通过转移支付的方式完成社会收入的再分配,确保社会公平、稳定,使广大中低收入和最低收入居民也能够享受社会经济发展的成果。

为了确保住房保障制度的可持续发展,一方面,需要充分考虑政府财政的支付能力,在财政可承受范围之内实施各项制度;另一方面,还需要从长期发展和

[①] 上海社会科学院房地产业研究中心,上海市房产经济学会. 中国住房保障制度构建与供给方式探索 [M]. 上海:上海社会科学院出版社,2012:1-2.

长期需要的角度考虑住房保障制度的建设，充分结合地区人口年龄结构、人口数量变化趋势、城市发展规划等因素，以确保国家住房保障制度的可持续发展。

11.2.3 住房保障制度安排的主要内容

住房保障的制度安排需要围绕住房保障的覆盖范围、供给主体与供给方式及以相关法律、法规为依据展开。

1. 住房保障覆盖范围的广度与深度

（1）覆盖广度

一个完整的住房保障体系的保障覆盖面应划分为狭义覆盖面与广义覆盖面。

狭义覆盖面仅包括对部分低收入、住房困难群体提供特殊保障；广义覆盖面是以提高广大社会成员的住房消费能力为目的的普遍意义上的住房保障。其中，特殊保障是面向少数贫困群体的一种社会救济；普遍保障是为广大社会成员增加住房消费可支付能力的一种扶持。

在我国各项住房保障制度中，主要以狭义覆盖面中的群体为保障对象，部分制度符合广义覆盖面的定义。具体而言，公共租赁住房制度主要面向城镇低、中收入住房困难居民，以满足该群体的基本住房需要为目标；限价商品房制度与共有产权房制度主要面向中低收入家庭，然而因为社会机制的不完善，常常无法获得真实的社会家庭的收入情况，因而部分地方存在限价商品房、共有产权房的保障对象并不满足保障条件。

（2）覆盖深度

从覆盖深度来看，住房保障对象最终表现为住房保障覆盖一定比例居民的住房保障水平，即住房保障的覆盖程度。住房保障覆盖程度的确定应依据居民的住房支付能力[①]。衡量居民的住房支付能力，需要考虑最低可接受住房面积和住房支出占居民收入的合理比例。

其中，最低可接受住房面积，是以联合国提出的住房舒适标准——每人一间房间为基础，并能够被居民所接受的住房面积。在住房支出占居民收入比例方面，通常将家庭总收入的30%作为可支付性住房的判断标准。如果住房支出（含设施和服务消费）没有超过家庭总收入的30%，即认为该家庭具有住房支付能力。

2. 住房保障的供给主体和供给方式

（1）供给主体

住房保障的供给主体主要包括政府供给与市场供给。所谓政府供给，是指由政府下属的相关组织直接提供保障住房。其特点是：其一，政府可以对保障房供给的数量、时间及质量进行较为精确的掌控；其二，在政府直接参与建设时，将大大提高住房供应速度。在住房保障的国际经验中，新加坡是政府参与保障房供给的典型国家，新加坡建屋发展局在其供给住房的建设与管理中发挥主导作用。

---

① 住房支付能力是指居民以其收入的合理比例可以支付最低可接受条件（一般以住房面积衡量）下的住房。

住房保障的市场供给，是指在住房市场中由出租或出售住房的机构或个人提供保障住房。具体分析时，又可以分为以下两种：一是住房市场中符合保障对象需求的小户型普通住房，它们是保障住房的天然供给。例如，我国城市中的城中村实际成为城市外来人口的廉租房。二是在政府引导下，房地产企业或各种非营利性机构新建或改建的符合保障住房标准的住房。在20世纪60~80年代期间，美国联邦政府资助私人机构开发了约200万套中低收入租赁住房，政府提供一定的利息或运营成本补贴，要求私人机构以特定租金水平为中低收入家庭提供保障房源。

（2）供给方式

住房保障中的供给方式主要包括增量供给与存量供给。其中，增量供给是指通过新建的方式获得保障住房。增量建设保障住房主要出现在保障性住房短缺的时期。世界各国都在一定历史阶段大量新建过保障住房，如美国在20世纪30~60年代、加拿大在20世纪40~70年代等。我国在2007年以后也提倡增加中小户型保障住房的建设。

存量供给是通过存量房转化的形式获得保障住房。其具体形式有两种：一是政府保障房机构通过收购符合条件的市场住房，然后将其转化为保障住房提供给保障对象；二是政府鼓励市场住房供给主体（机构或个人）增加符合保障房条件的住房供应。例如，通过税收、财政补贴等政策鼓励房地产企业出租低租金住房，或者允许将大户型住房分割为单间出租。这些做法实际上都增加了保障住房的供给。

3. 以住房保障的相关法律、法规为依据

目前，几乎所有发达国家都有住房法。1919年，英国颁布了《住房和城镇规划法》，明确规定政府应对公共住房建设提供支持。1937年，美国联邦政府出台了《住房法案》，授权地方政府成立公共住房委员会，负责低收入家庭的公共住房建设，各州也可以制定本州的住房法。在我国，《中华人民共和国宪法》《中华人民共和国民典法》等一般性综合性法律中包含着住房保障的相关法律条文，以及国务院、住房和城乡建设部等多次颁布有关住房制度改革的法规，对住房保障相关问题作出规定，但仍然缺乏专门的住房社会保障法律。然而，这些法律、法规在住房保障制度中发挥着重要的作用。

（1）住房保障制度的依据

住房保障的相关法律和专门法律是对居民拥有适当住房这一权利的规定与保护，有助于明确保障居民的基本居住条件是政府的基本职能，从而为建立住房保障制度以及相关政策措施的采用提供了法律依据，同时也对居民享受有关住房保障待遇以及因此而形成的其他财产权利与非财产权利给予了法律保障与支持。

（2）明确住房保障制度的目标

住房保障的相关法律和专门法律有利于明确不同发展阶段住房保障制度的目标。具体而言，根据相关法律对公民居住权的规定，以不同发展阶段的国情和地区的实际情况为依据，有针对性地通过法律明确住房保障制度的目标，并随着社会经济的发展和宏观政策的变更而适时调整，从而逐步实现全体居民的居住权。我国住房保障制度的目标是以符合社会主义市场经济的发展要求为基础，满足居民的基本住房需求，进一步改善居民居住环境和居住条件。

（3）规定保障对象、保障水平以及资金来源

为了实现住房保障目标，通过制定相应的政策法规，有助于详细规定住房保障的对象、保障水平以及保障资金的来源。同时，可以明确对骗取保障的行为所应采取的惩罚，从而使政策法规更具有可操作性。

11.3 住房保障的经济抉择

住房保障的经济抉择是对"保障谁、怎么保、保多少"问题的明确，即保障对象如何界定、保障范围如何适度以及保障方式何种最优。然而，任何抉择都应以实现公平与效率统一为原则，从而使保障效果最大化。

11.3.1 住房保障对象的认定标准与受益排序

1. 保障对象的认定标准

保障对象的认定标准应包含两大基本要件，一是住房贫困，二是住房支付能力不足。

（1）住房贫困标准

住房贫困是指住房条件达不到社会可接受的某种标准。基于标准的不同，住房贫困也分为绝对住房贫困和相对住房贫困。

其中，绝对住房贫困是指住房条件达不到维持基本生存需要的最低量。住房应保证基本生存需求，不符合即为绝对住房贫困。住房基本生存需求，一是要安全卫生；二是应保证居民基本居住权益，即要基本舒适。基本舒适，包含基本居住功能、基本私密保障和基本公建配套。

相对住房贫困是指某家庭的住房条件虽能达到或超过维持生存需要的标准，但与社会其他成员的住房条件之间仍存在着较大差距。与之相较的住房条件一般最高划定于社会平均住房水平。

尹世洪（1998）指出，贫困的发展具有两阶段性，第一个阶段是绝对贫困阶段，第二个阶段是相对贫困阶段。任何一个社会都要经历贫困的第一阶段才能进入第二阶段；只要有绝对贫困者存在，相对贫困就显得不重要；一旦绝对贫困完全消灭，问题将发生本质变化——相对贫困将构成贫困的全部[①]。该原则也适用于住房贫困。由此，保障对象的住房准入标准应基于对社会住房贫困状况的分析。

---

① 尹世洪. 当前中国城市贫困问题[M]. 南昌：江西人民出版社，1998：19.

城镇居民家庭住房符合以下条件之一,即为住房绝对贫困家庭。①住房过于拥挤[①];②住房存在安全与卫生隐患(危旧房屋、危险房屋或严重损坏房屋),排水、交通、供电、供气、通信、环卫等配套基础设施不齐全或年久失修;③住房使用功能不全,包括房屋室内空间和设施不能满足安全和卫生要求(无集中供水、无分户厨卫)以及通风与采光没有达到基本要求;④基本私密无保障。对住房绝对困难的低收入家庭,政府有义务保障其基本居住需求。

相对住房贫困标准基于实际情况提供保障,其具体要求有:一是标准的上限不应突破当地中等居住水平,即面积标准不应超过地方平均水平;二是当城镇居民住房自有率较高时,城镇居民无住房产权也可视为住房相对贫困,由政府提供适度保障。相对住房贫困标准较为灵活,在政府财政能力许可的条件下,可适度提高保障对象的住房准入标准。

(2)住房支付能力不足标准

一是保障对象收入准入标准。住房租赁支付能力不足者一般为城市低收入居民,故租赁补贴对象的收入准入线为地区低收入标准。在租赁市场需求旺盛的城市,可适当提高收入准入线。

住房购买支付能力不足者主要为城市中等收入以下居民,故购房支持对象的收入准入线为地区中等收入标准。在部分房价较高的城市,收入准入线可适当提高至中等偏上收入标准。

二是保障对象财产准入标准。传统的住房支付能力定义仅考虑流量收入因素,忽视了家庭存量收入,即财产的作用,一个家庭的住房支付能力应综合考虑该家庭的收入和财产状况。

关于租赁补贴家庭的财产准入线核算可基于住房消费比关系式的修正。

设某一时期家庭i占用社会认可的基本水平或档次的住房需支出c_i^h,该家庭收入为Y_i,社会认可的支出比例为h。

若满足支付能力关系式:$\frac{c_i^h}{Y_i}<h$,则表明该家庭对此住房具有支付能力。

若考虑家庭财产对住房支付能力的贡献,则可设家庭i财产量为P_i,$A(P_i,r,n)$为年金,r为贴现系数,n为贴现年数。

此时,住房消费比公式修正为$\frac{c_i^h}{Y_i+A(P_i,r,n)}<h$,则$P_i<P\left[\left(\frac{c_i^h}{h}-Y_i\right),r,n\right]$,其中$\left(\frac{c_i^h}{h}-Y_i\right)$为年金,$P(\cdot)$为年金现值函数。

以某市为例,假定该市2013年的标准租金为86元/m^2,保障租赁面积设为10m^2/人,则年租金c_i^h为10320元/人。h如取为25%,Y依据一年期股份制商业银行存款利率设为2%。考虑极端情况,某申请保障的租户没有收入,且n设为50年,

---

[①] 我国人均住房面积在10m^2以下的家庭,可视为住房拥挤。

则 P_i 的极端值为129.72万元。

上述计算存在的缺陷主要表现为：一是期限长，并在未来的50年里，参数未做任何变动；二是该数值是在假定保障对象没有任何收入的情况下计算所得，这与大部分保障对象的实际不符。

因此，可考虑将 n 调整为5年，则财产准入线的设计思想为：在没有收入的情况下，家庭所持有的财产应可支付该家庭5年的租房开支。该设定下，P_i 为7.98万元。

关于购房支持家庭的财产准入线核算可基于基准住房的首付进行分析。以某市为例，假定经济适用房的建筑标准为60m²、同期商品住房均价为32001元/m²，并且首付比例30%，则财产准入线为57.6万元。若以3口之家计算，人均财产19.2万元。这与该市实际执行的标准很接近。

2. 保障对象的受益排序

基于住房贫困和住房支付能力不足两大标准，可将保障对象分为四类：第一类为住房绝对贫困且租赁支付能力不足者；第二类为住房绝对贫困且购房支付能力不足者；第三类为住房相对贫困且租赁支付能力不足者；第四类为住房相对贫困且购买支付能力不足者。

在社会保障"3U"原则框架下对住房保障受益排序进行理论探讨。一是普遍性原则，在城镇常住人口口径下划定住房保障对象。二是统一性原则，地区根据保障需求情况和供给能力，统一确定地区保障目标、保障方式和保障对象的准入线，不再设置任何居住身份条件。三是均等性原则，向住房越困难的家庭提供更多的保障。在保障资源不充沛时，优先保障住房绝对贫困家庭，后保障相对贫困家庭；先满足租赁需求，后满足购买需求。

因此，与上述四类保障对象相对应，保障对象的受益顺序如下：

第一个层次，地区保障目标为仅消除绝对贫困、仅提供租赁保障。保障对象为住房绝对贫困且租赁支付能力不足者。

第二个层次，地区保障目标为缓解相对贫困、仅提供租赁保障。保障对象按受益优先排序为住房绝对贫困且租赁支付能力不足者以及住房相对贫困且租赁支付能力不足者。

有住房困难，但收入相对较高者并不纳入前两个保障层次中，在租赁保障房源较为充足的地区，政府可以向这部分群体提供保障住房，但不提供任何财政补贴。

第三个层次，地区保障目标为缓解相对贫困、可提供租赁与产权保障。保障对象按受益优先排序为：首先是住房绝对贫困且租赁支付能力不足者，其次是住房相对贫困且租赁支付能力不足者，第三是住房绝对贫困且购买支付能力不足者，最后是住房相对贫困且购买支付能力不足者。此时住房保障的资源还不完全充裕，资源应向满足租赁需求倾斜，提供租赁补贴，对购买保障房的家庭仅提供共有产权之类的金融制度安排或少量贴息减税类的经济支持。

第四个层次，地区保障目标为缓解相对贫困、仅提供产权保障。尽管此时地方政府的保障能力极高，但仍应保持上述的受益顺序：首先是住房绝对贫困且租赁支付能力不足者，其次是住房相对贫困且租赁支付能力不足者，第三是住房绝对贫困且购买支付能力不足者，最后是住房相对贫困且购买支付能力不足者。

11.3.2 住房保障居住标准与补贴标准的界定

1. 住房保障居住标准

保障房应该安全、卫生和舒适。其中，安全卫生是居住的最基本要求。而舒适水平是一个不断完善的标准，分为室内环境佳和室外环境佳。所谓室内环境佳，是指户型好，房屋功能齐全、良好能满足私密要求；室外环境佳，则要求公建配套良好。

具体而言，保障房户型的设计既需节约，也需考虑到住房功能齐全，即卧室、厨房、卫生间、起居室等功能空间齐全；同时，这些功能空间均应满足最低设计要求规范，且功能空间的数量应随家庭人口的数量和结构进行调整。

各国（地区）功能空间的最低设计规范会酌情调整。国际住房和城市规划联合会（International Federation of Housing and Town Planning）于1958年联合提出了欧洲国家的住房及其房间统一的最小居住面积标准建议，要求每套住房应至少有一间$11.3m^2$的房间，每个卧室的面积至少为$8.5m^2$等[①]。而日本第三个住宅建设规划中标准要稍低，主卧面积为不低于$10m^2$，次卧面积不低于$7.5m^2$。欧洲不同规模家庭住房的最小居住面积标准见表11-1。

欧洲不同规模家庭住房的最小居住面积标准（单位：m^2）　　　表 11-1

房间	居住面积指数（分子为住房卧室数，分母为家庭人数）								
	2/3	2/4	3/4	3/5	3/6	4/6	4/7	4/8	5/8
居住面积	46	51	55	62	68	72	78	84	88
约合建筑面积	60	66	72	81	88	94	101	109	114

资料来源：Ranson R. Healthy Housing. A Practical Guide London. E & FN Spon, 1991.

一般而言，需依据家庭人口特征确定卧室数量。我国家庭一般分为五种：一人户、二人户、三人户、四人户、五人及以上户。我国二人户分为夫妻和二代户两档，分别需要1个或2个卧室；三人户是我国典型的家庭结构，一般为夫妻和1个子女；四人户随我国二胎政策的施行，未来会出现二代户和三代户两种类型；五人及以上户一般为三代户，需要3~4个卧室，见表11-2。

关于功能空间的最低设计标准可参见我国《住宅设计规范》（2011年版）相关规定，例如：双人卧室的使用面积不应小于$9m^2$，单人卧室为$5m^2$，兼起居的卧室

[①] 姚玲珍. 中国公共住房政策模式研究 [M]. 上海：上海财经大学出版社，2009：292.

为12m²；起居室（厅）的使用面积不应小于10m²；由卧室、起居室（厅）、厨房和卫生间等组成的住宅套型的厨房使用面积不应小于4.0m²，由兼起居的卧室、厨房和卫生间等组成的住宅最小套型的厨房使用面积不应小于3.5m²；卫生间使用面积不小于2.5m²。

按家庭人口设计的最低保障房户均标准（单位：m²）　　表11-2

家庭 房间	一人户	二人户		三人户	四人户		五人户 及以上
		夫妻户	二代户		二代户	三代户	
主卧1	5	12	9	12	9	9	9
主卧2					9		9
次卧1			5	5		5	5
次卧2						5	5
起居室					7	7	7
厨房	3.5	4	4	4	3.5	3.5	3.5
卫生间	2.5	3	3	3	3	3	3
居住面积合计	11	19	21	24	31.5	32.5	41.5
约合建筑面积	15	25	28	32	41	43	54

注：《住宅设计标准》（2011年版）起居室的最低使用面积为10m²，这里降为7m²，设计可行性阐述可见：上海社会科学院房产业研究中心，上海市房产经济学会. 中国住房保障制度构建与供给方式探索[M]. 上海：上海社会科学院出版社 2012：297。而基于相对贫困原则，各地制定的保障房标准最高不应超过地方人均水平，建议按下四分位法则，取绝对贫困10m²和地方人均居住水平之间的中位数水平。若按2012年全国人均居住建筑面积32.9m²计算，则保障标准为人均21.5 m²。

关于公建配套，主要与保障房的区位有关。由于土地供给有限，保障房建设的区位选择有两种模式，即市中心小规模建设和近郊区大规模供给。近郊区大规模供给的保障房，往往存在公建配套不足问题。这就要求近郊保障房项目在规划阶段重点考虑公建配套设计：一是优化公交路线，在较为发达的城市，项目建设应设于轨道交通沿线；二是结合保障人口数量、年龄结构，安排教育、医疗和养老配套；三是设置邻里商业中心，满足居民生活需要。

2．租赁补贴标准

（1）租赁完全保障

针对绝对住房贫困低收入家庭的补贴目标应实现完全保障。国际上常用的补贴方式是比例收入法。以美国为例，住房租赁补贴的标准为符合条件的住房租金与家庭年可支配收入30%的差额部分，从而确保保障家庭的住房开支不高于家庭收入的30%。英国的补贴对象为租房开支不超过其净收入22%的家庭。比例收入法政策操作相对简单，但一些学者质疑这种做法的保障精准性和累退性。

目前我国各地的租赁补贴政策大致相同，在拟定的面积标准基础上，参照项目周边的住房市场租金或略低于市场租金水平（一般为8～9折）确定基本租金水平,其后按保障对象的收入差异实行分档补贴制度。以上海公租房为例,2013年,3人及以上申请家庭人均年可支配收入小于1.44万元,按基本租金补贴标准的全额实施补贴;3人及以上申请家庭人均年可支配收入在1.44万～2.04万元之间,按基本租金补贴标准的70%实施补贴;3人及以上申请家庭人均年可支配收入在2.04万～2.52万元之间,按基本租金补贴标准的40%实施补贴。北京的补贴政策大致相同,见表11-3。

北京城六区公共租赁住房租金补贴标准　　　　　表11-3

补贴对象	租金补贴占房屋租金的比例	租金补贴建筑面积上限
民政部门认定的城市最低生活保障家庭、分散供养的特困人员	95%	60m²
民政部门认定的城市低收入家庭	90%	
人均月收入1200元及以下的其他家庭	70%	
人均月收入1200元(不含)至1600元(含)之间的家庭	50%	
人均月收入1600元(不含)至2000元(含)之间的家庭	25%	
人均月收入2000元(不含)至2400元(含)之间的家庭	10%	

资料来源:北京《关于完善公共租赁住房租金补贴政策的通知(2015)》。

(2)租赁轻度保障

随着经济的发展,住房绝对贫困的中低收入群体也应纳入住房保障体系。由于该部分群体本身具有一定的市场租赁能力,所以对其的保障水平低于绝对住房贫困低收入家庭。这部分庞大社会群体不能解决居住问题的关键,在于需求与市场供给结构不相符合。

在我国,该群体主要由住房绝对贫困的城镇中等以下收入家庭、新就业青年职工以及刚引进的外来技术人才等构成。各地主要提供公租房实物保障,公租房租金较市场水平略低,一般为市场租金的8～9折。极少数地区也施行过货币补贴,如上海浦东张江园区,对区里职工租住园区公租房给予租金补贴,但这并不是普遍的政策。

3. 购房补贴方式

(1)产权轻度保障

当前各国对低收入群体的购房保障补贴主要为产权轻度保障,方式主要有两种:

一是直接给予一次性购房补贴。国际上采用这种大额一次性直接补贴方式的案例较少,住房保障体系完善的国家中仅见于新加坡的中央公积金住房资助计划("CPF Housing Grant" Scheme),政府对于符合条件的新加坡居民购买二手组屋提供直接资助。[1]

---

[1] 姚玲珍. 中国公共住房政策模式研究 [M]. 上海:上海财经大学出版社,2009:122.

我国常州市，2015年对符合户籍且实际居住3年以上、家庭人均月可支配收入在3290元（含）以下、无房或家庭人均住房建筑面积低于18m²三项条件的家庭在购买新建成套普通商品房一套时，发放10万元补贴①。这种方式对补贴对象的要求较为严格，但补贴力度较大，实际上是经济适用房政策的货币体现。

二是共有产权方式。"共有产权房的价值由保障对象支付购房资金和政府投入组成。在实践操作中，政府占有的份额小于政府实际投入占房地产全部价值的比例，而且购房人拥有全部的住房使用权"②。这些实际构成了政府对保障对象的补贴。

在英国住房保障体系中，创造性地实施了"分享式产权购房"模式，又被称为"共享产权"模式。这一模式是购房申请者和提供贷款的住房协会共同持有房屋产权（王兆宇，2012）③。"分享式产权购房"模式是为了帮助无力购买住房产权的中低收入者实现购房梦想而实施的保障举措。具体而言，该模式允许中低收入者在租住公共住房的过程中，可以根据自己的购买能力逐步购买其承租住房的产权，期间政府会提供诸多优惠政策，最终获得全部产权。该模式在实际运行中有效地推进了英国政府公房私有化改革，并显著提升了中低收入群体的房屋自有率。

（2）产权激励保障

产权激励保障，补贴标准低、受众面广、政府财政压力低并能促进中低收入群体通过自身努力解决住房问题，是住房保障体系完善国家最常用的方式。产权激励保障政策通常为税收或金融政策。

国外对住房保障对象的专项税收优惠政策主要是在住房持有环节。在流转环节的税收优惠政策并不突出，这是由于大部分国家和地区为缓解交易桎梏、推动住房市场交易活跃度，在房地产税制设计上通常采用轻流转、重持有模式，税收少，故优惠也少。住房持有环节的税种主要包含财产税性质的房地产税和个人所得税。

国外对住房保障对象的专项金融优惠主要有贴息和担保政策。很多国家为提高居民住房自有率，对居民自购建房均有贴息优惠，但为了增强对低收入群体的扶持力度，在普惠安排之外，针对低收入群体专门制定特殊政策。如德国的公营抵押银行和储蓄银行专门向低收入者、残疾人、多子女家庭提供购建住房的长期无息或低息住房贷款。这显然与我国公积金制度不一样。就贴息力度而言，德国的优惠较大，前述的低息贷款利率为1%，而当前德国商贷利率在3%～4.5%之间④，补贴率超过60%。

---

① 参见《2015年常州市市区经济适用住房货币补贴政策指南》，载于《常州市住房保障体系建设成果汇编专题》网页，2015年4月16日。
② 上海市房地产科学研究院. 上海住房保障体系研究与探索［M］. 北京：人民出版社，2012：160.
③ 王兆宇. 英国住房保障政策的历史、体系与借鉴［J］. 城市发展研究，2012（12）：134-139.
④ 资料来源：百度经验《德国房产贷款》。

担保政策构成了政府的或有补贴。美国的中低收入家庭抵押贷款担保政策做法较为完善。联邦住房管理局为抵押贷款提供100%的保险，但仅购房债务支出占家庭收入比为29%～41%的中、低收入家庭，才有资格获得该抵押贷款，且抵押贷款保险有上限数额。"这种做法，既体现了政府积极执行向中低收入家庭倾斜和扶持弱小阶层的政策取向，也防止了人们利用政府保险的抵押贷款来购买过于奢侈的住房的倾向"[①]。

我国当前还没有此类保障政策。目前与住房相关的税收优惠政策，通常指向个人唯一住房、普通、持有时间长等特征，并非只有保障对象才能享受。与住房相关的金融优惠政策，主要有公积金政策，但也是面向按收入缴纳公积金的居民。

11.3.3 住房保障方式及其结构优化

1. 住房保障方式的分类

（1）实物配租

所谓实物配租，是指政府以低廉的租金向保障对象提供符合一定标准的普通住房。实物配租最大的好处，是保障"人人有房住"，避免了产权补贴的福利扩大化问题，也避免了保障福利的"悬崖效应"。

我国实行实物配租的保障房，包括廉租房和公租房两类。实物配租的公租房和廉租房在保障对象和补贴标准方面又有较大区别。廉租房的保障对象为城镇户籍"双困"居民，即低收入且住房困难家庭；公租房的保障对象则较为宽泛，包括住房困难的城镇中低收入居民和外来就业稳定人员。就补贴标准而言，廉租房的租金极其低廉。从2014年起，各地公共租赁住房和廉租住房并轨运行，并轨后统称为公共租赁住房。

（2）实物配售

所谓实物配售，是指政府以优惠价格向中低收入者出售普通住房。实物配售的保障性，体现在对保障对象的界定、建设标准的限定、供给价格的低廉和住房产权的不完全等方面。

我国各地对实物配售的对象一般限定为户籍中低收入家庭；建设标准为中小户型，有住房面积上限标准；政府对各类配售住房给予土地、税费等不同程度补贴，并敦促保本微利开发，从而保证了保障房价格低于同类市场住房价格。为防止住房保障的福利化，保障对象拥有有限产权，对保障房上市时间、出售对象都有所限制。我国长期以来实物配售的保障房有经济适用房和限价商品房。目前一般采取共有产权房模式，如北京、上海、淮安、黄石等。

（3）货币补贴

所谓货币补贴，是指政府向城镇部分中低收入住房困难家庭发放购房补贴或

---

① 姚玲珍. 中国公共住房政策模式研究 [M]. 上海：上海财经大学出版社，2009：60.

租房补贴，提高其住房支付能力，使其通过市场上购买或租赁房屋解决住房困难，具体形式包括租赁补贴、购房补贴以及安置补贴等。

目前我国在国家政策层面仅涉及租赁住房补贴，各地大多按保障对象的住房支付能力差异实行分档补贴制度。由于各地住房市场供求的差异，一些城市也曾积极开展购房补贴的实践。长沙和常州等城市尝试以购房补贴代替经济适用房的实物补贴。

（4）棚户区改造与老旧小区改造

棚户区改造工程，是指对城市建成区范围内平房密度大、房屋质量差、使用年限久、人均建筑面积小、治安和消防隐患大、基础设施配套不齐全、交通不便利、环境卫生脏乱差的区域及"城中村"进行拆除重建或改造，彻底改善居住条件和居住环境。2015年《政府工作报告》将危房改造列入棚户区改造范围，是对现在危房予以改造，消除住房危险，改善居民居住条件的项目。

老旧小区综合改造工程，主要通过修复小区路面、增设停车位和休闲设施、铺设燃气管网、疏通排水管网、整治小区绿化以及住宅扩面增加独立厨卫设施等，标本兼治，在不拆不搬迁的情况下，改善居民生活环境，提升城市整体形象。

2．住房保障方式的结构优化

住房保障方式的结构优化应以发挥市场的决定性作用、建立动态调整的机制、推动分类保障的实施为原则，依据循序渐进的改革方式分为近期和远期两种。

（1）近期理想模式

近期理想模式包含两个体系（配租体系、配售体系）、三个梯度，以公租房为主、共有产权房为辅，如图11-2所示。

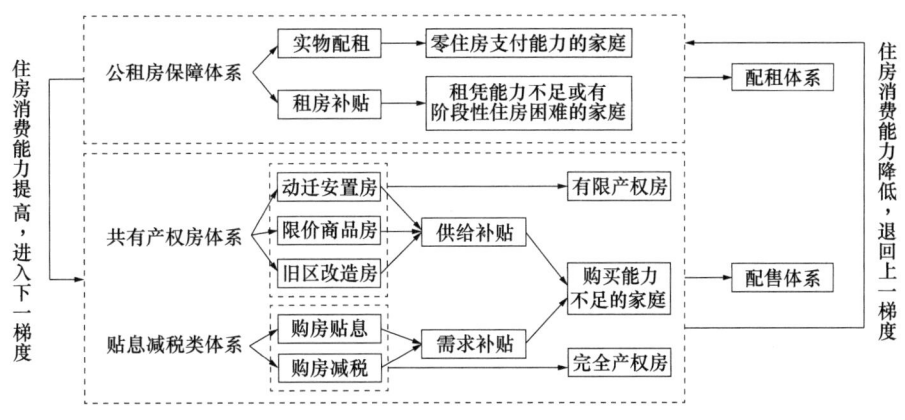

图11-2 近期理想模式

配租体系中公廉并轨，保障对象覆盖无租赁能力、租赁能力不足的低收入家庭及有阶段性住房困难的中低收入家庭；实行先租后补政策；保留一部分实物租赁房源，除了可以便利老、弱、残、病群体直接解决居住问题外，在中低端市场租赁住房供不应求时，还能直接形成有效供给。

配售体系包含共有产权体系和贴息减税体系两个分体系，覆盖范围为购买能力不足的家庭。共有产权体系包含目前的市政动拆迁安置房、棚户区改造房以及各类政策性住房等项目，采用供给补贴方式，通过土地、规划、税收、金融等优惠政策，引导社会主体投资建设，低价供应给保障对象。贴息减税类补贴属需求补贴，支持中低收入家庭购买首套商品住房。

（2）远期理想模式

长期来看，一方面，随着经济发展水平的提高，未来保障水平和规模会降低；另一方面，共有产权房仍存在福利效应，不利于保障对象的自身发展。因此，长期应取消共有产权房体系，逐步加大需求补贴力度，积极发展贴租、购房贴息及减税政策，如图11-3所示。

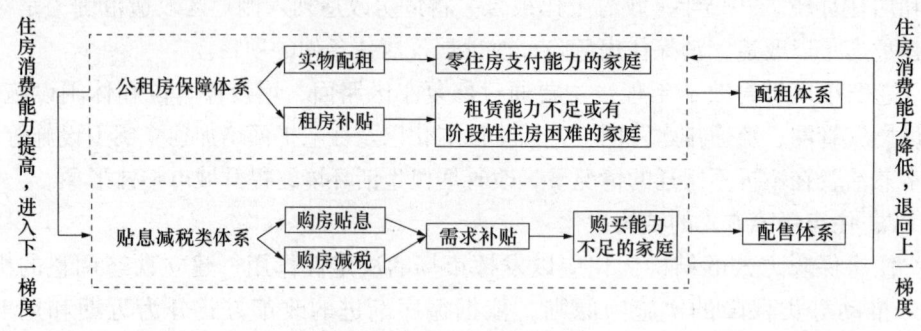

图11-3　远期理想模式

11.4　专题：以政府引导为方向健全多渠道住房保障体系[①]

11.4.1　中国住房保障体系发展成效与不足

1. 中国住房保障体系发展成效分析

（1）具有中国特色的新型住房保障体系基本形成

首先，建立多层次的住房保障供求体系。经过20多年努力，中国住房保障工作取得了较大成就，住房保障和住房市场并重发展，逐步建立包括廉租房[②]、公租房、共有产权房以及棚户区改造安置房等多种类型的、具有中国特色的新型住房保障体系，推进房地产业发展进入新时代。同时，各城市住房保障体系也各具特色。

其次，确立与住房保障相关的政策框架。保障房建设管理经历了与住房制度改革相衔接、通过市场化手段解决住房问题、住房保障回归政府提供基本保障等

---

① 本节摘自：姚玲珍，孙聪，唐旭君. 新时代中国特色住房制度研究［M］. 北京：经济科学出版社，2021.

② 2013年住建部、财政部、国家发改委联合下发《关于公共租赁住房和廉租住房并轨运行的通知》将公共租赁住房和廉租住房统一并轨为"公共租赁住房"。

不断深化的过程,在此期间住房保障政策也不断完善。

此外,住房保障相关的税收减免得到高度重视。住房保障相关的法规建设取得初步成效。

(2)住房保障的支持力度与有效供给进一步加大

一方面,财政支持力度持续上升。住房保障总支出由2010年的2376.88亿元增加到2018年的6806.37亿元,年均增长率达到15.37%。其中,2010~2018年保障性安居工程支出从1228.66亿元增长到3697.45亿元,平均增长率也达到了19.09%。① 同时,住房保障的财政投入也依据城市发展的需求不断调整支出结构。与住房保障相关的财政补贴也取得了显著成绩,财政补贴形式不断完善,补贴程度也逐渐增加。

另一方面,住房保障建设规模与覆盖率显著扩大。住房保障建设数量逐步增加,每年建设规模均超额完成。我国住房保障覆盖面逐渐扩大,使得更多住房困难家庭受益。2017年底,住房保障覆盖面达到24.9%②。满足了城镇不同群体的住房需求,改善了住房困难群体的居住条件与环境。这推动着我国城镇住房保障体系逐步走向完善。

(3)多层次住房保障和供应体系的惠民效果明显

随着城镇保障房建设和筹措力度的加大以及保障范围的逐步扩大,住房困难家庭的居住及生活条件有了明显改善,城镇居民的住房保障满意度也大幅提升。在《公共服务蓝皮书(2018)》中,以保障房政策、房价调控、整体满意度等指标构建指标体系③,对全国38个主要城市的公共住房进行满意度分析。从2011~2017年公共住房要素得分趋势来看④,住房保障满意度整体呈现出波动上升趋势。

2. 中国住房保障体系现存不足之处

(1)保障范围:新老市民保障失衡

一方面,在保障广度上,对新市民的覆盖范围不足。主要表现为,长期倾向于对老市民的住房保障,对非户籍中低收入群体的保障力度有限,新老市民住房保障力度并不相同。此外,各城市对新市民的保障范围亦不明确。普遍观点认为,引进人才、创业人才、新就业大学生等群体对居住地城市发展的贡献较高,各地理应将其纳入住房保障。城市外来务工人员是否应纳入住房保障体系,则有争议。实践中各地政府的政策因地而异。

---

① 数据来源:2010~2018年全国一般公共预算支出决算表。
② 数据来源:2010~2018年全国一般公共预算支出决算表。在此,通过保障安居工程住房存量(万套)除以城镇住宅存量套数(万套)来计算住房保障覆盖面(%)。
③ 保障房政策指标对应的问卷问题是:您本人或您认识的人是否享有或了解本城市的保障性住房;房价调控指标对应的问卷问题是:您觉得宏观调控政策对您所在城市的房价有影响吗;整体满意度指标对应的问卷问题是:请您对本城市的住房保障情况进行整体评价。
④ 对历年《公共服务蓝皮书》的梳理可知,2018年满意度评价体系及评价方法发生变化,故此仅列出了2011~2017年的时间趋势。

另一方面，在保障深度上，新老市民的覆盖程度存在差异。主要表现为，当前由于缺乏对保障者的精准识别，对城市户籍中低收入者的住房保障程度往往超出其基本居住的需求，加之保障房进入门槛高，退出门槛低，造成城市"老"居民对住房保障有过度依赖，导致"住房福利病"的形成。此外，由于尚未建立全国统一的住房保障信息系统和各城市争夺人才这两大现实情况，对引进人才、创业人才、新就业大学生等新市民群体提供的住房保障，可能存在保障过度的问题。

（2）保障方式：实物保障与货币保障失调

一方面，以实物保障为主，政府压力较大。过去我国较长时期保障房短缺，为了加速住房保障体系的发展，采取实物保障的直接支持模式，政府是建设主体。依据国际货币基金组织（IMF）口径，2015年中国内地住房与社区环境支出占到财政支出的8.2%，超过中国香港（约为7.5%）、新加坡（约为5.3%）的占比，保障力度较大[①]。这必然给政府带来较大的财政负担。对政府而言，实物保障建设工作量大，后续的管理难度更大。

另一方面，进入存量时代，货币保障不足。当前，我国已逐步进入住房存量时代。大多数城市住房供求已基本均衡，今后更适用于采用存量转化的方式供给保障住房，并通过货币化住房保障手段解决需求方支付能力不足问题。相比较而言，采取货币补贴方式，不仅能够减轻政府压力，还能盘活市场存量房源，充分发挥市场机制的资源配置作用，并有利于进一步扩大保障覆盖面。然而，从国内各城市的调研发现，少数城市已全面实行货币保障；而一些城市只在较小范围实施货币保障。推进全面的货币保障仍存困难，关键在于城市商品房市场的供求关系以及城市政府的保障能力。

（3）保障水平：单位投入保障效率不高

一方面，地区层面上，保障水平与地区经济发展局部欠协调。在住房保障水平整体基本适度的情况下，我国经济最发达和最不发达地区的住房保障压力较大。特别是发达地区的住房保障支出水平偏低，这与城市经济发展水平需求不协调。而这些地区房价高、人口流入大，未来保障需求较目前严峻。

另一方面，微观层面上，保障水平与保障对象需求特征难匹配。主要表现为，市场租金与租金支付意愿错配、保障房型与实际需求错配、保障房源区位与实际需求错配等。

11.4.2　政府主导下优化保障效果的推进思路

1. 以精准保障提升保障效能

（1）公租房体系：以租金负担能力为依据制订租金标准并动态调整

公租房保障对象的精准识别，是进行精准保障的前提。在不改变现有保障范围的前提下，需要从经济状况、就业情况、家庭负担、住房水平等多个方面对公

---

① 资料来源：恒大研究院报告《中国住房制度：回顾、成就、反思与改革》。

租房保障对象进行综合精准化识别,充分掌握其家庭信息。

精准补贴是在精准识别的基础上,就保障对象的具体情况提供针对性的保障措施。公租房补贴方式分为实物保障和货币化补贴两种,因而精准补贴也包含两个层面的意义,既要做到公租房保障标准与保障对象的可负担能力相匹配,又要尽可能实现公租房供给与保障对象各方面需求相匹配。

除识别和补贴之外,对公租房保障对象和保障房源的管理也需要引入精准理念,做到公租房各个管理环节的动态化、精确化。精准管理意味着,一方面要做到对保障对象的相关信息动态更新,对居住行为进行动态监管;另一方面要做到对保障房源的管理也是实时监管与维护,确保承租人的租住权益与出租人的合法利益。

总体而言,改变过去"一刀切"的保障模式,将"精准"理念纳入公租房保障体系的各个环节,有助于提高公共资源的运行效率,促进保障体系的公平和谐,图11-4展示了公租房体系"精准保障"的整体运行框架。

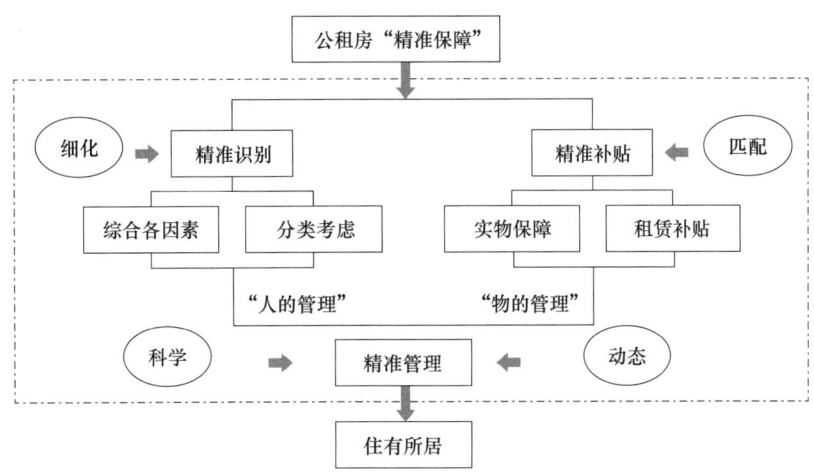

图11-4 公租房体系"精准保障"的整体运行框架

（2）共有产权房体系：以住房可支付性为依据确定共有比例

共有产权房应精准化产权比例,满足不同家庭的购房诉求。据此,政府可设定一个购买基准比例,购房人依据自身条件自由选择产权比例,但所持比例应不低于设定的初始比例;鼓励有购买能力的家庭提高持有比例,以减少政府的财政压力。同时,在一定条件下允许减持部分产权,但原则上不能低于基准比例。

共有产权房应明晰权利与义务,确保共有人之间的公平。对于房屋维护、管理责任,购房人对共有产权住房是否拥有处置权,以及处置时产生的收益或风险应如何分配等相关权利与义务,应在不违背住房保障功能的前提下,作出明确约定（姚玲珍,王芳,2017）[1]。

---

[1] 姚玲珍,王芳.共有产权房怎样堵住漏洞？[N].解放日报,2017(10)：1-2.

2. 自供给端向需求端转变的保障模式

(1) 配租体系：降低实物配租，增加货币补贴

一方面，应精准聚焦保障对象，逐步提高货币补贴标准。一方面，摸清城市外来务工人员、新就业大学生、引进人才等新市民住房及收入状况，结合实际情况制定货币补贴标准，渐进式扩大保障范围。另一方面，有必要建立货币补贴标准的动态调整运行机制，确保货币补贴的实际支付能力，逐渐提高住房保障货币补贴比例。再者，调整住房保障相关法规，通过修改完善公租房等管理规定，尽力做到应保尽保。

另一方面，要切实处理好货币补贴与实物保障、住房保障供给与需求的平衡问题。一是在住房保障货币化补贴渐进完善的过程中，可在设施配置齐全的工矿区仍继续建设保障房项目，满足必要的实物保障需求。二是还须重视平衡好保障覆盖面与政府财力支付能力的关系。三是规范货币化运行机制，形成配套政策。公租房货币化的有效推进，与一系列相关配套政策密切相关。其中，最重要的是"两个挂钩"政策，即《国家新型城镇化规划（2014—2020 年）》中提出的"探索实行城镇建设用地增加规模与吸纳农业转移人口落户数量挂钩政策"和"建立财政转移支付同农业转移人口市民化挂钩机制"。贯彻落实该两项配套政策，是推进公租房货币化的重要保障（严荣，2017）[①]。

(2) 配售体系：提高棚户区改造的货币化安置比例

从实践来看，棚户区的货币化安置既能缩短安置期、减少社会矛盾，又可以提高安置效率，有助于提高城市土地的利用效率以及城市的规划建设和功能业态布局。对被拆迁户而言，货币补偿后可选择的房源类型更广，能够满足住房多样化需求。

一方面，因地制宜确定安置标准，充分尊重民众意愿。货币化安置的标准应给予地方政府一定自主权，依据当地住房市场价格与物价水平合理制定，并在实施过程形成动态调整机制。与此同时，纯货币化安置、持货币补偿款选购住房，亦或是实物安置，都应以居民家庭意愿为中心，切实保证民众参与，维护居民家庭的合法权益。

另一方面，充分发挥政府的组织作用，推进与住房市场的衔接，加强与金融行业的战略合作关系，对贷款的申请和使用进行全流程监管，实现公开、公平、公正，保证贷款安全，保障棚户区改造项目的顺利进行。

3. 多层面分类递减的差别化保障任务

(1) 地区层面：审慎扩大保障覆盖范围

总体而言，随着经济水平和政府保障能力的提高，应审慎扩大城镇住房保障覆盖范围边界，一是继续保持我国当前城镇住房保障范围边界，尽可能地覆盖中低收入、存在住房困难的城镇常住家庭；二是按照住房困难程度，优先保障基本租赁需求，再扩展至保障产权购房需求。

---

① 严荣. 租赁型保障房的发展困境与创新实践 [J]. 上海房地，2017（12）：27-31.

（2）微观层面：匹配保障对象需求特征

一方面，根据保障对象的住房贫困程度与住房支付能力，对保障对象进行分类，并提供方式和程度不同的保障，见表11-4。此外，对保障对象的收入财产状况，应进行定期审核，并依情况调整其获取的保障收益。另外，因城施策，地方政府可根据经济、社会发展变化，定期对保障对象认定标准和保障水平进行调整。

保障对象分类补贴标准　　　　　　　　　　　表 11-4

住房支付能力＼住房贫困程度	住房绝对贫困	住房相对贫困
低收入	租赁完全保障	产权轻度保障
中等偏下收入	租赁轻度保障	产权激励支持

另一方面，契合保障对象居住需求，重视保障房的宜居性。保障房应该安全、卫生和舒适，安全卫生是居住的最基本要求。因此，这里主要探讨保障房的舒适标准。舒适由室内和室外组成，室内环境舒适是指户型好、房屋功能齐全、满足私密要求；室外环境舒适则要求公建配套良好。

11.4.3 政府引导下扩展住房保障模式的理论探索

1. 从主导向引导角色转变的政府职责

（1）政府主体责任：基本责任向高层次责任转变

为维护低收入阶层居民的切身利益，确保社会稳定与发展，政府理应承担起住房保障的主体责任。政府在住房保障体系中承担的责任可划分为基本责任和高层次责任。所谓基本责任，是指承担满足低收入群体基本住房需求的责任，政府对土地等资源进行合理规划和配置、提供资金支持和融资鼓励以及监督保障政策实施，确保低收入群体"住有所居"。而高层次责任，是在保障居民有房住的前提下，改善中低收入群体的居住质量，并满足该群体未来发展的需要。政府在住房保障不同类型中承担的责任见表11-5。

政府在不同保障类型中承担的主要责任　　　　　　　　　表 11-5

保障类型	保障对象	政府承担的主要责任	相应法规或政策
公租房保障	最低收入住房困难户	划拨建设用地，投资建设或收购住房，补贴资金	公租房保障相关办法
	低收入住房困难户	划拨建设用地，投资建设或收购住房，补贴资金	
	中低收入住房困难户	建设用地供应，政策支持，投资支持，租金补贴，税费优惠，配套设施建设	

续表

保障类型	保障对象	政府承担的主要责任	相应法规或政策
共有产权房保障	低收入住房困难户	提供房源	共有产权房保障相关办法
	中低收入住房困难户	提供房源	
支持性保障	中低收入住房困难户	政策支持	产权激励保障相关办法

随着越来越多的阶段性住房困难群体获得保障,政府充分履行了作为住房保障主体的基本责任。长期来看,政府应进一步履行高层次责任。主要包括,第一,改善居住质量实现安居宜居。加强基础设施建设、社区物业建设以及绿化、商业配套建设等,方便中低收入家庭生活和就业、就医、子女入学,为保障对象提供高质量公共服务。同时,提高住房建设品质,积极发展节能省地环保型住房,不断提高住房科技含量,推动住宅品质迈上新台阶。鼓励通过货币补贴方式,让居民选择适合自己的房型、区位。发展房屋租赁市场,增加保障对象房源选择自由度,解决实物配租中房源匹配难问题,从而间接改善居住条件。第二,改变就业状况实现安居宜业。政府应帮助和扶持社会低收入人群改善生活状况,培养技能,使其主动为社会做出应有的贡献。因此,要求保障房项目不仅要考虑低收入家庭的生活居住,还要考虑到保障对象的生产就业,帮助低收入者融入社会,促进其找到合适的工作岗位。

(2)政府职责角色:主导向引导转变

政府一方面要积极承担起在住房保障中的主体责任,另一方面应该逐步转变其在住房保障中的职能。即改变过去由政府主导的模式,注重发挥市场配置资源功能,努力构建政府引导、社会参与、市场运作的住房保障运作机制,充分发挥政府和市场的双轮驱动作用。

首先,减少政府干预,推行货币化保障。现阶段我国住房市场逐渐步入存量时代,新增供应的空间逐步萎缩,保障房的供应不可能再以集中新建为主,而应借鉴相对发达国家或地区的经验,采取多元化手段盘活存量资源。这意味着,政府对住房保障的直接干预逐渐转为间接的适度干预,通过推行货币保障的方式来实现保障目的。

其次,优化管理体制,完善配套政策法规。为推进实物保障向货币保障的转变、即公租房货币补贴和贴息减税类政策的落实,政府应制定相关政策法规,对住房保障的对象、标准、方式、管理机构等方面做出明确规定,规范保障行为。

第三,提升保障效能,优化服务供给。在主导向引导的转变过程中,政府应通过提供良好环境、优化公共服务、创新服务平台等方式提升服务水平,致力于成为"服务型政府"。

2. 以货币化保障为主的政府引导机制

（1）配租体系：完善配租体系，向全面货币补贴转变

首先，应保留必要的实物配租。这部分租赁型保障房主要面向城市户籍最低收入住房困难户。这类群体通过依靠政府救济才能维持基本生活，所以必须保留该类实物配租，由政府提供全额补贴，或仅象征性收取租金。

其次，进行租房补贴。政府可根据保障对象的具体收入、资产水平提供相应的补贴额度，进行定期动态调整。

第三，推进公租房市场化供应机制构建。要想快速推进公租房的货币化补贴，应积极探索公租房市场化手段筹措方式，即推进市场化供应机制的构建，从而迅速形成规模保障能力。具体来看，可以通过社会机构代理经租方式或政府引导、所有者出租方式，增加公租房市场化供应，使保障对象能够在住房市场上租到既符合公租房条件，又匹配自身需求的住房，从而促进公租房货币化补贴的实现。

（2）配售体系：引入贴息减税类，取代实物配售

一方面，对共有产权房实行常态化管理，逐步引入贴息减税类政策。其实质是由实物配售转向购房的货币补贴。与需要筹集大量建设资金的实物配售模式相比，贴息减税类政策仅需政府支付一定数额的购房补贴，有利于提高保障资金的"边际效用"。此外，实行贴息减税类政策增加保障房的选择自由度，可以有效降低职住分离，也避免现有大型居社区出现的管理难、退出难问题，有利于促进社会融合。

另一方面，可降低首付比例，定量测算贴息减税额。各城市可以首先推出购房贴息，即政府面向购房者提供一定额度利息补贴的政策性支持。激励政策实施初期，该方式执行起来较为容易，保障对象也更容易接受。待后期各方面条件成熟，再推出购房税收减免政策。购房贴息的保障标准，需要依据所购买的商品住房面积和价格来确定。执行贴息政策时，进行分等级提供政策优惠。

相比共有产权房而言，购房贴息政策在保障期间的管理和退出管理要更为简单，操作起来也更加容易，后期购房税收减免同样也具有该效果。享受贴息的保障家庭在一定年度范围内获得贴息优惠，当年限和保障额度达到标准后即可退出；如果在享受保障期间收入水平或资产水平发生变化，或者在税务部门、银行部门监督下出现违反相关规定行为的，相关部门应及时停止对该类家庭的保障。

3. 多元主体参与的公私合作保障机制

（1）租赁型保障房公私合作的运营机制

可引入PPP模式，组建专业运营管理机构。实践证明，专业的"第三方运营"服务模式可以有效提升资产的管理运作水平，推动保障房资产管理向市场化、专业化、规范化发展。各地应积极培育市场化的保障房专业管理机构，承担保障房资产管理、运营管理、物业服务等职责，使其成为接轨市场和执行政策的主要载体。为防止政府行政事业部门和国有企业过多介入具体事务，可采取以下四种措施：一是服务外包，可面向社会公开招标资产管理公司、物业服务企业进行运营，具体负责辖区内公租房的维修、养护、租户管理，收费标准由政府确定。二是成立SPV公司，聘用国有企业和市场上具有良好信誉的房地产企业、物业管理企业成立特定目的公司，负责资产的运营与管理。三是明确服务标准，利用住户满意率、房屋完好率、保洁质量、安保质量等可观察指标进行考核。四是加强监管，定期对服务质量开展独立的评估，实行动态淘汰制度。

此外，应充分挖掘配套商业地产的经济效益。对于只租不售的租赁型保障房而言，项目收益主要来源于住房的租金收益、商业配套的经营收入以及商业配套出售的销售收入。由于租赁型保障房的租金低于市场租金，且受到严格管制，要提高资产质量，主要取决于商业配套的经济潜力。在保障房规划设计阶段，应考虑为后续商业开发预留一定空间。委托专业机构对商业设施进行招商和运营管理，发挥商业设施的经济效益，不但有利于实现保障房运营的收支平衡，还能提升社区生活便利水平，增加就业和商业机会，促进社区繁荣。

（2）出售型保障房多主体供给的市场动能

可引入企业、政府和居民家庭三方共有住房产权。我国共有产权住房制度是从供给端发力，由政府给予支持，推动中低收入家庭通过自身努力逐步拥有住房，体现了互帮互助、共享发展的理念。为了更好地落实"共享发展"，可鼓励更多主体参与共有产权住房建设，完善共有产权住房制度，使居民在共建共享发展中拥有更多获得感的同时，也实现住房保障模式从"政府主导"向"政府引导、社会参与、市场运作"的转变（姚玲珍，王芳，2017）[①]。为了扩大供应主体，首先可以鼓励企事业单位、非营利机构成为共有产权的持有主体。待共有产权运行机制成熟后，可建立与英国住房协会相类似的住房合作社来接管政府已有的住房，并进行进一步开发与建设，从而减轻政府管理压力与财政压力。此外，可尝试允许房地产企业等市场主体成为共有产权的持有主体，这样有利于实现住房保障供应与市场化供应的衔接。

同时，维持合理的利益激励与政策支持，以稳定民间资本持续参与。为调动民间资本参与保障房供给的积极性，形成民间资本参与社会福利供给的良性格局，现已有城市通过经济适用房、限价商品房等项目吸引民间资本直接参与保障房供给，保障对象主要为中等偏下收入的城镇居民家庭及征收过程中涉及的城镇居民家庭。然而，只有持续、稳定的利益激励，才能确保民间资本持续地参与保障房供给，因而完善土地市场机制、合理制定销售价格就至关重要。一方面，推进土地市场机制建设，为类似于限价商品房等出售型保障房构建良好的土地供应平台。另一方面，制定有章可循的价格生成机制，将相关出售型保障房的价格控制在一定的合理范围之内，既能被当地的中等收入住房困难家庭所接受，又能满足开发企业的利益诉求。总而言之，应充分利用民间资本，鼓励社会力量参与，

---

① 姚玲珍，王芳. 共有产权房怎样堵住漏洞？[N]. 解放日报，2017（10）：1-2.

推动企业成为保障房建设市场化运作的新主体，构建保障房市场化运作机制，既适应保障对象购买力，又适应地方政府财政承受力。

11.4.4 提升住房保障治理能力的制度体系建设

1．法律制度：全流程制度设计

（1）提高立法层次，完善地方法规

一方面，加强国家立法，形成完备的住房保障法。为此，应尽快出台一部较为完备的《住房保障法》。该法作为住房保障的基本法，应以公民住房权的保障和实现为核心。另一方面，完善地方法规，健全法律体系。地方法规是针对当地住房保障的特点，而制定的具有地方特色、针对性强的地方性住房保障法规，是管理本地区住房保障事务的需要，也是地方立法的本质所在和应有之意。

（2）废旧立新，规范各个环节

一方面，明确住房保障的制度基础。例如，明确住房保障的涵义、住房保障的基本原则以及政府责任与职权划分等基本问题。另一方面，规范住房保障各环节。例如，住房保障的标准与体系、保障房建设与管理要素保障、住房保障的准入与退出、监督管理以及法律责任等。

2．支持体系：自我造血机制

（1）完善财税政策，加大财税支持力度

首先，多种支持方式并举，为营利、非营利主体提供财税支持。具体而言，一是加大中央财政补助，确保财政投入至少超过保障房任务量的增速。二是在中央和省级建立保障性安居工程基金或担保公司，对中西部和困难地区的资本金和担保等需求进行统筹。三是稳定和扩大地方政府资金来源，建议至少将15%~20%的土地出让净收益用于保障房建设，并且将保障房项目支出全部纳入各级政府的财政预算。四是完善政府资金使用办法，主要采用本金注入、贴息、担保等方式，发挥引导杠杆作用，而中央和省级补助资金采用"以奖代补"的办法。五是尝试国有企业的股权收入和利润分成，提留一定比例用于住房保障。

其次，实施多元税收政策，确保各主体的税收优惠。具体而言，一是优化建设和租售环节的税收政策设计。建设和租售环节，对廉租房项目实施免征城市维护建设税、教育费附加、所得税以及土地增值税等税种；在混合建设的项目中，按廉租房建筑面积占比扣除城市维护建设税、教育费附加、所得税与土地增值税等税种，而对非保障房的部分则给予税率适当降低的优惠政策；公租房和共有产权房仅保留部分增值税和一半所得税。除此之外，对所有保障房项目，免征城市基础设施配套费等各种行政事业性收费以及政府性基金。二是将非专营保障房的营利主体纳入优惠体系，对公租房建设和运营给予税收优惠，还可尝试将非专营保障房的营利主体纳入优惠体系，对其实际承担公租房房源功能的部分享受与专营公租房公司同等的税收优惠。

第三，建议降低非专营保障房营利主体的企业所得税。本着"鼓励中低端住房租赁市场发展"的基本思想，可阶段性降低非专营保障房营利主体的企业所得税。一方面并不会降低现有从这一税收中获得的财政收入；另一方面鼓励经营公租房的经租公司和住房租赁行业的发展。

第四，为新老市民提供购房、租房的税收优惠。为帮助不同阶层的群体租、购保障房，相关部门应设计分类别、差异化、全方位的税收优惠措施。按照中低收入家庭的人口数量、经济条件、能力水平以及购房面积等情况，逐渐扩大对中低收入者首次购买住房的优惠政策。例如，对购买保障房给予减免征收契税、印花税等，以及在一定时期内可为新老市民首次购房提供住房贷款利息抵减个人所得税应税额，或采取一定比例的个人所得税返还措施等。

（2）尝试公租房私募股权基金，增加资产流动性

住房保障体系的完善需要依靠金融制度的创新来支撑，原有的银行贷款、中长期债券等方式难以满足。因而，引进一些股权性的资金募集方式，吸引追求长期、稳定合理回报的资金（如保险资金等）进入这一投资领域，是发展趋势。

公租房私募股权基金可选择备案制，只要能够保证合理的收益，可吸引如养老保险等长期保险资金的投资。

3. 监管机制：治理能力建设

（1）全国住房保障综合管理信息平台建设

一方面，根据住房保障的要求以及相关技术规范的发展方向，明确住房保障信息化平台建设的目标。为此，对数据进行集中化管理。建立统一的数据中心，将数据统一收集到数据中心进行分类别存储，增强数据在统计、分析、查询等方面的应用水平。此外，对政务管理进行平台化建设。一是设立住房保障项目支撑平台，实现对各项目的分析、运行和监管的一体化，并为保障项目建设中的各种需求提供技术解决方案。二是逐渐形成市、街道、社区三级工作人员的统一业务办公平台以及决策支持平台。三是对业务管理实现系统化，形成涵盖保障房建设和管理、保障对象准入、保障对象动态管理、综合办公、决策支持以及基础应用等多个领域的业务应用系统。

另一方面，利用"互联网+"等信息化手段，构建统一系统平台、统一数据库、统一网络平台，加强与保障对象之间的信息交流，建立相互监督机制，加强日常监管，从而实现信息化、社会化、网络化的管理模式。多措并举提升政府驾驭"互联网+"管理能力。目前，很多城市已实现住房保障信息系统与民政、公安、社保、公积金、房产、工商等部门的信息共享，之后应继续增加信息共享力度，将地理信息系统（GIS）和管理信息系统（MIS）两者结合，规范管理行为，统筹考虑将银行、证券、保险等反映家庭资产与财产的信息纳入系统平台，在各类数据间、程序间形成一套完整的信息系统管理体系，对内提高各级管理部门的工作效率，对外提升为市民服务的水平和质量。

（2）面向保障对象与保障水平的动态监管

第一，实现市场化与动态化相结合的租赁价格管制。保障房租金要实行动态

调整，定期根据市场租金、物价水平以及所有租户家庭收入的变动对租金的基础水平进行调整。建议将保障房的租金设定以1~2年为限进行定期调整。为配合租金调整，租户也应定期报备家庭收入和资产状况，以便确定下一年的应缴租金水平和补贴水平。

鼓励开发商提供滞销商品房用于公租房出租，企业将其原有闲置职工宿舍、办公楼、厂房改造后出租，以及居民个人直接将其符合条件的多余住房作为公租房出租。要加强这些房源的租金监管，以避免租金价格脱离保障标准。

第二，建立规范化与信息化相结合的租赁对象监管机制。保障房从前期准入到供后管理、再到后期退出全流程，均需建立规范的制度对租赁对象进行管制。一是前期准入阶段，全国层面应统一基于绝对住房贫困的保障对象准入标准；地区可基于城镇居民住房支付水平，测定保障对象收入准入线和财产准入线。而对于保障对象的认定，就需要通过完善的数据采集和资料复核机制进行，以避免"应保不保"。同时，可考虑建立动态复核机制，针对家庭、企业人才和外省市务工人员，出台相应的资格动态监管制度。二是供后管理阶段，建议通过政府部门、产权运营单位、物业企业、社会媒体、居民群众等多方宣传和引导，开展对保障家庭的提醒告知，为合规、有序、文明使用保障房营造良好社会氛围；同时，建议设立违规行为限制机制，对违规出租家庭，采取暂停房屋网签、再购房、产权登记等限制措施，并纳入个人信用管理体系。三是后期退出阶段，采取正向激励机制，提高承租人主动退租的积极性；同时，加大违约惩戒力度，提高违约成本。

第三，实行工程质量与运营全周期监管体制。一是制定保障房建设的工程质量标准，从根本上确保保障房建设质量的有效提高。二是实行社会参与的市场化运作机制，借助信息手段推行专业化、智能化物业管理，通过资本运作探索保障资产可持续运营机制。三是推行从保障房项目立项、建设、运营、退出等全周期的监管。

本 章 小 结

所谓住房保障，是指由政府肩负起解决住房困难群体的责任，以确保社会成员住有所居。当住房过滤模型难以发挥作用时，仍需政府进行住房保障。我国住房保障的功能定位为社会型住房保障，政府的角色主要是照顾那些无力自行解决住房的人群，即低收入住房困难群体。

进行相关住房保障制度安排时需要遵循一定原则，包括政府主导与市场运作相结合的原则、适度性与差异性相结合的原则以及可持续性的原则，只有在符合原则的基础下进行制度安排才能满足居民的住房保障需求。与此同时，住房保障制度安排主要围绕住房保障的覆盖范围、供给主体与供给方式以及以相关法律、法规为依据展开。

住房保障的经济抉择即是对"保障谁、怎么保、保多少"问题的明确，即保障对象如何界定、保障范围如何适度以及保障方式何种最优。保障对象的认定标准应包含两大基本要件，一是住房贫困，二是住房支付能力不足。保障标准的界定包括对居住标准和补贴标准的确定。住房保障方式短期应侧重于实物配租，长期应取消共有产权房体系，逐步加大需求补贴力度，积极发展贴租、购房贴息及减税政策。

> **思考与练习题**
>
> 1. 如何利用住房过滤模型分析我国住房保障政策？
> 2. 如何将住房保障制度安排应遵循的原则应用到我国住房保障之中？
> 3. 阐述住房保障方式结构优化的近期模式和远期模式的主要区别。
> 4. 结合我国住房保障发展现状，试分析我国住房保障可以从哪些方面提高保障效率？

主要参考文献

［1］邓宏乾，贾傅麟，方菲雅. 住房补贴对住房消费、劳动供给的影响测度——基于湖北省五城市廉租住房保障家庭的数据分析［J］. 经济评论，2015（5）：100-110.

［2］柳新元. 制度安排的实施机制与制度安排的绩效［J］. 经济评论，2002（4）：48-50.

［3］上海市房地产科学研究院. 上海住房保障体系研究与探索［M］. 北京：人民出版社，2012.

［4］王兆宇. 英国住房保障政策的历史、体系与借鉴［J］. 城市发展研究，2012（12）：134-139.

［5］姚玲珍. 中国公共住房政策模式研究［M］. 上海：上海财经大学出版社，2009.

［6］尹世洪. 当前中国城市贫困问题［M］. 南昌：江西人民出版社，1998.

［7］余滨. 限价商品房发展中的问题及建议［J］. 中国房地产，2017（25）：65-67.

［8］朱亚鹏. 中国住房保障政策分析—社会政策视角［J］. 公共行政评论，2008（4）：84-109+199.

［9］曾国安，张倩. 论发展公共租赁住房的必要性、当前定位及未来方向［J］. 山东社会科学，2011（2）：79-85.

［10］赖华东，蔡靖方. 基于住宅过滤模型的城市住房保障政策选择［J］. 学习与实践，2007（3）：51-56.

［11］郭玉坤. 中国城镇住房保障制度研究［D］. 成都：西南财经大学，2006.

［12］张清勇. 中国住房保障百年：回顾与展望［J］. 财贸经济，2014（4）：116-124.

［13］Sweeney, J. I.. A Commody Hierarchy Model of the Rental Fousing Market [J]. Journal of Urban Economics, 1974: 288-323.

房地产税收效应与税制设计

【本章要点及学习目标】

（1）理解房地产税的概念和特征；

（2）了解我国现行房地产税制的基本内容和特征；

（3）掌握房地产税收对房地产经济运行的重要性及主要税收效应机制；

（4）了解影响房地产税制设计的主要因素和各国房地产税制设计基本特征；

（5）理解我国房地产税制改革的发展趋势。

很多国家（地区）的房地产税收贯穿于房地产开发、流转和持有的全过程，对房地产经济运行影响重大。随着房地产业的发展，再加上房地产兼具经济和社会双重属性，这使房地产税收的影响不仅局限在房地产领域之内，在经济和社会各个领域均有广泛影响。

12.1 税收与房地产经济运行

12.1.1 房地产税的概念与特征

房地产税是政府对单位和个人所拥有的房地产产权或者凭借房地产产权从事经营、消费活动而得到的利益所征收的税种总和。从纳税人来看，包括房地产的开发者、所有者、未来承受房地产产权的单位或个人，在部分国家和地区甚至包括使用人[①]；从征收范围来看，有单独对土地或地上建筑物征税的，也有房、地统一征税的；从计税依据来看，有产权价值、租金收益或其他房地产业经营活动的增值收益等；从纳税环节来看，有的国家或地区单环节征税，大部分则贯穿于房地产开发、流通和保有的全部环节。广义而言，所有与房地产行业、房地产市场有关的税收种类，都是房地产税的内容；狭义上说，直接以房地产为征税对象的税种为房地产税。

而在一些文献中，亦有作者习惯将房地产保有环节的税收定义为"房地产税"。为显示区别，本书中的"房地产税"泛指与房地产有关的各个税种，而将局限于房地产保有环节征收的税种定义为"房产税"。

需要说明的是，房地产税制设计的依据是该国房地产市场实际，在以存量为主的市场，自然以保有或流转环节为主。我国当前则面临从重开发与流转，向开发、流转与保有并重，并根据各地市场特征有所侧重的方向转变。在这一转变过程中，需要结合我国实际借鉴"他山之石"。

房地产税作为税收总系统的一个子系统，除具有一般税收所具有的强制性、无偿性、固定性三大基本特征外，还有一些有别于其他税收的特点。

1. 税源分布的稳定性

由于土地在空间上是不可移动的，作为土地附着物的房屋也同样具有不可移动性。因而房地产税收的税源分布具有稳定性，征税税源不会因本地税收政策的不同而流向其他地区，这是房地产税收区别于其他可移动财产税收的显著特征。此外，房地产具有明显外在的物质表现，税基不易隐藏；房地产交易的频繁性，使得对其估价较为容易和准确；房地产价值巨大，通常具有保值增值的特性。这些都使得房地产税收的收入弹性极大降低。

2. 税收体系的包容性

由于人口、环境、文化、教育、经济等因素的影响，房地产市场在各个区域

[①] 在英国境内，18岁以上的住房所有者和承租者都负有缴纳住宅税（Council Tax）的义务。

间的需求情况也各不相同，因此宏观上分层特征明显。具体到微观层面，在各地房地产市场上进行交易的商品不仅有各种各样的、不同用途的土地、建筑物，还包括与其相关的各种权利和义务关系的交易。宏观区域的分层性、微观交易的多样性，决定了房地产税收体系存在包容性的特点，征收范围极其广泛。

3．税收收入的地方性

房地产空间位置的固定性（不可移动性），致使房地产税基的地方所有权具有可鉴别性。在实践中，大部分国家（地区）将房地产税收用于地方公共服务开支，使房地产税额、房地产价格与地方政府提供的服务水平具有较强的关联性，因而纳税主体缴纳的房地产税收可视为对所接受的政府服务付费。这也成为房地产税定性为地方税的客观依据。

12.1.2 房地产税制与房地产经济运行

所谓房地产税制，是指一个国家或地区的房地产课税体系，它是由各种不同房地产赋税配合而组成的一个系统的税收组织，用以实施该国家或地区的房地产政策[①]。

1．房地产税制贯穿于房地产经济运行的全过程

（1）房地产税制体系覆盖经济运行全过程

房地产业经济运行过程包括生产、流通和持有环节。生产过程是指房地产企业通过土地开发、房屋建设等活动获得房地产产品的过程；流通过程是指将房地产作为商品进入市场，进行交易以实现其价值和使用价值的过程；持有过程则是居民或企业消费房地产产品或等待获取房地产产品增值的过程。

税收的种类主要有流转税、所得税和财产税。理论上，与房地产经济运行的过程相匹配，在房地产的生产（开发）环节，可以征收流转税和所得税；在房地产的流通环节，可以征收流转税、所得税和动态财产税；在房地产的持有环节，可以征收静态财产税。从各国税制实践来看，房地产税制体系也大多覆盖房地产资金运动全过程，包含开发、流转及房地产持有各个环节。

（2）房地产市场运行特征是设计房地产税制的基础

尽管各国的房地产税制大都覆盖多环节、包含多税种，但各环节税收在房地产税制体系中的地位在各个国家间表现出差异性，各税种在房地产税制中的地位也有主次之别。

通常而言，影响税制结构的因素众多，包含经济、制度、政策和管理等多方面的因素。但对房地产税制而言，房地产市场运行特征显然是设计房地产税制的基础和重要原因之一。

从房地产市场发展的阶段来看，发达国家住房市场发展时间较长，大都由增量市场转入存量市场，故开发环节税收较少，房地产税收体系的重心在流转和持有环节，税种以所得税和财产税为主；发展中国家大都处于城市和住房大规模开

---

① 陈多长. 房地产税收论［M］. 北京：中国市场出版社，2005：272.

发的市场早期发展阶段，因而比较重视开发和流转环节的税收征收，税种主要以流转税为主。

从房地产市场发展的景气阶段来看，由于税收是调控市场的重要手段，因而当市场需求过旺、房价上升时期，政府通常会增加房地产税负，减少房地产投资的收益率，推动逐利资金撤离房地产领域。但是一个国家是采用轻开发流转、重持有的税制模式，还是重开发流转、轻持有的税制模式，则需进一步根据市场特征而定[①]。

（3）房地产税制对房地产经济运行具有重大影响

房地产税制贯穿房地产经济运行的全过程，势必对房地产业的发展产生影响。与其他产业的税收相比，房地产税制对房地产经济运行的影响意义更大。房地产业具有典型的周期波动特征，过于激烈的房地产经济周期波动不仅对自身影响极大，更可能带来整体经济发展的系统性风险。由房地产泡沫破灭产生经济危机的现象比比皆是。通常，政府较为重视运用税收来调节房地产市场，以熨平产业周期波动的幅度，降低经济系统风险发生的可能性。因而，在房地产业的调控实践中税收政策出现过多次调整，以上海为例，见表12-1。

上海历年房地产业调控实践中的税收政策　　　　表12-1

调控时期	税收政策
1998～2002年	1998年6月，"购房退税"政策； 1999年7月，"调低契税"政策
2003～2006年	2005年3月，开征差别化的营业税； 2005年5月，新"国八条"：开征差别化的营业税（2年）及契税，同时明确普通住房的标准； 2006年5月，"国十五条"：差别化的营业税（2年提高到5年）； 2006年7月，开征个人住房转让所得税
2007年	2007年1月，国税总局发布《关于房地产开企业土增值清算管理有关问题的通知》，从"预付"步入"清算"时代； 2007年7月，正式对非普通商品房征收二手住宅转让土地增值税
2008年	2008年10月，下调或取消住房买卖相关税收（契税、印花税、土地增值税）； 2008年10月，"上海十四条"：普通住房的差别化营业税（5年降到2年），同时放宽普通住房标准； 2008年12月，"国十三条"：差别化营业税（5年降到2年）
2009～2011年	2009年12月，国务院决定"个人住房转让营业税征免时限由2年恢复到5年"； 2009年12月，差别化营业税的年限（2年恢复到5年），恢复契税、个人所得税政策征收标准； 2010年10月，"沪十二条"：按不同销售价格确定开发商土地增值税预征率（低于均价，预征率为2%；超过均价1倍以内（含1倍），预征率为3.5%；超过均价1倍以上，预征率为5%）； 2011年1月，明确于1月28日正式启动"房产税"试点改革
2012～2013年	2012年8月，调整房产契税，个人购买普通商品住房按成交价格的1.5%征收，购买花园住宅按成交价格的3%征收； 2013年3月，"国五条"：继续严格实施差别化住房信贷政策，进一步提高第二套住房贷款的首付款比例和贷款利率； 2013年3月，"上海国五条"：对出售自有住房按照规定应征收的个人所得税，通过税收征管、房屋登记等历史信息能核实房屋原值的，依法严格按照转让所得的20%计征

---

① 根据市场景气特征调整房地产税制的详细分析可见本章12.2.2 房地产市场效应和12.4.2 房地产税制模式的国际比较部分。

续表

调控时期	税收政策
2014年至今	2014年11月，执行普通住房新标准； 2015年3月，财政部、国家税务总局：调整个人住房转让营业税，个人将购买不足2年的住房对外销售的，全额征收营业税；个人将购买2年以上（含2年）非普通住房对外销售的，按照其销售收入减去购买房屋价款后的差额征收营业税；个人将购买2年以上（含2年）普通住房对外销售的，免征营业税 2016年2月，国务院：调整房地产交易环节契税、营业税优惠政策 2016年5月，全面实行营改增，房地产开发企业征收11%的增值税；个人将购买不足2年住房对外销售的，按照5%的征收率全额缴纳增值税；个人将购买2年以上（含2年）的住房对外销售的，免征增值税

2. 我国房地产税制简介

1994年我国进行结构性税制改革，逐步形成了现行的房地产税制。我国房地产税收涉及房地产的开发、流转和保有三个环节，涵盖13个主要税种，其中房产税、城市房地产税（2009年1月1日起废止）、土地增值税、城镇土地使用税、耕地占用税、固定资产投资方向调节税（2000年1月1日起新发生的投资额，暂停征收）及契税等7个税种是直接以房地产为课税对象的。与房地产经营管理相关的其他税种还包括营业税（自2016年5月1日起全面实施营改增）、企业所得税、个人所得税、印花税、城市维护建设税、教育附加费等6种，税种繁多复杂。

（1）房地产开发环节

房地产开发环节又分为取得土地环节和设计施工环节，税种多，计税和征管复杂，见表12-2。

我国房地产开发环节的税种　　　　　　　　　表12-2

	子环节	税种	备注
房地产开发环节	取得土地环节	城镇土地使用税	计税依据：实际占用的土地面积 税率：从量征收 纳税环节：由受让方从合同约定交付土地时间的次月起开始缴纳，以下各环节均需缴纳
		耕地占用税	计税依据：实际占用耕地面积 税率：从量征收 纳税环节：一次性税收
		印花税	计税依据：土地出让或转让合同所载金额 税率：0.5‰
		契税	计税依据：土地出让或转让合同所载金额 税率：3%
	设计施工环节	印花税	计税依据：勘测设计、建安和借款等合同所载金额 税率：分别为0.5‰、0.3‰、0.05‰
		增值税及附加	增值税：计税依据为勘测设计、施工方营业额，一般纳税人的税率分别为6%、9%；小规模纳税人税率3% 附加税：计税依据为增值税税额，实行地区差别税率
		企业所得税	计税依据：设计、施工方企业应纳税所得额 税率：基本税率25%

（2）房地产流通销售环节

这里仅讨论房地产流通销售环节税费，土地流转税费分析见房地产开发的土地取得环节。商品房纳税情况见表12-3。

我国商品房交易环节的税种　　　　　　表12-3

子环节		税种	备注
房地产流转环节	房产预售环节	增值税及附加	增值税：计税依据为销售不动产金额，一般纳税人基本税率9%，小规模纳税人或简易征税率5% 附加税：计税依据为增值税税额，实行地区差别税率
		土地增值税	预征：预售额2%～3%
		企业所得税	预征：按预计毛利额计入当期应纳税所得额
		印花税	计税依据：商品房销售合同所载金额；税率：0.5‰
	竣工交房环节	土地增值税	清算 计税依据：土地增值额；税率：30%～60%四级超率累进税率
		企业所得税	清算 计税依据：房地产开发企业的应纳税所得额 税率：基本税率25%
		印花税	权证印花税：5元/本
		契税	计税依据：不动产价格 税率：3%～5%，个人首次购买90m²及以下普通住房的，税率下调1%

二手房的交易税较为复杂，住房与非住房的政策又不相同。以住房为例，随着国家对房地产市场宏观调控政策的密集出台，对多套、非普通和持有年限较短的住房在转售时，施以重税。表12-4为上海二手住房交易税项。

上海二手住房交易税项　　　　　　表12-4

税种名称			出售方	购买方	备注
合同印花税			总房款×0.05%	总房款×0.05%	—
权证印花税			—	5元/本	—
契税	首套住宅		—	首套≤90m²，总房款×1.0%； 首套>90m²，总房款×1.5%	—
	非首套住宅		—	总房款×3%	—
增值税及附加①	普通住宅	2年内	总房款÷105%×5%×1.12		—
		2年上	—		
	非普通住宅	2年内	总房款÷105%×5%×1.12		
		2年上	差额÷105%×5%×1.12		

① 个人出售住房涉及的增值税政策延续原营业税相关政策，其中计税金额应换算成不含税销售额：增值税销售额=计税金额÷105%；增值税附加税为增值税的12%，其中城市维护建设税7%、教育费附加收入3%、地方教育附加收入2%。

续表

税种名称		出售方	购买方	备注
个人所得税	普通住宅	房价×1%或利润×20%	—	满五唯一的住房可免征
	非普通住宅	房价×2%或利润×20%	—	

在二手房交易税项中，尤以增值税（营改增前为营业税）的调整最为频繁，见表12-5。

上海个人二手住房转让增值税（营改增前为营业税）历年调整　　表12-5

税种	时间	年限	普通住房的标准	税基			
				非普通/年限以内	普通/年限以内	非普通/年限以上	非普通/年限以上
营业税	调整前		—	免	免	免	免
	2005年3月	1	—	差额	差额	免	免
	2005年6月	2	明确普通住房标准	全额	全额	差额	免
	2006年5月	5		全额	全额	差额	免
	2008年10月	2	调高普通住房标准	全额	全额	差额	免
	2008年12月	2	—	全额	差额	差额	免
	2009年12月	5		全额	差额	差额	免
	2012年2月	5	调高普通住房标准	全额	差额	差额	免
	2014年11月	5	调高普通住房标准	全额	差额	差额	免
	2015年3月	2	—	全额	全额	差额	免
增值税	2016年5月	2	—	全额	全额	差额	免

（3）房地产保有环节

保有环节的税制较为简单，对于企业而言又分为经营性房产和非经营房产区别征收，见表12-6、表12-7；对于个人而言，除了上海、重庆房产税试点之外，自用住房在保有环节零税负。用于出租的住房适用从租计征房产税，但在实际操作中大多有税收优惠政策。

企业非经营性房产保有环节税收　　表12-6

	税种	备注
房地产保有环节	房产税	从价计征 计税依据为房产原值一次减除10%～30%后的余值 税率：1.2%
	城镇土地使用税	计税依据：实际占用的土地面积 税率：从量征收

企业经营性房产保有环节税收　　　　　　　　表 12-7

	税种	备注
房地产保有环节	房产税	从租计征 计税依据：租金收入 税率：12%
	增值税及附加	按照不动产的取得时间、纳税人类别、不动产地点等，实行差别征收政策
	所得税	企业（个人）所得税
	城镇土地使用税	计税依据：实际占用的土地面积 税率：从量征收

12.1.3　房地产税收效应的概念与特征

1．房地产税收效应的概念

所谓效应，原指物理或化学作用所产生的现象和结果。社会科学领域里的学者，用该词表示某项政策或事件的实施效果。由此，税收效应就可定义为政府课税所引起的各种经济和社会反应。税收效应按其是否具有作用效果，可分为税收中性和非中性；按其作用效果的方向可分为正效应和负效应；根据其作用对象和领域的不同，又可分为经济效应和社会效应。房地产税税收效应，即由于房地产税的课征所带来的各种经济和社会反应。

2．房地产税收效应的特征

（1）非中性

房地产税贯穿于房地产开发、流转与持有的全环节。开发、流转环节的房地产税收对交易双方的经济行为均会产生影响，税收效应的非中性特征明显。持有环节的租金收益需要缴纳所得税，这种税收也会在房东和租客间进行转嫁，扩散税收的影响面。通常认为，财产税对经济运行的扭曲作用很小，具有典型的税收中性特点[1]，但近年来的研究表明，财产税的中性并不是绝对的，只是不同税类之间程度上的差别而已[2]。马科维茨（Mieszkowski）（1972）明确指出，房地产持有环节的财产税（房产税）是资本税，征税会使房地产资源配置产生扭曲，进而影响配置效率。另从财富配置的动态均衡角度看，征税会使那些房地产占有多、但创造收入能力差的人出让房地产，从而提高整个社会房地产的利用效率[3]。同时，课税对象的特殊性（仅对房地产征税）、税基的评定方法（按评估价值计征而非实际市场价值）以及税率设置的差异（如房、地差别税率）等，均会扭曲纳税人

---

[1] 王裕康，董丽红，赵德培．OECD 国家财产税概况及对我国的启示[J]．中国税务，1999（2）：21-23．

[2] 邱东．对中国现代财产税建设的若干认识[EB/OL]．http://siteresources.worldbank.org/PSGLP/Resources/2DongQiu.pdf．

[3] Mieszkowski, P. M. The Property Tax: An Excise Tax or a Profits Tax [J]. Journal of Public Economics, 1972, 1(1): 73-96.

的决策①，造成房地产税的非中性。

（2）影响面广

住与衣、食、行并列为人们的基本生活需要，因而对房地产征税的影响面广。我国现行房地产税制的主要征税对象为经营性房地产，对居民的自住住房有较多的税收减免优惠；现行税制的征税重开发、流转环节，对新增房地产征税力度远远大于存量房地产。相对而言，目前税制对社会的影响不算太广。但随着我国房地产税制改革的深入，征税对象将拓展至个人自有存量住房②，届时对社会的影响预计将更深远。早在2012年，西南财经大学《中国家庭金融调查报告2012》显示，我国自有住房拥有率为89.68%，见表12-8，远超世界平均63%的水平。相较美国65%、日本60%，我国自有住房拥有率处于世界前列。

中国家庭住房自有情况调查（2012年）　　　　表12-8

住房自有情况	全国	城乡		地区		
		城市	农村	东部	中部	西部
拥有自有住房户数（户）	7566	3412	4112	3477	2377	1754
自有住房拥有率（%）	89.68	85.39	92.60	87.35	94.42	90.41

资料来源：西南财经大学：《中国家庭金融调查报告2012》。

（3）效应种类多

住房是房地产税的主要征税对象，住房问题既是经济问题，又是民生问题。因此，房地产税的征收必然在经济和社会诸多领域产生影响。本书根据房地产税收作用的对象和领域的不同，将其综合效应分为经济效应和社会效应。经济效应主要探讨财政收入效应、房地产市场效应和土地资源配置效应；社会效应重点研究收入分配效应和社会政治效应等，如图12-1所示。

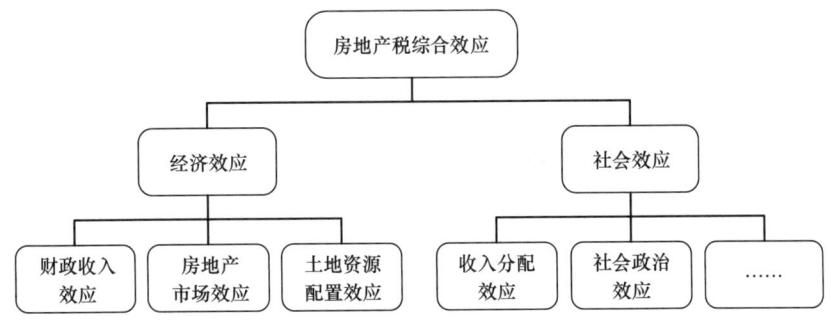

图12-1　房地产税的税收效应构成图

---

① 财产税理论与制度［EB/OL］. http:// http://www.docin.com/p-258594481.html.
② 部分国家的房产税纳税人包含使用者，这会进一步扩大税收效应的影响范围。

12.2 房地产税收的经济效应

新古典经济学家马歇尔曾经说过:"几乎没有任何经济原理不能用某种租税向前,即离开原料和生产工具的生产者而向最后的消费者转嫁或按相反的方向而向后转嫁的讨论加以适当的说明。"由此可见,税收对经济具有直接影响。理论与实践表明,房地产税是优良的地方税,对调控房地产市场和资源配置,特别是土地资源,均发挥着越来越重要的作用。

12.2.1 财政收入效应

1. 开发与流转环节税收的财政收入效应

开发与流转环节房地产税收收入的大小与一个国家(地区)房地产市场的发展程度密切。在房地产市场早期发展阶段,市场需求旺盛,开发商大量供给新建房地产,此时如果该国(地区)在房地产的开发流转环节施以重税,必将获得较多的财政收入。而当房地产市场发展到一定阶段,房地产供给逐渐饱和,市场由增量转向存量时,开发环节的税收会锐减。若该市场的交易热度不强,也会使得流转环节的税收相应减少。

2. 持有环节税收的财政收入效应

与开发流转环节的税收相比,持有环节的税收相对稳定。因为一定时期,一国(地区)存量房地产的数量和价值一般呈现稳步增长态势。

由于房地产实体的不可移动性、价值的可见性和巨大性,使持有环节的房产税成为地方税的优良税种,但房产税税收对各国地方财政收入的贡献度并不相同。税收收入额简化而言等于税基与税率的乘积。因此,相关税制的设计直接影响了房地产税财政收入效应的大小。例如,我国持有环节的税负较轻,以上海近5年来房地产持有环节的税收征收额来看,房产税加上城镇土地使用税,两者合并的税额仅占地方税收比例为3%左右。对比美国,尽管近年来房产税在美国地方财政的重要地位有所下降,但至今仍保持着地方主体税的地位,见表12-9。

美国历年房产税占本级政府一般性收入的比重(%)　　　表12-9

年份	州	地方	年份	州	地方
1902	45.3	78.2	1962	2.7	69.0
1913	38.9	77.4	1972	1.8	63.5
1922	30.9	83.9	1982	1.5	48.0
1932	15.2	85.2	1992	1.7	48.1
1942	6.2	80.8	2002	1.6	43.6
1952	3.4	71.0	2011	1.3	47.4

资料来源:David Brunori, Richard Green, Michael Bell, Chanyung Choi, Bing Yuan. The Property Tax: Its Role and Significance in Funding State and Local Government Services. GWIPP WORKING PAPER SERIES, Working Paper Number 27, March 2006 & State & Local Government Finance. http://www.census.gov/govs/local/.

12.2.2 房地产市场效应

房地产市场分为房地产的产权交易市场和租赁市场。相较于租赁市场，产权交易市场的影响因素众多，如图12-2所示。

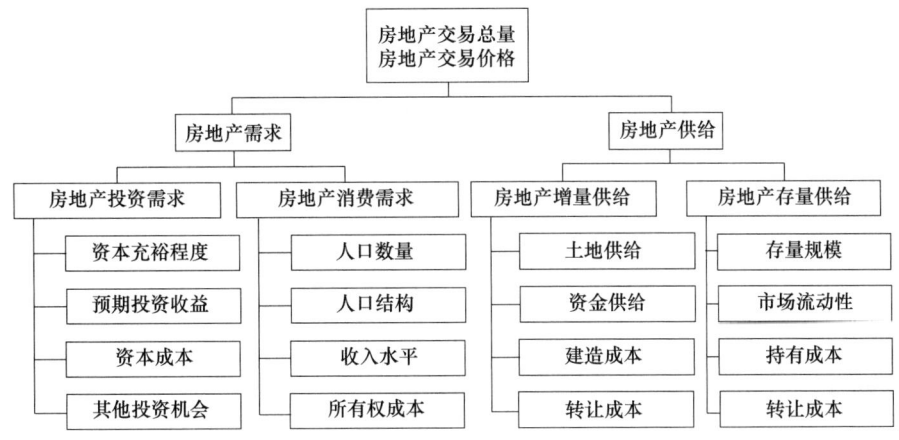

图12-2 影响房地产供给和需求的因素

1. 开发与流转环节税收对房地产交易市场的影响

（1）开发流转环节的供给方税收

房地产开发流转环节税收的纳税人为供给方，流转环节的大部分税收也作用于供给方。提高开发流转环节的供给方税负，将增加新建和二手房地产供给者的转让成本，在价格不变的情况下，供给方会减少供给，推动供给曲线向左上方移动；同时，也将减少投资者的投资收益，进而减少房地产投资需求。最终结果将减少成交量，但对交易价格的影响却无法确定。如图12-3所示，增加税收，通过减少供给，推动房价上升。但同时，需求曲线左移，若需求曲线移动幅度较小，则均衡房价上升；若需求曲线移动幅度较大，则房价下降。

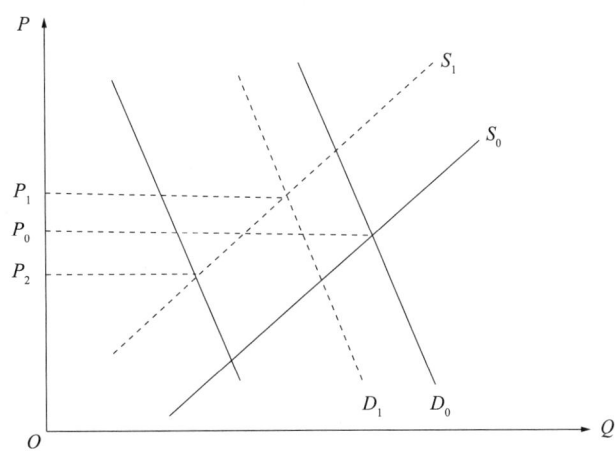

图12-3 增加开发流转环节供给方税收对房地产市场的影响

（2）流转环节的需求方税收

提高房地产的取得税，将增加房地产消费者的所有权成本，同时减少房地产投资者的投资收益，从而降低对房地产的消费需求和投资需求，进而减少成交量，并降低交易价格，如图12-4所示。

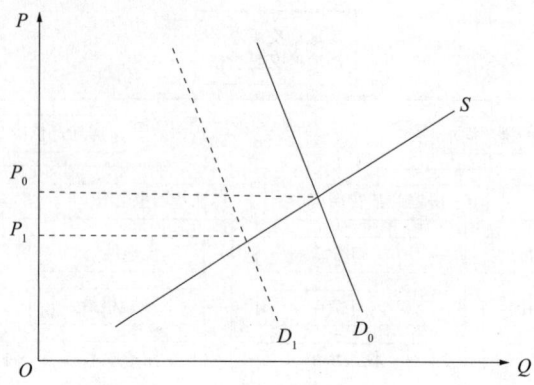

图12-4 增加流转环节需求方税收对房地产市场的影响

2. 保有环节税收对房地产交易市场的影响

保有环节税收的改变将同时影响房地产消费者的使用成本、房地产投资者的投资收益以及存量供给房的持有成本。在其他市场条件不变的情况下，增加保有税，一是将增加房地产消费者的使用成本，使其倾向于小户型、低价格的房地产。二是会降低房地产投资者的投资收益。但是否会减少需求，还取决于房地产投资的净收益以及与其他投资收益的比较。三是增加存量供给方的持有成本，增大存量房地产供给。总体而言，通过抑制不合理需求、增大市场有效供给，平稳房地产价格，促进市场长期健康发展。

3. 房地产税收对房地产租赁市场的影响

我国房地产税收体系中的大部分税收针对房地产的开发和交易，以租赁为课税对象的税种只有增值税和房产税。对租赁课税类似于对商品课税。课税增加，在供给无弹性时，不会改变均衡的租金和交易量；在供给有弹性时，会导致均衡租金上升和均衡交易量下降。

租赁市场与交易市场相联，对房地产交易产生影响的税收亦对租赁市场产生连锁影响，其中保有环节税收对租赁的影响较大。增大保有环节税收，成本因素会推动多套房者出租空置房地产，同样消费者也会考虑购房消费成本的增大，偏向租房，从而对住房租赁市场的发展具有积极意义。而增加开发及流转交易税收，如前分析均会减少房地产买卖需求，同样会促使消费者进入租赁市场。

12.2.3 土地资源配置效应

房地产税征税环节多、影响面广，因而对劳动力、资本等各种要素均会产生影响，但其对土地资源的影响更为直接，故本书着重探讨房地产税的土地资源配置效应。房地产税对土地资源的配置影响，来自于在房地产税整体框架下各个国家（地区）对房、地和不同类型、不同区域地块差别征税的税收处理。

1．对土地开发时机、开发强度的影响

采用地高房低的双率税率，一是会使空置土地的成本增大，从而达到及时开发土地、减少资源浪费的经济效果；二是土地相对"昂贵"、房屋相对"便宜"，为获得无差异的效用水平，会激励开发者增大土地的开发密度，亦会鼓励居住者选择高密度的公寓，减少低密度住宅的消费。周森宏（Cho,S.）等（2013）以美国田纳西州戴维森县为例，评估房地差异税率的影响，模拟结果表明在一般服务区采用地房税率比1.07时，可提高18%的居住密度；在城市服务区采用1.25的比例，则可提高83%的居住密度[①]。

2．对土地开发区位的影响

基于用途、区域或级差地租的不同，实行差别征税，可以引导开发者和居民的流向，完善城市功能布局，推进城市化建设。如在上海房产税试点方案中，依照住房价格的大小设置了两档税率，由于低价的住房往往位于外城区，市中心的住房价格较高，实证表明，这种差异税率设计显著推动了外城区住房的交易（贾康，2013[②]；姚玲珍等，2014[③]）。

12.3 房地产税收的社会效应

12.3.1 收入分配效应

1．从微观层面看房地产税的收入分配效应

在现代市场经济的税收制度下，对个人收入分配产生影响的税种主要有两种类型：①直接对个人所得征税，是指对个人收入分配产生直接影响的个人所得税，对照房地产税制，如对房地产转让收入和租金收入征税的个人所得税；②间接对个人所得征税，包括对个人收入分配产生间接影响的商品税和财产税。前者如流转环节征收的增值税，后者如持有环节的房产税。

个人所得税按照所获取收入的大小实行差别、累进征收，可以直接起到较好的缓解收入差距、平均社会收入分配的效果。但对个人收入分配间接影响的房地产商品税和房产税，是否起到较好的平均收入分配的效应需要进一步考察。通常房地产的商品税和房产税会根据住房特征累进征税，对价值大、数量多的房

---

① Cho S., Kim S. G., Lambert D. M., et al. Impact of a Two-Rate Property Tax on Residential Densities [J]. American Journal of Agricultural Economics, 2013, 95 (3): 685-704.
② 贾康：房产税只调节高端住宅 房价不会"应声而降"[EB/OL]. http://finance.people.com.cn/n/2013/0222/c1004-20562811.html.
③ 姚玲珍，刘霞. 我国房产税改革试点的市场效应分析——基于上海房产税试点相关数据的实证研究 [J]. 现代管理科学，2014（4）：27-29.

地产多征税，对价值小、数量少的房地产少征或不征税。社会往往基于拇指原则，认为拥有房产价值大、数量多的家庭比较富裕、收入较多，因而这样征税会起到平均社会收入分配的效应。但住房的边际消费递减特征，直接影响了房地产税收的收入分配效应。住房消费往往是中低收入家庭最大的生活开支。住房消费的边际递减，会使得中低收入家庭的住房价值与收入的比值高于富裕家庭。因此尽管富裕家庭拥有住房较多，相应缴纳房产税的绝对数额也较多，但从相对占比来看，中低收入家庭的税额收入比可能会高于富裕家庭。另外，还有很多因素会影响住房资产在不同收入家庭中的分布，并不总是呈现出家庭收入高、家庭拥有房产必然多、拥有房产价值必然大的特征。例如，住房生命周期消费特征的影响，如年轻人的当前收入不多，但由于生活需要和对未来收入增长的良好预期，往往会购置较大价值的房产，使得房产税占当期收入的比重明显偏大；还有制度性因素的影响，如我国计划经济时代实行住房的福利分配制度，随着住房市场的发展，这些分配的住房价值飞涨，但老一代职工由于年龄、技能等原因，大部分收入不高。

2．从宏观层面看房地产税的收入分配效应

房地产税的一个重要功能，是政府对房地产价值的溢价回收，然后再将这些收入转移给中低收入者，可以在宏观层面实现社会收入的再分配。高波（2010）指出，现代房地产的增值有三个主要源泉：私人投资、政府和城市化。通常政府在城市设施和公共服务方面的投资通过资本化提高房地产价值。城市化带来住房需求的增加，进而提高房地产价值。政府投资及城市化带来的房地产增值超出了私人投资的正常收益范围，对个体而言属于不劳而获的收益，政府应避免此类现象的发生。对个人拥有的房地产课税是国家对社会财富分配进行控制的一种手段，实现国家对社会财富和资源进行再分配，具有抑制房地产所有者不劳而获、消除社会贫困的社会效益[①]。

12.3.2 社会政治效应

1．房地产税的溢价回收功能，可以促进地方政府转变职能

在传统的土地财政中，地方政府为招商引资注重基础设施的投入，忽略公共服务的改善。尽管传统的土地财政可在短期内给政府提供巨额财政收入，但由于土地资源的约束，这种财政是非持续的。理论和实证分析表明，房地产税的溢价回收功能，即政府对公共服务的投入可由资本化提高房地产价值，提升的房价增大了房地产税的税基，并带来税额的增长，因此会形成政府公共投资增加、房地产价值增值和税收增加的良性循环机制，促进政府增大公共服务投入、提高政府服务质量。

---

① 高波. 现代房地产经济学 [M]. 南京：南京大学出版社，2010：241.

2. 房地产税的直接税特征可以促使政府提高服务能力

保有环节的房产税是直接税。与间接税相比，直接税的"税感"明显。加大直接税的征收，会使居民更加注重税收成本与收益的比较，加大对政府财政收入和支出的监督意愿。而房地产税用于社区的治安、卫生、教育和绿化等，居民对这些公共服务质量的监督便利而敏捷。

但也有学者认为，地方之间的房地产税收竞争可能会导致地方公共服务水平下降（Oates W. E., 1973[①]; Yinger J., 1982[②]）。但这与前述房地产税对地方政府的激励并不矛盾。在辖区内部，房地产税对地方政府具有激励作用，增加公共服务供给；在辖区间，税式竞争使得政府在增大公共服务供给量时，更加注重服务供给的效率。这也使现代房地产税的受益特征更加明显。

12.4 房地产税制设计

税收理论研究的目的是为在实践中建立良好税制提供指导。影响房地产税制设计的因素众多，实践中各国（地区）的房地产税制也呈现出明显的差异性，因而我国的房地产税制也应因时因地、不断改革深化和完善。

12.4.1 房地产税制设计的理论依据

1. 税收政策目标定位是房地产税制设计的基础

税收政策目标定位是房地产税制设计的基础。差异的政策目标，导致各国（地区）房地产的税制结构和税制要素的设计，包含纳税人、税基、税率及优惠政策等均呈现明显差异。税收的基本功能为筹集财政收入、平均收入分配和有效配置资源。如上所述，追求地方财政收入稳定的国家，往往会加重持有环节房地产税的征收；若以收入分配为主要目标，则会增加房地产所得税和房产税税制要素设计的累进性；而以资源配置和调控市场为目标的国家，往往会设置房地差异征税或合理配置流转环节税收和持有环节的税收。

2. 影响房地产税政策目标定位的因素

影响房地产税政策目标定位的因素很多。经济发展水平、资源禀赋、征管技术以及社会对某类税种的接受度等，都会影响政府新建或调整房地产税制时的目标定位。这些因素也能直接影响房地产税制结构和税制要素的具体设计。

经济发展水平是影响房地产税制设计的重要因素。发达国家较为重视持有环节房地产税的征收，房产税占GDP的比重明显高于发展中国家，见表12-10。

[①] Oates W. E.. The effects of property taxes and local public spending on property values: a reply and yet further results [J]. Journal of Political Economy, 1973, 81(4): 1004-1008.

[②] Yinger J. Capitalization and the theory of local public finance [J]. Journal of Political Economy, 1982, 90(5): 312-313.

各国房产税及其在 GDP 中的比例（%）　　　　表 12-10

	20 世纪 70 年代	20 世纪 80 年代	20 世纪 90 年代	21 世纪初
OECD国家	1.24（16）	1.31（18）	1.44（16）	1.46（21）
发展中国家	0.42（20）	0.36（27）	0.42（23）	0.53（17）
转型国家	0.34（1）	0.59（4）	0.54（20）	0.72（17）
所有国家	0.77（37）	0.59（49）	0.75（59）	0.95（55）

注：比重后面的括号内是统计的国家数量；21 世纪初的数据是 2002~2004 年的平均数。
资料来源：R. M. Bird and Enid Slack: Taxing Land and Property Tax in Emerging Economies: Raising Revenue and More, ITP Paper 0605, 2006.

这种现象的产生一是缘于经济发展水平越高，往往房地产市场的成熟度越高且景气波动相对越稳定，因而社会存量住房财富的积累度越高，房产税的税基也就越大和稳定。2008年，居民住宅的平均价值达197600美元[①]。二是社会经济发展水平越高，人均收入水平越高，相应房产税的负税能力也就越强。2000年以来，美国人均房产税缴纳税额与人均收入之比保持在3%左右；2011年税负最重的州，比值达到5.50%，见表12-11。

2011 年美国房产税居民税负排名前 4 位的州　　　　表 12-11

州	房产税总收入（百万美元）	人均房产税税额（美元）	房产税与人均收入之比(%)
美国平均	443259	1436	3.40
新罕布什尔	3317	2520	5.50
新泽西	25514	2902	5.50
佛蒙特	1376	2199	5.30
罗德岛	2273	2160	4.90

资料来源：Census of Governments Data. http://www. lincolninst. edu/subcenters/significant-features-property-tax/census/.

土地资源严重短缺的发达经济体，主要强调房地产税收的资源配置功能，收入分配功能则处于比较次要的地位。而土地资源相对丰足的发达经济体，则更多地关注房地产税收的收入分配和财政收入目标，资源配置目标则处于相对次要的地位。一些国家（地区）通过房地差异征税，加大对土地的利用效率。如美国的宾夕法尼亚，该市对土地适用较高税率的分级房产税制激发了市场对建筑物开发与更新的积极性，有效解决了城市的蔓延问题[②]。

[①] 王德祥，袁建国. 美国财产税制度变革及其启示 [J]. 世界经济研究，2010（5）：82-86.
[②] 胡洪曙. 分税率和统一税率的选择研究——针对土地和改物的税率设计 [J]. 财政研究，2010（4）：34-36.

征管技术也是影响税制设计的客观原因。从纳税环节来看，越往源头课税，税源越集中，征管越方便。一些征管能力较差的发展中国家会选择在开发和流转环节征税。持有环节的房产税征税范围广，税源分散，计税难度高。政府若要实现对存量房的从价普遍征税需解决两个核心技术问题：一是完整的房产信息数据库，二是计税评估系统。

社会层面，如其他税制已导致居民的税收负担过重，则显然房地产税制扩容的空间有限，此时居民对房地产课税增加的接受度会降低，这也是政府在设计房地产税制时需考虑的重要因素。

12.4.2 房地产税制模式的国际比较

1. 基于税收政策目标的房地产税制模式

胡怡建等（2017）系统研究了多个国家的房地产税制特征，并将其归纳为四种类型[①]：

第一类可称为英式房地产税，主要包括英国以及曾经属于或部分属于英国殖民地的美国、新加坡、印度、南非、马来西亚等。这种模式也是大家最为熟悉的房地产税制，其主要特征是房地产税直接为基层地方政府公共服务筹集收入，以市场评估价值作为税基，税制较为稳定。采用英式房地产税的国家，其财政体制的分权程度往往比较高。通过征收房地产税，地方政府拥有自主收入，可以根据当地的需要安排公共服务支出。

第二类是单一的土地税，主要是受到亨利·乔治主张土地国有、征收地价税归公共所有的思想的影响，强调土地涨价归公，仅对土地征税，主要包括澳大利亚、新西兰和德国等。但是除了澳大利亚和新西兰仍然只对土地征税外，德国等其他国家已经将税基从土地扩展到土地和地上建筑物。

第三类是包括日本、韩国在内的东亚国家，其在长期的历史发展中遵循着自身对房地产的征税方式（以所得税和流转税为主）。近代以来，这些国家受到西方制度的冲击，引进了一些西方的房地产保有环节税制。同时，这些国家也希望利用房地产保有环节税收调控房地产市场。如日本在保有环节征收固定资产税的同时，又先后通过土地价值税和特别土地保有税来试图抑制房地产泡沫。韩国除了保有环节的财产税，还开征了综合房地产持有税来调节房地产市场。

第四类主要是俄罗斯、保加利亚、罗马尼亚、波兰等经济转型国家，其房地产税制改革伴随着土地的私有化改革和经济上的市场化改革，在房地产税改革进程上也具有较大差异。如亚美尼亚、捷克、爱沙尼亚、格鲁吉亚等计划建立以市场评估为基础的财产税制度，并取得了一定的成效，但在整个地方税收收入中的比重还比较低。而有的国家仍是以流转环节的房地产税收为主，市场化税基正在形成的过程中。转型经济国家正在经历着市场化的过程，不同产权的房屋和土地

[①] 胡怡建，田志伟，李长生. 房地产税国际比较[M]. 北京：中国税务出版社，2017：3-4.

同时存在，也为房地产税改革带来了新的难题。

2. 不同房地产税制模式的市场调控实践

（1）重持有、轻流转的典型——美国

美国居民在持有环节对所有房屋都要缴纳房产税，减免政策不多，仅给予特殊群体减免税额。各地方政府将房地产评估价值的一定比例作为计税依据（一般在20%～100%），税率由各地自行规定。名义税率各地不一，在3%～10%之间，实际税率是房产市价的1.2%～4%。由于住房价值不菲，故家庭房产税税负较重（美国居民的税收负担见表12-11）。

相较而言，流转税负较轻，主要为房产交易税和联邦资本增值税。各州、各市的交易税税种和税率设置不尽相同，但实际税率不算高，如加州的州税实际税率为1.11‰。转卖房产增值收益需要纳税，个人适用10%～35%累进税率。但如果出售自己居住满2年的住房，有一定的免税额，夫妻合并报税50万内可以豁免。

尽管美国大量的实证分析都证明房产税具有资本化效应，即降房价的功能，但现实生活中，房产税却并没有起到调控房价的作用，如图12-5所示。

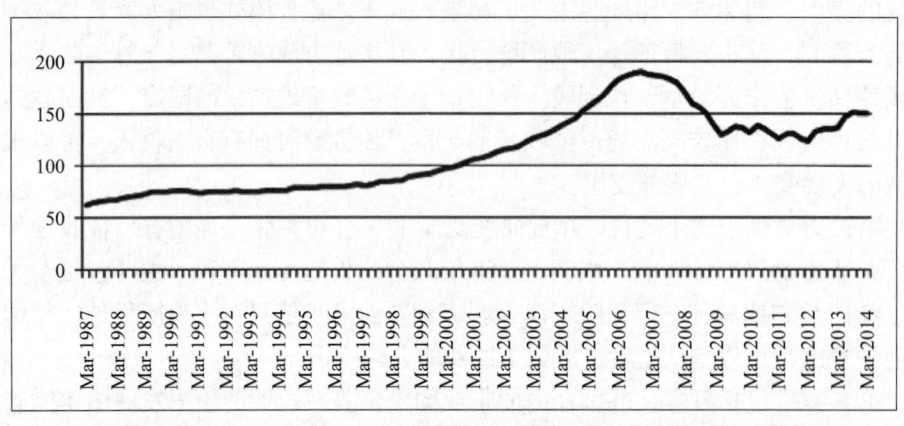

图12-5　S&P/Case-Shiller全美住房价格指数（1987年3月～2014年3月）[①]

以2000～2006年美国房产泡沫为例，任寿根（2010）[②]分析，房产税抑制房价能力的削弱与其制度设计有关。第一，以支定收，是反市场调控。在房价高涨之际，由于税基增大，地方政府确定的房产税税率反而降低，实质并没有增加居民的住房持有成本、抑制其投资。第二，房产税税收优惠与次贷政策错配。次贷政策降低了低收入者购房的门槛，而对低收入者房产税减免的优惠，进一步鼓励其购房，导致风险的发生。

（2）轻持有、重流转的典型——德国

德国同样对房地产持有按市场价值普遍征税，但对居民自有自用的第一套住

[①] 资料来源：S&P/CASE-SHILLER U. S. NATIONAL HOME PRICE INDEX. http://asia.spindices.com/indices/real-estate/sp-case-shiller-us-national-home-price-index.

[②] 任寿根. 美国的物业税未能抑制房产泡沫[N]. 东方早报，2010年4月6日。

房有优惠，税基中不包含房屋价值，只需缴纳房屋的基地税。小面积、低成本的新建住宅可免除10年的房产税①。税率也不高，在原属西德的老联邦州，税率仅为2.6‰～3.5‰。因此，德国的持有税负较轻。2000年以来，房产税占地方政府税收的比重在14.1%～18.62%②之间，远远不及美国70%③左右的比重。

近十年来，德国房地产市场发展稳健，如图12-6所示。这与房产税的调控不无关系，但更多还应归功于多种调控政策的配合。例如，交易环节的税收调控就是其中之一。为打击炒房，德国政府近年来多次调整房产购置税税率，购置税以合同金额为计税依据，一般由购房者承担，2010年购置税的基准幅度税率已达3.5%～5%，各州政府可根据市场条件自行确定适用税率，如柏林和汉堡的税率为4.5%。与近十年来年均1.40%、最高4.27%的房价年增长率相比，这一税率的作用显而易见。

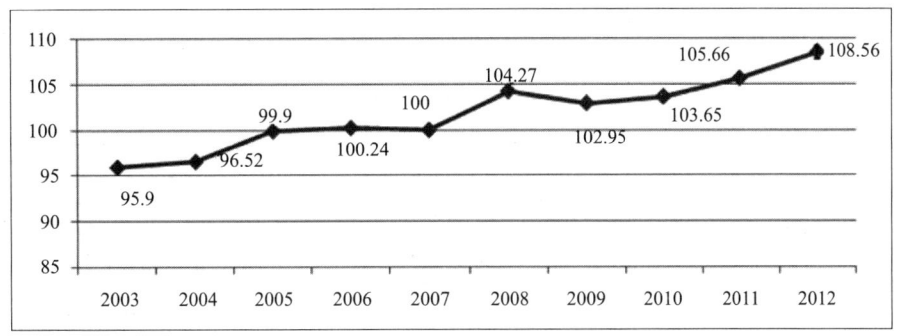

图12-6　德国房价指数（2003～2012年）④

注：以2007年为基年（2007=100），未扣除通货膨胀的因素。

（3）相机抉择的典型——新加坡

新加坡也在持有环节普遍征收房产税，但与很多欧美国家不同的是，新加坡房产税的税基为物业年金，即物业的合理年租金收入。税率分为住房和非住房两种税率。住房税率包含自用住房的优惠税率和一般住房税率。2015年的超额累进税率为0～16%，对比我国房产税按租计征固定税率12%而言，不算高。

在新加坡进行所有房地产交易均需缴纳印花税，它通常由房地产的买方缴纳。为调控住房市场，政府会适时推出"卖方印花税"。

在新加坡销售住房获得的收益为资本收益，此项收益一般来说不征税，但若被认定为炒作房地产，就需要缴纳资本利得税。是否为炒作房产，由政府税务部门认定，标准包括买卖房地产的频率、买卖原因、长期持有资产的金融手段、持

---

① Grundsteuer (Deutschland) [EB/OL]. http://de. wikipedia. org/wiki/Grundsteuer_(Deutschland).
② 地方政府房地产税收依赖的国际比较与借鉴 [N]. http://www. govinfo. so/news_info. php?id=13166, 2013.5.27.
③ 刘洪玉. 房产税改革的国际经验与启示 [J]. 改革，2011（2）：84-88.
④ 资料来源：Statistical Data Warehouse. http://sdw. ecb. europa. eu/browse. do?node=2120781.

有时间等。

新加坡房地产税的最大特点在于房地产税收的相机性。表12-12显示,"资本利得税"和"卖方印花税"是政府调控房地产市场的主要工具。

新加坡近年来房地产税调控政策　　　　表12-12

发布时间	税收调控措施	措施细则	政策目标
1985年	降低房产税	房产税率从23%调低到16.1%,以提高住房投资收益率	刺激需求
1986年	再次降低房产税	房产税率从16.1%进一步调低到11.5%	刺激需求
1996年	新增"资本利得税"	购买后3年内出售的住房需缴纳资本利得税:不足1年,100%;1~2年,66.7%;2~3年,33.3%	抑制投机需求
	新增"卖方印花税"	出售时需缴纳印花税	抑制投机需求
2001年	取消资本利得税及卖方印花税	取消1996年打击投机需求的资本利得税和卖方印花税	刺激需求
2010年	新增"卖方印花税"	购买后1年内出售的住房交易收取与基本印花税(买方)相同金额的税金	抑制投机需求
2010年	调整"卖方印花税"	购买后3年内出售的住房收取卖方印花税	抑制投机需求
2011年	再次调整"卖方印花税"	购买后4年内出售的住房均需缴纳卖方印花税	抑制投机需求
2011年	改革房产税税率结构	房产税税率采用累进税率	减少社会贫富差距
2012年	调整买方印花税	需缴纳附加买方印花税	抑制投机需求
2014年	调整房产税税率	房产税税率累进性提高	减少社会贫富差距
2015年	调整房产税税率	房产税税率累进性提高	减少社会贫富差距

资料来源:2011年前的资料来源于唐旭君.上海商品住房市场宏观调控机制研究[M].上海:上海财经大学出版社,2013:130;2011年后的资料来源于新加坡国内税务局https://www.iras.gov.sg。

就调控效果而言,在2010年政府加大流转税税负后,房价并没有立刻出现下降,而是维持一段时间的高速增长后才出现增速的一定回调,如图12-7所示。

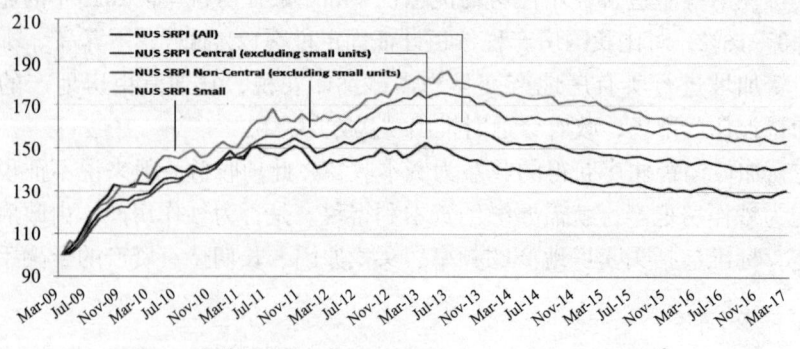

图12-7　新加坡国立大学SRPI房价指数(2009~2017年)[①]

---

① 资料来源:新加坡国立大学网站 http://www.ires.nus.edu.sg/。

综合各国房地产税收模式和调控实践表明：

第一，房地产税收目标差异是形成各国房地产税制差异的最直接原因，而影响房地产税收目标定位的因素众多，其中经济发展程度和资源禀赋的影响程度最大。

第二，影响房地产市场供需的因素众多，税收作为一种调控工具，有时并不能达到预期调控目标，且由于房地产交易一般为家庭和单位的重大决策，因而税收的调控往往具有滞后性。

第三，各国（地区）设立持有环节房产税的功能定位存在差异，将房产税设定为市场调控工具的国家较少。典型的房产税一般分为三种模式，第一种是推动土地政策型，如德国；第二种是增加财政收入型，典型的有美国等；第三种是土地政策与财政收入混合型，如韩国。为实现其他目标，房产税的改变有时甚或是反市场调控的。

第四，流转环节的房地产税是各国较常使用的调控市场工具。但如前理论所述，流转环节税收对市场的影响本就较为复杂，在实践中又受到市场条件和其他政策等诸多因素影响，调控效果难以预期。这里应特别注意房地产流转税与保有税的搭配。在需求不旺，房价温和上涨的市场中（如德国），可采用轻持有、重流转的政策抑制住房投机；而在囤积严重、房价飞涨时期，则要考虑选用重持有、轻流转的政策，防止形成房地产的锁定效应。

12.4.3　我国房地产税制简要评价与完善建议

1. 现行房地产税制的特征

（1）税种繁多，整体税负较重

如前所述，我国房地产税收体系贯穿开发、流转和保有全环节，涉及流转税、所得税、财产税、行为税等多个税类，共13个税种，整体税负较重。粗略测算，房地产开发环节的税负占到13%以上，持有期限短、非普通的二手房流通环节税费也在10%以上，见表12-13。

房地产开发企业税额粗略测算（月销售收入以100万元计算）　表12-13

销售收入（万元）		100	
税额（万元）		13.15	
增值税（简易计税，税率5%）	5	城市建设维护税（税率7%）	0.35
教育附加费（税率3%）	0.15	地方教育发展费（税率2%）	0.1
企业所得税（预缴，税率2.5%）	2.5	土地增值税（预缴，税率5%）	5
印花税（税率0.05%）	0.05		
合计（万元）		13.15	

（2）存在重复征税

繁多的税种，带来征管的复杂，又不可避免地带来重复课税现象。如对土地课税设置耕地占用税和土地使用税两个税种；对房屋租金收入既征房产税，又征增值税；对房地产转让即按取得的土地增值额计征土地增值税，又按取得的纯收入征收企业所得税；对房地产产权转让签订的产权转移书据或契约，承受方既要缴纳印花税，又要缴纳契税。

（3）重开发和流转环节，轻保有环节

住房制度市场化改革后，我国出现大规模的商品房开发。在这个过程中根据税源特点，政府将房地产税主要集中在开发环节征收；又伴随市场深化，绝大多数城市居民从无房到有房后，出现改善需求，故商品房二级市场转让逐步增大，政府又适时将税收机制的调控力度主要放于房地产的流通环节。而一直以来，在房地产保有环节设计的税种只有房产税和城镇土地使用税，税负低，且个人住房暂免征收，造成房地产税费分布非常不合理。例如，近5年来，上海市保有环节税收占地方税收比例为3%左右，而开发流转环节仅土地增值税、契税和耕地占用税三税合计占比为11.33%，见表12-14。

上海市房地产业流转环节和保有环节部分税收收入情况（单位：亿元） 表12-14

年度	流通环节						保有环节				税收总收入⑥
	土地增值税①	占比①/⑥	契税②	占比②/⑥	耕地占用税③	占比③/⑥	房产税④	占比④/⑥	城镇土地使用税⑤	占比⑤/⑥	
2011	168	5%	181	6%	15	0.48%	74	2%	29	1%	3173
2012	233	7%	146	4%	12	0.35%	93	3%	32	1%	3427
2013	197	5%	215	6%	12	0.32%	93	2%	31	1%	3797
2014	266	6%	214	5%	14	0.34%	100	2%	35	1%	4219
2015	253	5%	271	6%	7	0.15%	124	3%	37	1%	4858
均值	224	6%	205	5%	12	0.33%	97	2%	33	1%	3895

数据来源：《中国财政年鉴》（2012~2016年）。

2. 现行房地产税制的评价

（1）我国房地产税制的历史进步性

我国房地产税制是应房地产制度的改革和市场化程度的提高而适时调整的。改革开放后，我国确立了土地使用权和房屋所有权的双轨产权制度，这就使得国家在重启房地产税时，选择了房地分离征税，即分别计征房产税和城镇土地使用税。在房地产业开发与流转热潮背景下，房地产税制自然选择并形成了重开发流转、轻持有的税制结构。但随着社会对房地产权制度认识的深入、市场发展热点的切换和财税体制改革的推进，继续深化房地产税制体系的改革势在必行。

（2）我国房地产税制的当前局限性

第一，税负过重导致未来房地产税收扩容的空间有限。

第二，重复征税，降低了居民和企业对房地产税的纳税遵从，使得偷逃税行为的发生概率增大。

第三，重开发流转、轻持有带来的社会、经济问题日益严重。其一，导致开发和经营环节税负过重，加大企业的经营成本，导致成本推动型的房地产价格上升；其二，在供不应求的市场环境下，所有税收最终转嫁至住房消费者，加剧社会财富两极分化；其三，房地产具有保值增值的特征，缺失个人住房保有税，也会拉大财产所有者和劳动者的收入差距；最后，重开发、流转环节征税，也使得税收的涨落与市场开发和流转景气相连。但结合发达国家房地产走过的道路经验表明，在大规模的开发后，市场将进入较为稳定的存量市场，若不加以改变房地产税制，届时必然将影响财政收入。

3. 我国房地产税制的完善建议

（1）开发环节明租清费

首先，明租。这里的"租"指地租，即土地出让金。既然土地使用者已经缴纳了土地出让金，则不应再次缴纳地租性质的耕地占用税和相关费用，如耕地复耕基金、土地复垦费、土地青苗补偿费等。其次，清费。在房地产开发流通环节，还存在大量的行政事业性收费和经营性收费。这些费用多为地方政府预算外收入，规范性较房地产税收差，乱收费现象严重，存在区域差异，各地与房地产有关的收费项目从几十种到上百种不等。由此未来的改革势必要取消所有不合理收费，除保留必要的行政规费外，将具有经营性质的房地产收费分离出去。

（2）流转环节适当征税

首先，减税。土地增值税与企业所得税、个人所得税存在重复征税，且从实际操作看，土地增值税的征收阻力大，计征繁琐，实际征收效果较差。建议将土地增值所得并入个人或法人综合所得计征所得税。

而印花税与契税都是对房地产转移金额征收的财产行为税，存在重复征税。考虑契税是一个相对独立、自成体系的税种，可取消印花税中关于财产转移书据的内容。

其次，增税。遗产税与赠予税，有利于税收公平的实现和社会财富分配的调节，但当前在我国还是空白。增设此类税种，是我国未来财产税制完善的必然发展方向。

第三，相机调税。增值税和所得税作为流转环节的两大税种，计征依据重叠，但对房地产市场的调节具有显著作用[①]。由此，可根据市场环境相机抉择。

---

① 唐旭君，姚玲珍. 商品住宅市场营业税政策调控有效性分析——基于上海数据的实证研究[J]. 上海财经大学学报，2012（6）：90-96.

（3）保有环节扩大征税

近中期，从发挥税收效应的原则来看，需增强在该环节的征税力度；从税种的简化原则来看，可将房产税、城镇土地使用税两税合并。为增强土地资源的配置效率，未来可借鉴发达国家成熟模式，对土地及房屋实行分离估价、分别计税、统一征税的"分级式财产税制"。

本 章 小 结

房地产税是政府对单位和个人所拥有的房地产产权或者凭借房地产产权从事经营、消费活动而得到的利益所征收的税种的总和。除具有一般税收所具有的强制性、无偿性、固定性的三大基本特征外，房地产税还具有税源分布的稳定性、税收体系的包容性和税收收入的地方性等特征。大部分国家（地区）的房地产税收贯穿于房地产开发、流转和持有的全环节，因而房地产税收与房地产经济运行关系紧密。

房地产税收不仅对房地产经济运行产生影响，更广泛渗透于经济、社会各个领域。本书根据房地产税作用的对象和领域的不同，将其综合效应分为经济效应和社会效应。经济效应主要探讨财政收入效应、房地产市场效应和土地资源配置效应；社会效应重点研究收入分配效应和社会政治效应。本书简述了房地产税收各种效应的发生机制。

税收理论的研究服务于税制实践。房地产税制设计受经济、制度、政府治税能力和社会层面等各种因素的影响，各国在实践中形成了差异性的房地产税制。本书简述了我国现行房地产税制的特征，并对未来房地产税制的改革和完善提出了建议。

> **思考与练习题**
>
> 1. 房地产税收的概念和基本特征是什么？
> 2. 我国现行房地产税制的基本内容是什么？
> 3. 持有环节的房产税为什么是优良的地方税？
> 4. 简述开发流转环节和持有环节的房地产税对房地产市场需求和供给的调节机制。
> 5. 房地产税制设计的影响因素有哪些？各国（地区）房地产税制的基本类型有哪些？
> 6. 2011年初，我国分别在上海、重庆两地进行了对个人住房征收房产税的试点，你对试点有何评价？你对我国未来房地产税的改革深化有何建议？

主要参考文献

[1] 陈多长. 房地产税收论 [M]. 北京：中国市场出版社，2005.

[2] 高波. 现代房地产经济学 [M]. 南京：南京大学出版社，2010.

[3] 胡怡建，田志伟，李长生. 房地产税国际比较 [M]. 北京：中国税务出版社，2017.

[4] 刘洪玉，郑思齐. 城市与房地产经济学 [M]. 北京：中国建筑工业出版社，2007.

[5] 唐旭君，姚玲珍. 上海商品住房市场宏观调控机制研究 [M]. 上海：上海财经大学出版社，2013.

[6] 唐旭君，姚玲珍. 商品住宅市场营业税政策调控有效性分析——基于上海数据的实证研究 [J]. 上海财经大学学报，2012（6）：90-96.

[7] 王裕康，董丽红，赵德培. OECD国家财产税概况及对我国的启示 [J]. 中国税务，1999（2）：21-23.

[8] 姚玲珍，刘霞. 我国房产税改革试点的市场效应分析——基于上海房产税试点相关数据的实证研究 [J]. 现代管理科学，2014（4）：27-29.

[9] Cho S., Kim S. G., Lambert D. M. et al. Impact of a Two-Rate Property Tax on Residential Densities [J]. American Journal of Agricultural Economics, 2013, 95 (3): 685-704.

[10] Mieszkowski P. M.. The Property Tax: An Excise Tax or a Profits Tax? [J]. Journal of Public Economics, 1972, 1(1): 73-96.

[11] Oates W. E.. The effects of property taxes and local public spending on property values: a reply and yet further results [J]. Journal of Political Economy, 1973, 81(4): 1004-1008.

[12] Yinger J.. Capitalization and the theory of local public finance [J]. Journal of Political Economy, 1982, 90(5): 312-313.

[13] 任寿根. 美国的物业税未能抑制房产泡沫 [N]. 东方早报，2010年4月6日。

房地产产权与制度建设

【本章要点及学习目标】

(1) 熟悉科斯定理、产权的概念与分类;
(2) 掌握房地产产权的概念、分类、构成体系及经济属性;
(3) 熟悉我国房地产产权相关制度的发展现状及完善方向。

房地产市场是从事房地产出售、租赁、买卖、抵押等交易活动的场所或领域，交易的对象既包括房地产商品本身，也包括与土地、房产相关的房地产产权。那么，房地产产权究竟是什么？房地产产权有什么作用？和一般意义上的产权相比，房地产产权在构成与属性方面有什么特点？我国有哪些房地产产权政策和制度？本章将对这些问题予以阐述。

13.1 科斯定理与产权

在市场经济环境下，无论是产品还是服务的交易，本质上都是交易物品对应产权的让渡，故产权的界定是任何交易得以实现的前提。为了更好地理解产权这一概念，明确产权的重要性，需介绍科斯定理。

13.1.1 科斯定理

科斯定理是新制度经济学的鼻祖、美国芝加哥大学教授、芝加哥经济学派代表人物之一、1991年诺贝尔经济学奖获得者罗纳德·科斯（Ronald Coase）首先提出的，但是科斯本人并未将其写成文字。目前，学术界普遍认为科斯定理包括两个部分：其一，只要交易费用为零，从效率角度来看，权力的最初分配是无关紧要的；或者说，只要产权被明确地界定，那么无论初始的产权被界定给哪一方都无所谓，各方都会达到最优效率的决策，即科斯第一定理。其二，如果交易费用不为零，产权的最初分配对市场配置资源的效率有重要影响，即科斯第二定理。这里的交易费用，通俗地说就是交易过程中所花费的成本或代价，包括三个方面的内容：一是搜寻交易对象的成本或发现贴切的价格费用的成本，二是为达成合约而讨价还价的成本，三是执行合约的成本。需要注意的是，具体商品成交的价格不属于交易费用。接下来，我们用一个例子来形象地解释科斯定理。

图13-1所代表的情景中，有A、B两宗地块临近湖泊，由于A地块建筑高度会影响距离湖泊稍远的B地块对湖泊景观的获取，因而B地块的土地价格会随着A地块建筑物高度变化而变化。总体而言，A地块建筑高度越高，B地块地价越低。假定随着A地块上建筑高度由零逐渐增加到c'过程中，A地块的收益由零逐渐增加到c，B地块的损失则由零逐渐增加到a。两条曲线交点e表示A地块增加收益刚好与B地块产生损失相同，此时A地块建筑高度为e'。基于此，A、B地块所有者达成协议：如果政策对A地块的建筑高度不做限制，当A地块建筑高度低于e'时，由于继续增加建筑高度而带来的A地块获益大于B地块的损失，A地块所有者愿意支付B地块的损失；当A地块的建筑物高度超过e'时，因B地块损失超过了A地块继续增加高度所获得的收益，B地块所有者愿意支付A地块额外的收益，使建筑物高度维持在e'；如果政策对A地块建筑高度限制为b'，B地块所有者同样愿意支付额外收益，以此将高度维持在e'。如果将A、B地块看做整体，只要A、B交易

费用为零,在这种情境下的最终建筑高度总会为e′,使得A、B地块综合收益最高。因此,只要交易各方的产权界定清晰,且没有交易费用,市场经济作用下的最终结果总是确定的,且此时必定达到资源最优配置(科斯第一定理)。

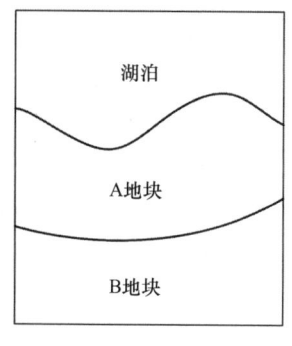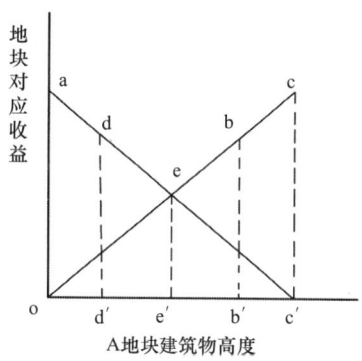

图13-1 地块对应收益随建筑物高度变化关系图

但是,现实生活中,在获取商品信息、寻求买卖方、双方谈判、签订合同等环节,不可能做到完全不产生任何费用,即交易费用不可能为零,而为正。仍然以图13-1中的A、B地块为例,随着A地块建筑物高度的增加,A地块的收益增加和B地块的损失增加在现实中通常不会呈直线变化,具体参数的确定需要剔除朝向、配套设施、户型等相关因素的影响,甚至需要长时间的谈判和博弈,需要花费大量的人力、物力和财力,交易费用可能会非常高。此时,产权初始分配状态不能通过无成本的交易向最优配置变化,不同的产权分配将带来不同的资源配置,即最初的产权界定会对资源配置起到重要作用(科斯第二定理)。

科斯定理引发了人们对现实问题的思考,凸显出产权清晰对于市场机制有效运行的重要作用,而产权界定需要制度的支持。如果能够找到有效的制度以明确初始产权分配,降低交易费用,那么就能够提高资源配置的效率。即便交易费用不为零,也可以利用明确界定的产权之间的自愿交换来达到配置的最佳效率。所以,可以将科斯定理理解为"追求制度的交易费用最小和配置效率最大目标的一个比较方法和评价体系"[①],其基础和核心是产权界定。

13.1.2 产权的概念与分类

1. 产权的概念

产权是财产权或财产权利(property rights)的简称,学术界尚未对其形成一个权威的、被普遍接受的定义。《布莱克法律词典》将财产权解释为:"关于一切类型具体财产(含动产、不动产、有形财产、无形财产)权力的通用术语";我国《民法典》中将财产权分为财产所有权以及与财产所有权有关的财产权、债

---

① 程承坪. 理解科斯定理[J]. 学术月刊, 2009(4): 55-61.

权、知识产权;《中国大百科全书(法学卷)》将财产权定义为:"财产权是一定社会的物质资料占有、支配、流通和分配关系的法律表现"。

通过对不同产权概念的介绍,可以看出上述表述虽有不同,但本质是一致的。产权就是指产权主体拥有的与财产有关的权利的集合,是一定社会的人与人之间财产关系的法律表现,具体包括所有权、使用权、收益权与让渡权等,如图13-2所示。其中,按照我国《民法典》的相关规定,所有权是对财产归属的界定,一旦主体对财产拥有了所有权,就意味着对该资产的占有,拥有对该资产收益和处分的权利,可以说所有权是产权中最根本的一项权利,因此也被称为终极产权。使用权是指对某项财产的实际使用或消费的权利。收益权是指凭借对财产的归属和使用而获得收益的权利,是基于所有财产而产生的经济利益的可能性。让渡权是指在财产的买卖、转让方面拥有的权利。

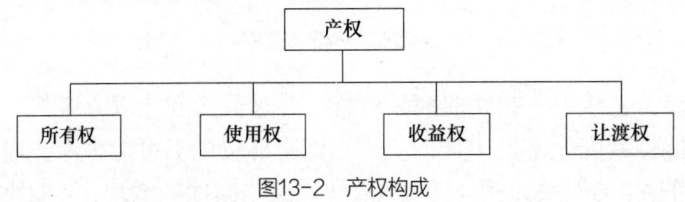

图13-2 产权构成

随着市场经济的快速发展和社会专业化分工的细化,原本集中于一个产权所有人的所有权、使用权、收益权、让渡权等权利逐渐分离,这使得资产配置的效率大大提升。例如,大型企业的法人财产权,所有权属于股东,而使用者则是职业经理人,后者拥有丰富的生产经营经验,能够更好地实现企业财产增值;再如设备的租赁,设备所有者能够将短期内不需要自用的设备租赁给需要该设备的单位而获得收益,避免了设备的闲置浪费,设备的租赁方则能以较少的成本获得特定设备的使用权。

2. 产权的分类

依照不同的标准,产权可以进行不同的分类,主要包括以下几种。

(1) 依照产权的主体划分

依照产权主体性质不同,可分为国家产权、企业产权、个人产权。如果从企业的角度去划分,产权又可以细分为国有企业产权、集体企业产权、股份制企业产权以及私有企业产权。

(2) 依照产权的历史发展形态划分

依照产权的历史发展形态,产权可划分为物权、债权和股权。物权是指自然人或法人依法享有的,保障其能够对特定财产实施不同程度拥有、使用、支配、处置等行为的权利。债权是指在法律规定下,债权人拥有的保障债务人必须履行一定行为(作为或不作为)的权利,是一种典型的相对权,只作用于债务人和债权人之间,原则上债权关系不能对抗第三人。股权是指自然人或法人因出资而获得的、依照法律或者公司章程享有的、以获取财产利益为目标的、具有可转让性的权利。

（3）依照产权的客体划分

相较于产权主体而言，产权客体更加丰富多样，因而也带来了产权客体分类方式的不同。第一，按客体形态的不同，可分为有形资产产权和无形资产产权。第二，按客体的流动性，有两种划分方式，一是划分为固定资产产权和流动资产产权，二是划分为不动产产权和动产产权，例如土地、房屋等就属于不动产，多数情况下也是固定资产。第三，按客体用途的不同，可分为生产资料产权和消费资料产权，前者主要用于生产经营，能够在未来产生效益；后者主要用于满足消费者需求，一般情况下不产生效益。

13.2 房地产产权

13.2.1 房地产产权的概念与分类

房地产是房产和地产的合称，是对房屋和土地两种财产的统称。相应地，房地产产权就是将房地产这一不动产作为财产而形成的产权，是主体依法拥有的，对其所有的房地产进行支配并享受其利益的排他性权利。

房地产产权作为产权中的一种，同样可以依照不同的标准进行分类。

1. 从所有主体的角度

房地产产权可以分为国家所有、集体所有以及个人所有三类。其中，国家所有的房地产主要包括国有企业、国家事业单位、政府机关部门所有的生产经营类房地产，也包括由国家筹建的用于保障城镇居民住房的公租房、廉租房和共有产权房中属于国家部分的产权等。集体所有的房地产主要包括农村集体所有的房地产、集体企业或事业单位的房地产等。个人所有的房地产主要指私营企事业单位所有的生产经营类房地产以及居民自建或购买的，且处于合法使用年限内的房地产。

2. 从标的物的角度

房地产产权可分为土地产权和房屋产权。土地产权是指有关土地财产的一切权利的总和，其核心是土地所有权，还包括使用权、租赁权、抵押权、继承权等多项权利。房屋产权是指所有者对该房屋财产的占有、使用、收益和处分的权利。

3. 从拥有期限的角度

房地产产权可以分为完整产权（Freehold Estates）和非完整产权（Less-than-Freehold Estate）。完整产权下，产权所有者可以无限期地拥有且能随意处置该产权，即产权具有永久性、可继承性、可自由转让性的特点。非完整产权下，产权所有者将一定时期的产权使用权出让给他人，并在到期后收回使用权。非完整产权一定是有时限的，且具有相对性，即一定时期内，使用权所有者拥有的是非完整产权,一旦到期,产权回归初始所有者,又会转变为完整产权。我国土地使用权就类似于非完整产权,土地属于社会主义公有,个人或单位通过交易或划拨等方式拥有一定时间内的使用权,例如居住用地的使用权期限最长70年,但所有权始终是国家所有。

13.2.2 房地产产权的构成体系

房地产作为一种财产,属于法律意义上物的范畴,其产权结构的划分应当遵从《中华人民共和国民法典》。但是,房地产又具有区别于一般财产的4个特点,即具有固定性、单一性、稳定性以及保值性。因此,房地产产权构成应以《中华人民共和国民法典》规定的内容为主体,结合房地产本身的特点,具体内容如图13-3所示。

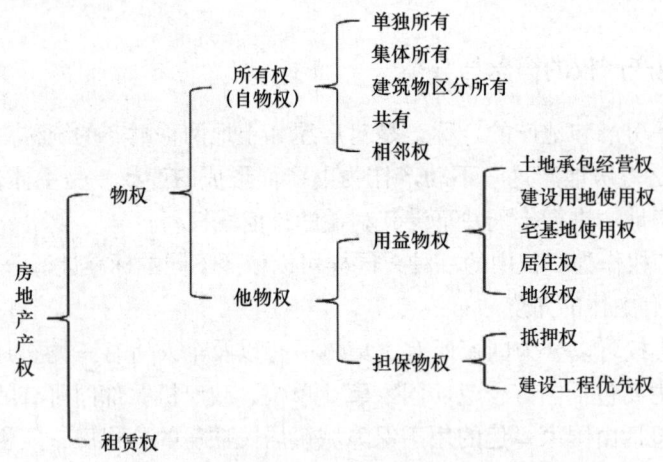

图13-3 我国房地产产权体系

房地产所有权是指房地产产权所有人对自己的土地或房屋享有的所有权。与他物权相比,所有权是完整的物权,因而有时也被称为房地产自物权。根据所有权的性质不同,房地产所有权主要可分为单独所有、集体所有、建筑物区分所有、共有和相邻权。实际运行中,往往会有某项房地产同时归属于多个业主,这时就要对其进行区分,以避免纠纷的发生。例如,《中华人民共和国民法典》对建筑物区分所有权的阐述,就要求对建筑物专有部分的所有权、建筑区划内的共有部分明确界定,其中共有部分须由所有产权人共同享有,而涉及共有部分使用、收益、维护等事项也必须由业主大会来进行决议。

房地产他物权是指权利人依照法律或当事人约定,对他人所有的房地产所享有的限制性物权。他物权最大的特点就是具有依附性,即产权对象是他人的房地产,同时还具有派生性、法定性、限制性等特点。根据性质和设立目的的不同,房地产他物权又可分为用益物权和担保物权,前者主要用以实现使用价值,是具有独立性的主权利,包括土地承包经营权、建设用地使用权、宅基地使用权、地役权等，而后者一般处于从属地位。

土地承包经营权是指承包人（单位或个人）为了从事种植业、林业、畜牧业、渔业或其他生产经营项目而承包归属于集体所有或国家所有的土地、森林、山岭、草原、荒地、滩涂、水面的权利，且用途必须是农、林、牧、渔等生产经营活动。

建设用地使用权是指建设用地使用权人依法对国家所有的土地享有占有、使用和收益的权利，包括利用该土地建造建筑物、构筑物及其附属设施。也就是说，建设用地使用权人所拥有的仅仅是使用权，所有权始终属于国家。

宅基地使用权是指农村集体经济组织的成员依法享有的在农民集体所有的土地上建造个人住宅及其附属设施的权利。该权利的最大特征就是用权主体必须，且只能是农村集体经济组织的成员，其转让也只能在农村集体内完成，不得转让给城镇户口的居民。

地役权是指为了自己土地的便利需要或者以提升自己所有土地的价值为目的，而支配他人土地的权利，其成立是以签订书面形式的地役合同为基础的。例如，甲乙双方签订协议，甲方为了保障自己土地的采光，付出一定代价换取乙方不在自己土地的附近建高楼的承诺，甲方实际上就是行使了地役权中的采光地役权。

担保物权是指在借贷、买卖等民事活动中，债务人或债务人以外的第三人将特定的财产作为履行债务的担保，在债务人未履行到期债务时，债权人依照法律规定的程序就该财产优先受偿的权利。房地产担保物权中最常见的就是建设工程优先权和抵押权。其中，按照《中华人民共和国民法典》和《最高人民法院关于建设工程价款优先受偿权问题的批复》等法规政策，建设工程优先权又称建设工程优先受偿权，是指建设工程中的发包人同时存在若干个债权人时，对于建设工程折价或拍卖所设的价款，承包人有优于其他债权人进行受偿的权利。相较于其他建设工程上的物权，优先受偿权的效力更高。抵押权则是指以房地产为抵押物来获取贷款的权利。而且，《中华人民共和国民法典》特别规定："以建筑物抵押的，该建筑物占有范围内的建设用地使用权一并抵押；以建设用地使用权抵押的，该土地上的建筑物一并抵押。"

租赁权是指房地产所有者将土地使用权同地上建筑物、其他附着物或房屋出租给承租人使用的权利，承租人则需要向出租人支付一定的租金。目前，我国房地产租赁的标的物大多为房产。根据房屋所有权的性质，可以分为公有房屋租赁和私有房屋租赁；根据房屋的使用用途，又可分为居住用房租赁、办公用房租赁和生产经营用房租赁等。以地产作为标的物的只有国有土地使用权租赁，且租赁期限受法律严格限制。近年来，一些国家和地区为了维护房地产承租人的利益，保障公民用住房，开始为租赁权赋予物权的效力，未来房地产租赁权的物权化趋势将愈发明显。

13.2.3 房地产产权的经济属性

房地产产权作为产权的一种，除了具备产权的共有属性以外，因其特有的固定、单一、稳定、保值等属性，又有一些独特的经济属性。具体而言，房地产产权经济属性主要包括经济实体性、排他性、可分解性、独立性、可交易性、收益性和价格不确定性。

1．经济实体性

产权的经济实体性是指任何产权都是依托于一定的财产之上，具备独立的经济利益，且通过流转、经营等手段来追求经济利益的最大化。相应地，房地产产权是建立在土地、房屋上的，看得见摸得着，且能够在社会再生产过程中创造效益。无论是直接用于生产经营的土地、厂房，还是用于持有出租的商业地产，都能源源不断地带来现金流。房地产产权的经济实体性是连通其物质属性和经济属性的桥梁。

2．排他性

产权主体明确是产权的基本特征之一。这要求产权所有者必须是确定的，在此基础上进一步明确资产由谁来支配、运营、处置，任何法律规定外的主体没有权利进行干预，即所谓的"风能进，雨能进，国王不能进"。房地产产权的排他性要求必须对产权进行两方面的规定：一是明确房地产产权的所有者，即明确该产权归谁所有、归谁使用；二是明确各所有者各自的权利边界，即明确某个特定产权所有者占有、使用和支配的产权是哪些，能够对产权进行处理的范围有哪些。

3．可分解性

可分解性是在房地产产权排他性的前提下对产权所有的进一步划分。在市场经济中，财产的各项产权可以归属于不同的主体。例如，土地的所有权、占有权、支配权和使用权可以在依法协定的基础上，划分给不同主体，由这些主体各自行使规定范围内的权利。按照我国《宪法》的有关规定，我国土地的产权可以分解，即城市的土地属于国家所有，农村和城市郊区的土地除有规定属于国家所有外，属于集体所有，土地的使用权则可以依照法律的规定转让。房地产产权的可分解性又可以进一步划分为两方面，即权能行使的可分工性和未来收益的可分割性，这也是房地产产权对应的经济效益划分的基础。

4．独立性

房地产产权的独立性主要包含两方面的内容：第一，产权明确之后任何非产权所有者无权干涉产权的各项事宜，产权所有者拥有独立处置产权的权利，这一点是与排他性相呼应的；第二，产权关系一旦确立，各产权主体就有权依法在自己所拥有的特定权利范围内对产权进行处置，即便是同一产权上其他产权主体，只要没有该项特定权利的处置权，都不能随意干扰，也就是说房地产产权的各所有者之间是独立的。

5．可交易性

产权是商品经济发展到一定程度必然产生的一个法律范畴，动态地表现了资产在自由交易市场中的财产关系。产权的可交易性有效地使资源从生产力水平低的地方转移到生产力水平高的地方，为提高产权效率创造了条件。房地产产权的可交易性集中体现在房地产市场中，各类符合交易要素的房地产产品可以在不同主体之间转手和让渡。进一步地，房地产产权转让有两种形式：一是含所有权各项权能的房地产所有权体系整体转让；二是保留股权的同时，将房地产所有权的占有、使用、收益与处分权转让，形成法人资产权。

6．收益性

收益性是指房地产产权所有者拥有在产权划分基础上，凭借自己对产权特定范围内的所有、使用、处置行为而获取利益的权利，是每一个产权所有者利用房地产资产获取经济利益和实现资产增值的主要手段。投资者之所以愿意购买房地产，就是因为房地产产权的这一属性。没有收益性，所有权就没有了经济价值，投资者也就不会有投资的动力，因而收益性是产权经济属性中最根本的一项。

7．价格的不确定性

近年来，随着我国城市化进程的不断加快，房地产资源的稀缺性越发凸显，许多人将房地产视做保值增值的重要手段。但是，分析不同地区（如一线、二线、三线、四线等不同等级城市）、不同类型（如住宅、办公楼、商场等）的房地产价格，不难发现，一线和二线城市的房地产价格虽然总体上呈上升趋势，但是涨幅的纵向和横向差异都比较大，而许多三线和四线城市的房地产价格则出现"滞涨"的局面，甚至出现阶段性下降。房地产价格波动一方面来源于房地产市场的供求关系变化，另一方面也是由于不同投资者有不同的投资偏好和实际情况。针对同一产权，不同投资者会有不同的投资预期，即便是同一投资者在不同状况下也会有不同的判断。价格不确定性带来了房地产产权收益的不确定性，使得房地产投资并不是稳赚不赔的买卖。

13.3　我国房地产产权制度的建设

13.3.1　我国房地产产权制度的现状

制度一词最早见于《易·节》："天地节，而四时成。节以制度，不伤财，不害民"，指一定历史条件下形成的法令、礼俗等规范。现在，对制度最常见的理解就是体系内所有成员必须遵循的行为方式，例如日常所说的法律制度、规章制度、企业制度等。现代制度有一些共同的特征：一是制度的适用是针对特定群体的。例如，国家法律制度针对所有公民，企业制度针对企业内部，超出特定范围制度就未必适用。二是制度的制定与运行必须是体系内所有成员均可知晓的。三是制度具有强制性。任何制度一经确立生效，就意味着所有成员都必须无条件遵守，触犯制度的行为需要予以惩处。

房地产产权制度就是以房地产为核心建立的，任何从事土地、房屋的使用、开发、交易、经营、管理等事务的人均需要遵守的规则。依据事务的不同类型，我国房地产产权制度主要可以分为建设用地制度、房地产开发建设经营管理制度、房地产交易管理制度、房地产登记制度、房地产税收制度、住房公积金制度以及物业管理制度等。

1. 建设用地制度

所谓建设用地制度，就是对我国用于建筑物或构筑物建造的土地进行管理的制度。按照来源分，我国建设用地可分为国有建设用地和集体建设用地。我国建设用地管理制度有两大特点：一是对建设用地实行严格的审批制度，二是严格限制利用集体农用土地进行非农建设的行为。除了村民建设住房以及农村公共设施、公益事业建设、兴办乡镇企业以外，任何单位和个人均不得占用农村集体土地进行建设活动。对于国有建设用地，单位和个人只能通过出让、划拨、转让、租赁等方式得到土地的使用权，其中划拨和出让是最常用的两种方式。

按照《中华人民共和国城市房地产管理法》等相关法律法规，土地划拨是指经县级以上人民政府依法批准，在土地使用者缴纳补偿、安置费用后，将土地交付其使用，或者将土地无偿交付给使用者的行为；土地出让则是指国家以土地所有者的身份，通过协议、招标、拍卖、挂牌等方式将土地使用权在一定年限内出让给土地使用者，并以此向土地使用者收取出让金的行为。两者差异主要有三点：其一，使用期限不同。划拨土地一般情况下没有使用权期限的限制，而出让土地根据不同使用性质有不同的使用期限（如居住用地和商业用地使用期限分别不超过70年和40年）。其二，支付土地的使用费不同。划拨土地一般只需支付补偿、安置等费用，甚至不需要缴纳费用；而出让的土地只有缴纳足额出让金后才能领取土地使用证。其三，营利性不同。划拨土地一般用于非营利性的公共项目，且一般不能进行转让、出租、抵押等；而出让的土地可以在协议范围内用于营利性活动。

此外，我国建设用地制度对包括乡（镇）村集体建设用地管理、土地征用补偿、土地使用权收回、闲置土地管理、获得土地使用权后的后续要求等内容进行了明确规定，在此不一一展开。

2. 房地产开发建设经营管理制度

房地产开发建设经营管理制度主要用于规范房地产开发行为，加强对房地产开发活动的监督，促进房地产业健康发展。由于房地产开发活动集中于城市国有土地，国家先后制定了《中华人民共和国城市房地产管理法》《城市房地产开发经营管理条例》等法律条例，从房地产开发企业、房地产开发建设、房地产经营等方面出发，对城市房地产开发行为予以规范。具体而言，房地产开发企业需在满足一定的人员配置、累计竣工房屋建筑面积、质量合格率等要求基础上，依照法定程序设立并确定资质等级，所从事的开发活动不得超过企业资质。为保障房地产开发建设活动顺利进行，政府建立了项目报建、施工许可、工程质量管理、工程竣工验收、建设工程监理等多项管理制度；房地产企业在经营活动中，需要在项目转让、产品销售、交付验收等多方面满足法律法规。例如，《城市房地产开发经营管理条例》规定，房地产开发企业在商品房交付的同时，需要向购买者提供"住宅质量保证书"和"住宅使用说明书"，写明工程质量监督单位检验的质量等级、保修范围、保修期和保修单位等内容。开发商必须依照"住宅质量保证书"的约定，对其开发的项目承担保修责任。

3．房地产交易管理制度

按照《中华人民共和国城市房地产管理法》等相关法律法规和政策，我国对房地产交易管理的规定主要涉及房地产转让、房地产抵押、房屋租赁和中介服务机构等方面。其中，房地产转让是指房地产权利人通过买卖、赠与或者其他合法方式将其房地产转移给他人的行为。按照出让方式取得土地使用权的，可以转让的房地产必须是按照出让合同约定支付全部土地使用权出让金，并已取得土地使用权证书；属于房屋建设工程的，需完成开发投资的25%以上；已建成房屋的转让还应当持有房屋所有权证书。特别地，受到司法和行政机关限制的、被依法收回使用权的、权属有争议的或是未经所有产权人同意的共有房地产不允许转让。

房地产抵押是指抵押人以其合法的房地产以不转移占有的方式向抵押权人提供债务履行担保的行为。可以设定抵押权的，必须是依法取得的房屋所有权连同该房屋占用范围内的土地使用权或是以出让方式取得的土地使用权，且房地产抵押合同签订后，土地上新增的房屋不属于抵押财产。房屋租赁是指房屋所有权人作为出租人将其房屋出租给承租人使用，由承租人向出租人支付租金的行为。少数以营利为目的，房屋所有权人将以划拨方式取得使用权的国有土地上建成的房屋出租的，应当将租金中所含土地收益上缴国家。房地产中介服务机构包括房地产咨询机构、房地产价格评估机构、房地产经纪机构等，《中华人民共和国城市房地产管理法》对这些机构的设立条件以及设立流程、从业人员资质等都有具体规定。

4．房地产登记制度

房地产登记制度是《中华人民共和国民法典》规定的一项重要制度，它是指申请人向房地产登记机构提出申请，将其所有的房地产产权及相应事项记录在房地产登记簿上的行为。房地产产权登记在保障权利人合法权益的同时，也促进了国家法制的健全和城镇房地产管理制度的完善，使政府更有效地对各类房地产权属进行管理。从登记的内容看，房地产登记需要包含权利人、权力来源、权利性质、产权变化情况、取得权利的时间等信息。同时，与房地产本身相关的面积、结构、位置、用途、价值等内容也需要登记。从房地产属性上看，房地产登记则包括土地登记和房屋登记，前者又可分为土地总登记、土地初始登记、土地变更登记、土地注销登记等内容，后者则包括房屋所有权登记、房屋抵押权登记、地役权登记、异议登记和更正登记等内容。

5. 房地产税收制度

房地产税收是指由国家税务机关或受到税务机关委托的房地产行政管理部门向有义务缴纳房地产税的纳税人征收有关房地产税赋的国家行为。按照《中华人民共和国房产税暂行条例》《房地产开发经营业务企业所得税处理办法》等法律法规和政策，房地产税和与其只有一字之差的房产税最大的不同就是后者仅以房屋为征收对象，考虑的是因保有房地产而需要上缴的税赋；而房地产税征收范围则包括房地产开发、流通、保有等多个环节。所以，从征收对象上看，房地产税包含房产税。除了房产税，房地产税还包括土地增值税、城镇土地使用税、耕地占用税、契税、增值税、城市建设维护税、印花税等。

6. 住房公积金制度

按照《住房公积金管理条例》《住房和城乡建设部 财政部 中国人民银行关于发展住房公积金个人住房贷款业务的通知》等相关法律法规和政策，住房公积金制度是指由职工所在的单位及职工个人共同缴纳并长期储蓄一定的住房公积金，用以日后支付职工家庭购买或自建自住住房、私房翻修等住房费用的制度。我国已在政府机关、国有企业、集体企业、私营企业、外商投资企业以及其他城镇企事业单位范围内建立了住房公积金制度。公积金制度具有强制性，职工及其所在单位每月必须依照规定定期缴存住房公积金，且除了用于偿付住房贷款或住房租金外，只有当职工退休时才能将缴存的公积金连本带息取出。住房公积金的实质是将原本用于建设福利房的资金转化为购房者在自主购房时的消费资金，实现住房从实物分配向货币分配的转变。收缴的住房公积金由各地公积金管理中心实行统一管理，在保障公积金个人提取和住房公积金贷款足额发放的基础上，可以将闲置的公积金投放至证券市场以实现增值，增值收益又可以用于建立公积金贷款准备金、保障房建设补充资金等。

7. 物业管理制度

按照《物业管理条例》《物业管理企业资质管理办法》等相关法律法规和政策，物业管理是指业主对区分所有建筑物共有部分以及建筑区划内共有建筑物、场所、设施的共同管理，或者委托物业服务企业、其他管理人对业主共有的建筑物、设施、设备、场所、场地进行管理的活动。目前，我国物业管理模式主要有五种：一是以区、街道办事处以及居委会为主成立物业管理公司进行管理；二是以房地产管理部门转制成立的物业管理公司进行管理；三是由房地产开发公司组建物业管理公司进行管理；四是单位直管公房管理模式；五是由独立设立的专业物业管理公司进行管理。按照服务性质和提供方式不同，物业管理可分为公共服务、专项服务和委托特约服务三类。其中，公共服务是指物业管理中公共性的管理和服务工作，是物业管理企业面向所有住用人提供的最基本的管理和服务，如房屋设备管理、环境绿化管理、车辆秩序管理等；针对性服务是指物业管理企业面向广大住用人，为满足其中一些住户、群体和单位的一定需要而提供的各项服务工作，如商业服务、金融服务等；委托性服务实际上是专项服务的补充和完善，受个别住户的委托而开展。

13.3.2 我国房地产产权制度的完善

近年来，随着我国房地产制度改革逐步进入深水区，传统的房地产产权制度已经不能完全适应房地产业发展。基于我国国情，借鉴国际上房地产产权制度发展经验，我国政府不断地创新发展房地产产权制度，实施不动产登记、共有产权等房地产产权相关制度，取得了积极成效。

1. 不动产登记制度

我国以土地交易为中心形成的登记制度源远流长，肇始于周朝中后期。唐代以后，土地管理方面出现了立契、申碟或过割等登记制度。土地买卖必须通过官府进行书面申报和登记，才能发生效力。否则，不仅交易无效，而且还要受到严厉的制裁。民国时期，参照西方法制，也曾正式建立了为土地私有制服务的不动产登记制度。中华人民共和国在成立初期也建立起不动产登记制度，但随着社会主义改造的完成，全面的公有制使登记制度失去了存在的基础，使该制度一度中断。20世纪80年代末，《中华人民共和国土地管理法》颁布以后，不动产登记制度才逐渐恢复和发展。2007年10月1日开始实施的《中华人民共和国物权法》从不动产登记的法律效力、负责登记的机构、法定登记流程、相关权利义务关系等多方面作出了规定，建立了我国不动产产权登记制度的基本框架，标志着我国统一不动产登记制度正式确立的开始。2014年底，国务院颁布了《不动产登记暂行条例》，规定从2015年3月开始，我国将逐步实行统一的不动产登记制度。2016年1月21日，国土资源部发布《不动产登记暂行条例实施细则》，对集体土地所有权登记、国有建设用地使用权及房屋所有权登记、宅基地使用权及房屋所有权登记等各类不动产权利登记均作出了明确规定，使我国不动产登记进入发展的快车道。

根据《中华人民共和国民法典》的规定，不动产产权登记是指行政管理部门依法对有关不动产产权及各项变更事宜登记在册的行为，用于记录不动产登记信息的文册称为不动产登记簿。《不动产登记暂行条例》进一步明确，需要登记的不动产包括土地、海域以及房屋、林木等定着物，相应的不动产权利包括：①集体土地所有权；②房屋等建筑物、构筑物所有权；③森林、林木所有权；④耕地、林地、草地等土地承包经营权；⑤建设用地使用权；⑥宅基地使用权；⑦海域使用权；⑧地役权；⑨抵押权；⑩法律规定需要登记的其他不动产权利。不动产登记机构应当按照国务院国土资源主管部门的规定设立统一的不动产登记簿，并记载以下事项：①不动产的坐落、界址、空间界限、面积、用途等自然状况；②不动产权利的主体、类型、内容、来源、期限、权利变化等权属状况；③涉及不动产权利限制、提示的事项；④其他相关事项。《不动产登记暂行条例实施细则》对不动产登记簿、登记程序、不动产权利登记、其他登记（含更正登记、异议登记、预告登记、查封登记）、不动产登记资料的查询、保护和利用等事宜作出具体规定。

2. 共有产权

所谓共有产权，是指共同拥有房地产产权。共有产权住房，是指符合申请条件的中低收入住房困难的家庭，如果无法一次性购买住房，则可以向政府申请只出资一定比例，与政府共同拥有该套房屋的产权。今后该家庭可以在购买力提高之后，选择按照当时市场价格购买政府产权部分从而获得全部产权，或者在不再需要该住房时，将自己拥有的产权部分以时价出售给政府或者其他符合申购共有产权房条件的住户。2007年8月，淮安市首创了与市场接轨的共有产权经济适用房模式。2014年的政府工作报告中，"完善住房保障机制"部分首次写入了"增加中小套型商品房和共有产权住房供应"。2014年4月，住房和城乡建设部在北京召开了共有产权住房试点城市座谈会，将北京、上海、深圳、成都、黄石、淮安6个城市列为全国共有产权住房试点城市。

共有产权住房与传统意义保障房的差别主要有两点：第一，在土地属性方面，传统意义上的保障房建设用地很大一部分是来源于政府划拨或者配建；而共有产权住房用地由于有明确的产权归属和使用期限，大多数情况下与商品房用地一样，需要通过招拍挂的方式获取。第二，在房屋定价方面，传统意义上的保障房定价多为政府主导；而共有产权住房则采用市场化定价，交易价格会随着市场价格变化而变化。这两点差别为共有产权住房带来了相较于一般保障性住房的更多优势。首先，共有产权住房能够覆盖更多的住户群体。当前，城镇新移民（主要是新就业职工以及外来务工人员）的住房问题比较突出，主要是由于他们往往不符合廉租房的申请资格，又由于工作年限短、积累少，现阶段支付能力不足而买不起商品房，形成所谓的"夹心层"。虽然现在北京、深圳、南京等许多城市的公共租赁房政策已经逐渐将这部分"夹心层"群体纳入保障范围内，但是这部分具有一定收入水平的群体也渴望拥有自己的住房。申请共有产权住房能够减小购房的压力，降低中低收入人群的购房门槛。其次，共有产权住房独有的可转让交易带来快速回笼资金的可能。虽然我国保障房建设有财政资金支持，但资金缺口较大，而共有产权住房不仅补贴成本远低于以往各类型保障房，还可以通过政府将产权分次转让给住户或上市交易，快速地回笼建设资金。最后，共有产权住房能够实现多层次住户混居的效果，一定程度上缓解了城市中低收入人群难以融入社会的状况。共有产权住房因其产权和责权明晰的商品特性，可覆盖社会高、中、低等不同收入群体，他们的混合聚居有利于住房困难群体更好地找到工作机会，融入社会，避免社会贫富差距加大和阶层分化。

3. 租购同权

讲到房地产产权，不能不提租购同权。众所周知，户籍制度是我国长期实施的一项基本行政制度，拥有户籍可以享受当地包括教育、医疗、社会保障等各种公共服务的权利。而户籍与住房直接相关，在一定程度上取决于住房的所有权。如果通过支付租金获得了某套住房一定期限的租赁权，则难以享受当地的教育、医疗等公共服务，在一定程度上对高企的房价起到推波助澜的作用。为解决这一顽疾，让住房回归居住属性，我国各级政府大力推进租赁住房市场发展。2015年12月，中央经济工作会议提出要建立"购租并举"的住房制度。2016年6月，国务院办公厅发布《关于加快培育和发展住房租赁市场的若干意见》，提出培育发展住房租赁市场的具体要求。2016年12月，中央经济工作会议要求坚持"房子是用来住的，不是用来炒的"的定位，"要加快住房租赁市场立法，加快机构化、规模化租赁企业发展"。2017年7月，住房和城乡建设部、国家发展和改革委员会、公安部等九部委联合发布《关于在人口净流入的大中城市加快发展住房租赁市场的通知》，对加快发展住房租赁市场进一步提出明确要求。此后，住房和城乡建设部会同有关部门选取广州、深圳、南京、杭州、厦门、武汉、成都、沈阳、合肥、郑州、佛山、肇庆12个城市作为首批开展住房租赁试点的单位。

2017年7月10日，广州市政府办公厅印发《广州市加快发展住房租赁市场工作方案》，在全国率先提出：凡是具有本市户籍的适龄儿童少年、人才绿卡持有人子女等政策性照顾借读生、符合市及所在区积分入学安排学位条件的随迁子女，其监护人在本市无自有产权住房，以监护人租赁房屋所在地作为唯一居住地且房屋租赁合同经登记备案的，都可由居住地所在区教育行政主管部门安排到义务教育阶段学校（含政府补贴的民办学校）就读，即教育权方面"租购同权"。同年7月17日，广州市政府又出台16条扶持措施保障租购同权，提出"让出租者幸福居住"的口号，以及将租赁住房用地纳入年度土地供应计划、成立广州住房租赁发展投资有限公司等。此后，无锡市于同年7月28日发布"租房可落户"新政，郑州、扬州、济南等多个城市也出台类似举措。但是，"租购同权"只是一个统称的概念，各地政府应"因城施策"，即根据自身情况和目标人群来定义这一概念的不同内涵和同"权"的含金量，如教育权、户籍权等。

本 章 小 结

产权就是指产权主体拥有的与财产有关的权利的集合，是一定社会的人与人之间财产关系的法律表现，具体包括所有权、使用权、收益权与让渡权等。房地产产权就是将房地产这一不动产作为财产而形成的产权，是主体依法拥有的，对其所有的房地产进行支配并享受其利益的排他性权利。按照科斯定理，在交易费用不为零而为正的情况下，产权界定会对资源配置效率的提升起到重要作用。

房地产产权作为产权中的一种，可依照不同标准进行分类。房地产产权的经济属性主要包括经济实体性、排他性、可分解性、独立性、可交易性、收益性和价格不确定性。我国已建立起一整套房地产产权制度，主要包括建设用地制度、房地产开发建设经营管理制度、房地产交易管理制度、房地产登记制度、房地产税收制度、住房公积金制度、物业管理制度等。近年来，我国政府不断地创新发展房地产产权制度，包括不动产登记制度、共有产权制度等，取得积极成效。

> **思考与练习题**
>
> 1. 什么是房地产产权？它有哪些类型？
> 2. 请结合科斯定理，从经济效益角度解释房地产产权界定的重要性。
> 3. 房地产产权有哪些经济属性？请举例说明。
> 4. 我国房地产产权制度有哪些？应如何评价这些制度的发展？
> 5. 租购同权能否实现？怎样才能实现？

主要参考文献

[1] 程承坪. 理解科斯定理 [J]. 学术月刊, 2009 (4): 55-61.
[2] 李锐. 浅析我国房地产市场的虚拟性与宏观经济的关系 [J]. 福建论坛（人文社会科学版）, 2010 (S1): 39-41.
[3] 李玉军. 产权理论与我国国有资产管理体制改革 [J]. 哈尔滨商业大学学报（社会科学版）, 2003 (4): 100-103.
[4] 马辉民, 刘潇. 我国共有产权住房政策的探索与实践 [J]. 中国行政管理, 2016 (1): 145-149.
[5] 王心良, 胡大伟, 许连君. 基于内容分析法的我国土地征收政策演进分析 [J]. 齐齐哈尔大学学报（哲学社会科学版）哲学社会科学版, 2017 (12): 24-29.
[6] 谢经荣, 吕萍, 乔志敏, 等. 房地产经济学 [M]. 北京: 中国人民大学出版社, 2012.
[7] 张盟山. 科斯定理及其对我国产权改革的现实启示 [J]. 理论导刊, 2009 (1): 27-28.
[8] 张永岳, 陈伯庚, 孙斌艺, 等. 房地产经济学 [M]. 2版. 北京: 高等教育出版社, 2011.